哈佛大學的
思辯溝通術

世界辯論冠軍教你活用辯論技巧，
快速產出觀點、加強說服力、化解衝突、創造利益最大化

Good Arguments

How Debate Teaches Us to Listen and Be Heard

徐輔賢 Bo Seo——著 謝佳真——譯

本書部分人物姓名與特徵經過異動，以保護當事人的隱私。

獻給朴真暻（Jin Kyung Park）與徐源教（Won Kyo Seo）

目錄
CONTENTS

刻意練習，讓觀點和信心唾手可得
懂得回應別人的疑慮和不解之處
理想的論點，是各方影響力的交會點

第3章

反駁：如何還擊

避免衝突與理性辯論的矛盾
反駁是自信的表達，也在肯定對手
瓦解對手論點的藝術
適時打斷可以逆轉情勢
爭論可以讓我們學到兩件事
反駁對方的論點，不代表能證明自己
憤怒，是迴避異議的表現
表達不同意見，不能只挑毛病
把批評轉化成正向主張
當個稱職的反對者

好評推薦

「沒有思辯的學習，會茫。這話是孔子說的，被他說中了。兩千年後的我們，娛樂與學習並存，滑臉書看長文章，滑短影片學穿搭，書籍、講座、電影、影集，還有線上課程和網路家教，這是學習資源超載的黃金年代。當代此刻，或許我們都需要這本書。本書作者是兩屆世界辯論冠軍，但這並不是一本吵架之書，更多談的是安靜與思考。諸如如何界定主題？如何找出論點與打動人心？什麼時候該提出不同意見？要怎麼將辯論技術應用在社群、教育、政治、科技上？願你我都能在衝突驟起的生活中，或選項超載的內心裡，用思辨技術爬梳洞見，提供自己或這個世界，一份面面俱到的有據（reference）指引。」

——許皓甯，中醫師、前市議員參選人、《引書店》Podcast 主理人

「辯論在台灣長期被誤解成一種很政治或是很負面的表達方式，許多人想像的辯論是叛逆、

是吵架也是口水戰，忽略了背後在訓練的邏輯思考還有資訊整合的能力。這本書從剛剛認識辯論的小學生視角，一路到解析到作者在舞台上靠自己的能力鋒芒畢露的過程，中間不時穿插的教學內容敘述了如何把辯論這項能力應用在日常生活和各式各樣不同的面向上，清晰的透過例子介紹概念和作法筆記，對於想要提升自己思辨能力或者希望更了解『如何建立觀點』的人來說，絕對是一本絕佳的入門書籍。如果你對辯論有點好奇的話，作為第一本入門的思考書籍，其中窺視大腦般的說明和歷程讓這本書非常值得你來一試！」

——陳昀，表達顧問、講師暨辯論選手

「這本書不只是徐輔賢如何兩度在世界辯論大賽奪冠的精采故事，也是二元對立世界的使用手冊。你可以學會砥礪自己的批判性思考、加速你重新思考的速度、鍛鍊你打開別人心胸的能力，我想不出比這本書更不可或缺的資源。本書相當難得，具有讓你變聰明的潛力，同時讓你身邊的每個人更明智。」

——亞當．葛蘭特（Adam Grant），《紐約時報》第一名暢銷書《逆思維》（*Think Again*）作者

「這本書敘述一個年輕人如何從畏懼衝突與爭執，走向擁抱美好的異議與爭論，我非常善愛這個美麗的故事。在這部動人的回憶錄中，辯論不僅是一項活動，更是一種生活方式，在已經生病的社會中，辯論或許是我們治癒社會的希望所在。本書是必讀之作！」

——石智英（Jeannie Suk Gersen），哈佛大學法學院小約翰・H・華森教授（John H. Watson Jr. Professor）

「本書是製造輿論、假新聞、政治正確、混亂思維的解毒劑。徐輔賢教我們在健康的民主體制及餐桌上要如何聆聽，並讓別人聽見自己的心聲。」

——吉莉安・崔格斯（Gillian Triggs），聯合國助理祕書長

「在這個世界上，國家內部與國際之間的分歧日漸加劇，徐輔賢以清晰的思路展開對『更優質的異議之道』的人性思索，沒有比這更及時、更可貴的了。」

——陸克文（Kevin Rudd），澳洲前總理

「徐輔賢在哈佛念書時，我們談論過許多政治及社會議題，而我連一秒都不曾覺得他好辯，

甚至不覺得他喜歡爭論。那些談話反而相當愉快。現在我知道原因了：因為徐輔賢是辯手，事實上，還是世界上最優秀的辯手之一。如果你想知道辯論可以如何協助你更投入對話，思想更開闊，甚至成為一個更好的人，必讀本書。」

——路易斯．梅南德（Louis Menand），普立茲獎得主

「這部優秀的作品從一位舉家從南韓移民澳洲的小學男生說起，我們看到了他所面臨的挑戰。在他的祖國文化中，有規章架構的辯論有時會被視為無用又無禮的比賽，不明白辯論是在召喚我們透過別人的眼光，發掘看待世界的新角度。徐輔賢從校園辯論，再到大學時期的對談與見證全球政治衝突，發現人類必須透過辯論與議論，才能互相了解。良性的議論帶來團結。自蘇格拉底的時代以來，到赫魯雪夫（Khrushchev）與曼德拉（Mandela），還有俄羅斯總統普丁（Putin）及烏克蘭總統澤連斯基（Zelinsky），一向如此。他主張辯論對人類的自由很重要，即使我們的世界面臨人類存亡的嚴峻挑戰也一樣。學會辨別『優質的議論』與難以服人的口水戰，對人類的存亡與大愛，是從所未見的關鍵。」

——麥克．柯比（Michael Kirby），澳洲高等法院前任大法官

「徐輔賢以巧妙的技法讓人心悅誠服，將清晰的邏輯、迷人的故事與一位討人喜愛的可靠敘事者共冶一爐。他的書能讓最害羞、內向的人想成為辯手，書中的論點本身便極具說服力：文明的異議可以拯救我們紛紛擾擾的文明。」

——傑伊．海因里希斯（Jay Heinrichs），《說理》（*Thank You for Arguing*）作者

「在兩極化與狂怒的時代，我們都要學會妥善表達不同意見，這是一部重要、令人信服、睿智的書，一語道破了我們該怎麼做。」

——約翰．海利（Johann Hari），《誰偷走了你的專注力？》（*Stolen Focus*）作者

「兩度拿下世界辯論大賽冠軍的辯手徐輔賢暢談辯論的藝術，洋洋灑灑地分享縝密、有教育意義的深思結果，並說明辯論的核心——調查事實、邏輯思考、說服並傾聽對手。在如今假消息與極端情緒橫行的危險社會中，是有多麼寶貴。當徐輔賢一家人從南韓移民到澳洲，他是內向、避免跟人起衝突的八歲小孩，擔心自己格格不入，而在本書，他講述辯論不僅協助他跨越語言的

藩籬，更給了他自信心，有了自己的聲音。」

——角谷美智子，《大說謊家時代》（*The Death of Truth*）作者

「在這個越來越支離破碎的世界，本書來得正是時候，每個人都必讀。書中主張你先是跟自己吵架，然後對人抒發出來，你才會開始尊重並聆聽眼前的人。徐輔賢在書裡逼迫我們先思考再開口，因為他知道哲學家就在每個人的舌尖上。這本書極為出色，讀起來很愉快；最後，他叮囑我們不要求勝，而是要說服對方，然後出人意料地傳授起說服之道，因為言語是愛的武器。」

——牙買加・金凱德（Jamaica Kincaid），《憶今昔》（*See Now Then*）作者

「如今，我們看得空前清楚，將異議引導到有益的方向很重要。徐輔賢運用自己身為冠軍辯手的深厚經驗，在他的新書本書和我們分享在引導異議的時候，每個人都用得上的技巧。」

——蘇世民（Stephen A. Schwarzman），《蘇世民：我的經驗與教訓》（*What It Takes: Lessons in the Pursuit of Excellence*）作者

「詳盡介紹正式辯論的風格、功能與類型……充滿有趣的歷史剪影與實用的建言，探討為

什麼善意的議論可以凝聚人心，而不是製造分裂，引人深思。」

——《出版人週刊》（*Publishers Weekly*）

「對如何提出異議的省思，在惡毒的時代尤其重要。」

——《科克斯》（*Kirkus*）書評

「作者清楚描述自己親身經歷的辯論小故事與心得，帶領讀者踏上振奮人心的新奇旅程，很有啟發性，檢視了賽場辯論的迷人世界，引人深思。」

——《書單》（*Booklist*）雜誌

前言

辯論，是讓人好好溝通的工具

不到九歲生日，我便喪失了表達異議的能力。這種能力漸漸磨蝕殆盡，沒有確切的消失時刻，只有緩慢而穩定的淡去。起初，我試圖挽回。儘管話語卡在喉嚨，我會設法吐露我的反對。可是爭執要花力氣，有風險，還得曝露自己的真心，久了便厭倦了。於是，我開始在言談間的沉默裡駐足徘徊，一旦陷入沉默，我便告訴自己，我可以在安全又隱密的沉默中找到生存之道。

當時是二〇〇三年七月，父母跟我剛剛從南韓前往澳洲。為了追求生活、工作、教育的新鮮機會，才決定移民，原本令我振奮，然而到了雪梨北部瓦倫加（Wahroonga），在這個清幽的富裕郊區落腳，我才明白自己的愚蠢。我們撇下了好友、以真正的辛香料烹調的食物、與我們使用相同語言的四千八百萬人。結果呢？結果我覺得格格不入，無論是在沃爾沃斯超市（Woolworths）的冷藏區走道，或是在當地公園的攀爬架頂端，都有一種被硬生生拎出來的感覺，令人困擾。

對於我的怨言，雖然父母同情，但他們卻不為所動。他們一再地說這只是過渡期，會引發不安與困惑很正常，於是我明白了他們的態度。

我的父母兩人迥然不同。我父親來自人丁興旺的保守家庭，成長於朝鮮半島最東端的鄉鎮。我母親是首爾人，由溫文爾雅的改革派人士養育長大。我父親謝絕物質享受；我母親則生性奢華。他喜愛結交朋友；她重視觀點。但移民的各個階段凸顯了他們共同的特質：熾烈的獨立自主與實現夢想的決心。

在雪梨的最初幾週，父母讓我坐在出租車的後座，開車在城裡四處奔波，將待辦事項一一辦妥。採購家具、註冊稅號、承租公寓——每件事都將我們與這座城市更緊密地綑綁在一起，卻無法增進歸屬感。我問爸媽有沒有我能效勞的事，他們說我只有一項任務：「適應學校的生活，好嗎？」

我註冊的小學在郊區，瓦倫加的當地人稱為「荒野學校」（Bush School）。學校的四周是自然保護區，校園隨時都瀕臨被植物侵占的狀態。一叢叢的灌木攀附著教室窗戶，跟耳朵一樣大的菇類在無人的露天廣場座位上欣欣向榮。夏季時，校園鬱鬱蔥蔥，蒼翠欲滴。然而在那年八月的冬季週一早晨，我念三年級的第一天，葉片微微泛出銀光，暗影遮蔽了校園的邊界。

在三年H班的黑板前，年輕的霍爾小姐（Miss Hall）一身粉藍色的衣裳，臉上的所有稜稜角角彷彿都消融在柔和的表情中。她招招手，示意我進教室，我拖著腳步到教室前方，她以完美的草書在黑板寫下：「徐輔賢，南韓人。」在我面前，差不多三十個人看到這出乎意料的文字組合，紛紛瞪大了眼睛。

在那一整週，我都是全班的關注焦點。在操場，我發現博得最多笑聲的把戲是戲謔的鬥嘴。一位班上同學會讚揚西方文明的成就——「白麵包很不錯吧？」我則搬出自己會的數十個英文單字回應：「才不呢，米飯更好！」其他小孩會搖搖頭，卻掩飾不住他們對衝突的喜聞樂見。

一個月下來，同儕對我的新鮮感漸漸消退，我跟他們的分歧就變了個樣。當我們在運動場上或是在做分組作業時起衝突，我會遲疑不決地嘗試為自己說話，一邊感到惱怒，閃現怒氣。在那些零和的情境中，我察覺身為異類，動不動便會引發爭執，要是一個手勢或是幾句話被誤會或曲解，便可以把人逼到崩潰。

跨越語言藩籬最艱難的部分，是適應跟人的實際對話，也就是習慣對話迅速而多層次的節奏和許多說變就變的觀點。這些難處會在爭吵時加劇。言語會變得沒那麼精確，而壓力會壓制一個人的能力。不嚴謹的言語與殘破的句子，就像是支離破碎的言論渣滓會絆倒我，我始終沒有辯出什麼名堂。

有些孩子也沒什麼惡意，就是憑著野性的本能追求力量，利用了他們的優勢。他們會皺起臉，詢問有沒有人聽得懂我在說什麼。其他人會拚命打圓場，又無法堅定和事佬的立場，最後撇下一句懦弱的「算了」便走人。連著幾個月，我都在努力不要屈居下風。奮戰的我、討價還價的我、懇求的我，每個我都在盡本分。

二〇〇三年十一月，在學年即將結束時，我察覺自己不想再跟人理論了。任何問題或原則，似乎都不值得我付出異議的代價。要是我試圖推翻別人的見解，我的腿、胃、喉嚨至少有一個會造反。

因此，我學會了露出疏遠的笑容。在教室，我會忙不迭地承認無知；在操場，我會認錯。即使語言能力有了進步，我最常用的詞彙範圍縮減到了是跟好。在剛開始妥協的那陣子，我牢牢記下自己不曾吐露的異議，想著也許改天會想說出口。但時間一久，連那些記憶都淡去了。

到了二〇〇五年一月升上五年級，我已經懂得如何讓自己的親和力發揮最大的效益。學校成績單上的評語稱讚我性格開朗、肯聽話。在朋友之間，我會調停衝突，引導眾人對話，讓大家達成共識。我父母跟在南韓的親戚說，我適應得相當不錯。

我的確適應良好。在爭執中，啞口無言曾經令我覺得丟人，但那時的我認為真正丟人的是選擇了跟人理論，吵得面紅耳赤、口沫橫飛，是怎麼辯都沒用。我認為自己已經找到了能夠平安渡過童年的妙法。

二〇〇五年三月的某一天下午，發生了一件事，瓦解我建構將近兩年的生活習慣。

不喜歡爭執，卻參加了辯論比賽

午休後，我走進禮堂，一邊咒罵我背叛了自己。三天前，我的五年級老師萊特女士（Ms. Wright）號召自願者參加學校的新活動：「辯論，是一種有組織架構的議論，由兩支隊伍爭取觀眾在情感與思想上的認同，彼此鬥智！」幾乎每個人都敬謝不敏，我舉步就往教室外走去，老師向我招招手，我便點頭同意了她的請求。為了不跟老師爭執，我選擇去辯論。

規則很簡單：中立的第三方會指定一道辯題，例如：「我們應該全面禁止動物園存在」，不管每個人的實際信念是什麼，直接指派三個人擔任正方的隊伍，另三個人是反方的隊伍。正方的第一位辯手開啟辯論，然後雙方輪流上陣，直到每一位辯手都用完他們分派到的時間（我們是四分鐘）。

辯論結束後，代表中立的評審，通常是辯論的老手會裁定哪一方獲勝。他們評量每一位辯手的標準有三項：言語的風格、論述的內容、發言的手段或策略。但他們最終極的裁量只需要摸著良心，思考一個問題：**哪一方說服了他們？**

前一天晚上，我沒睡好。正規的辯論隊準備論據的時間有限（從十五分鐘至一小時不等），學校卻給了我們好幾天，實在很好心。對我來說，平常鬧意見的惱人之處，就是得當場回應。我真的恨不得發生口角時能讓時間靜止，即使只停個一時半刻，我也能整理思緒，挑出適當的言語。既然正方的第一位辯手是我，我便可以預先規劃好一切，埋頭研究題目，寫稿寫到三更半夜。

禮堂的布置很簡單，舞台上有兩張桌子，每張桌子有三個席位，席位從適當的高度面向大概六十位學生，他們坐在排得歪歪斜斜的幾排座位上。我避開他們注目的視線，走在兩位隊友的後方：依莎貝拉（Isabella）是步伐很大的運動健將，還有神經質的男孩提姆（Tim），我們的目的地似乎令他兩腿打顫。雨水落在金屬屋頂上，奏出不祥的打擊樂曲。

我們的對手是五年J班，也就是五年級的另一個班級，他們已經就坐，當我們登上階梯，來到與他們相同的高度，他們向我們亮出嘲諷的臉色。他們隊伍裡的兩位女生很快便恢復閒聊，向在觀眾席的朋友們揮手。但是第三位成員亞瑟（Arthur）一直看著我們這邊，他是戴著金屬框眼鏡的模範生。平時在操場上，亞瑟就讓我傷透腦筋，他把聰明才智用在展示自己卓越的知識，從植物學到第二次世界大戰的各種主題都能飛快拋出論述，還一直打斷別人，讓人說不了話。

可是在這座舞台，每個人的發言時間與考核標準都保證一樣，亞瑟似乎便不是那麼可望不可即。之前，我只注意到他挑起的眉毛和擦得亮晶晶的鞋子，那時我突然看見他襯衫上的小小汙漬和他右頰的痣。

在舞台中央，萊特女士將一頭濃密的頭髮撥到後方，以宏亮的嗓音開啟辯論比賽：「午安，歡迎各位！你們即將看到的是一場辯論。在辯論比賽中，在一個人發言的時候，不管這個人是誰，其他人都要靜靜地聽。」她伸出一根手指放在嘴脣上，以長達二十秒的「噓」引導觀眾安靜下來。

接著，萊特女士用另一隻手拿起一本筆記。「把你們的筆記本橫放，在頁面上畫出六個欄位，每個辯手一欄。我要你們在欄位裡，寫下每個辯手提出的全部論點。辯論賽的規則是每一個論點都要有一個回應，因為有人提出了那個論點。」觀眾連忙照著她的吩咐動作。有的孩子用尺畫出四平八穩的完美線條；有的人徒手畫線。「辯論完畢後，判斷贏家的基準並不是我們抱持的立場，也不是看辯手是誰，而是根據論點的品質。有問題嗎？」

然後，我聽到辯題——「我們應該全面禁止動物園存在」，隨後是我的名字。我成了禮堂裡眾所矚目的焦點，心情不禁沉重起來。為了打斷掌聲，我收拾好索引卡，走向舞台中央。

從台上邊緣看去，是我前所未見的景象。觀眾席的每一雙眼睛都盯著我。每一張嘴巴都開開的，卻沒有出聲。評審是一位六年級的老師，他握著筆，筆下是空白的筆記本，準備寫下我的主張。從我搬到澳洲以來，那是我第一次覺得或許會有人聽見我說的話。

幾年來，我都在閃避爭執，但沒有奔向爭執是不是錯了？

好好議論，是社會應有的本質

在二〇〇五年那個決定性的日子之後十七年，我依然朝向良性的異議邁進。在這條路上，我抵達了幾座里程碑，但沒有終點線。我兩度贏得世界辯論大賽的冠軍，輔導過兩支世界頂尖的辯論隊：澳洲中學辯論隊（Australian Schools Debating Team）與哈佛大學辯論聯盟（Harvard College Debating Union）。我輾轉世界各地，從南韓到澳洲，還去了美國和中國，並且在每個地方追求更精妙的異議之道。

這本書總結了我在短暫歲月中的省思，包括兩種形式的辯論。

一種是賽場辯論，這是正式的比賽，對立的雙方要在公正的評審面前，依據他們分派到的主題發表論述。這種競賽的起源要回溯到古代，也就是回溯到古希臘的修辭教育，還有回溯到早期佛教徒的宗教訓練，而辯論賽的演進則與議會民主制度的發展交織。如今，賽場辯論在世界各國的中學與大學欣欣向榮，多到誇張，就連前總統與首相、最高法院法官、產業領袖、得獎記者、知名藝術家、公民社會領袖，都曾經是辯手。辯論是相當容易上手的活動，卻不可能精通，因此小孩子和總統候選人都可以參與。（這兩者說明了什麼？）

另一種形式的辯論，則是我們日常生活中遇到的分歧。**沒幾個人會加入辯論隊，但每個人在大部分的日子裡，都會經歷到某種形式的爭辯**。既然我們不只對世事應該如何莫衷一是，對世事的現狀也眾說紛紜，光是討論都能引發衝突。在隨之而來的各執一詞中，**我們試圖說服別人、找出解決方案、測試信念、捍衛自尊**。我們正確判斷出自己的個人利益、職業利益、政治利益，不但要仰賴我們贏得這些爭執的能力，也要仰賴我們以正確的方式勝出。

我的主張是辯論可以教導我們，如何在日常生活中，以更好的方式提出異議。**擅長異議之道的好處多多——可以達成自己的目的、減少未來的衝突、維繫與對手的關係……**這些都會在本書一一介紹。但我要以更謙和的言詞定義異議的宗旨：**我們提出異議的方式，應該達成一個有異議比沒異議好的結局**。

為此，我在本書提供了一套工具與如何落實在日常生活中。

在本書的前半，我會介紹賽場辯論的五項基礎要素：主題、立論、反駁、修辭、靜心，也會說明操作每一項要素所需的技巧與策略。我相信這些要素揭露了日常議論的根本道理，總結來形式正規的邏輯容易理解，應用範圍也比談判協商更廣。

本書的後半則將賽場辯論的方法活用到四個生活場景——劣質的異議、人際關係、教育學習、科技，並且提出充分的理由，說明優質的議論為什麼可以改善我們在私人與公共領域的生活。在此，我主張已有千年歷史的傳統賽場辯論，可以讓我們更有凝聚力，而不是杜絕議論，群體才能運作順暢。一如任何踏實的驗證，結論並非總是顯而易見。辯論的歷史充斥著支配、操縱、油嘴滑舌、排除異己的事件。但我主張辯論也有可能開創出更美好的局面：我們的生活與社會，都因為令人振奮、有愛心、揭露訊息的異議而更豐富多彩。

我明白在這種時機寫一本探討良性議論的書很怪。這年頭，沒有多少人會被送上沙場，向政治對手開戰，但分歧在人心中勾出的猜疑、蔑視、憎惡，似乎跟以往一樣鋪天蓋地。在隨之而來的爭論中，我們居心不良，各說各話。正是在這種時候，辯論的意願似乎上升了，但在辯論中維持對話所需的價值觀與技巧卻跌到最低點。這便是我們所說的「兩極化」（polarization）——問題不在我們意見不合，甚至也不是我們有太多或太頻繁的異議，而是我們表達不同意見的方式很拙劣：我們的爭吵既痛苦又無用。

在眾聲喧嘩中，有的人放棄了提出異議的希望。二〇一二年，美國共和黨的總統候選人米特·羅姆尼（Mitt Romney）在一場私人聚會中說，四七%的人永遠站在民主黨那一邊，那些人長期仰賴政府接濟，不繳所得稅。[1]四年後，民主黨候選人希拉蕊・柯林頓（Hillary Clinton）說對手的支持者有一半「極其惡劣」。[2]兩位政治人物都道歉了，儘管認定有些人無法被說服、不能理性議論的想法是禁忌，卻是已經融入選舉政治的一般邏輯思維。

然而，對溝通喪失信心的最嚴重後果，可能更容易出現在戀人、朋友、家人之間的沉默中。加州大學（University of California）的研究人員發現，在二〇一六年美國總統選舉後幾週，當政治立場相反的選區民眾共進感恩節大餐，他們聚餐的時間縮短了三十至五十分鐘。「全國跨黨派的感恩節大餐對話，減少了三千四百萬個小時。」[3]

可惜，從來沒有比現在更適合辯論的時代。如今這個時代，我們擁有空前的個人自由、選舉參政權、全球連結。我們的輿論更多元，公眾的對話也受到更多的質疑，這是史無前例的現象。承認我們分歧的意見不盡完美，並不需要貶低這些重要的成就，也不代表我們應該美化過去。我們不曾接納過這樣的多元化，也沒更懂得駕馭我們的異議。因此我們需要打造一條新的出路。

在如此動盪不安的時代，我們或許會情不自禁地渴望萬眾一心，也就是守住我們的共同點，排除異己。雖然我天生是內向人，大多時候都會感受到羞怯本能的拉力，但我也親身經歷過這種渴求的苦果。

在雪梨的童年歲月裡，有好幾年我都在消弭生活中的糾紛，試圖建立共識。這樣的經歷讓我相信愉快的生活並不多見，因為維繫那種生活必須付出太多的妥協與自我背叛。那會侵蝕人際關係中最寶貴的特性，包括：直率、質疑、脆弱性。

我在世界各地的閱歷，則讓我相信少了異議的政治生活也是貧瘠的。在最佳狀態下，國家是由不斷發展的議論構成的。這樣的族群觀點，最能尊重人類的多元化與開放性的未來；反之，一意孤行地堅持萬眾一心，在歷史上往往會走向獨裁專制與簡陋的多數主義。在自由開化的民主世界，進行良性的議論不僅是社會該做的事，也是社會應有的本質。

爭執，是重新打造這個世界的解藥

剛到澳洲那些年的痛苦歲月中，我知道自己的苦難是怎麼來的。我在主日學校（Sunday school）*學過，一座名為巴別（Babel）的城市導致我們有各種語言。這個世界的人類曾經只有一種語言，傲慢自大的人類決心建造一座能夠直通天堂的高塔。然而，當高聳的建築突破天際，上帝震怒了，出手干預。祂打亂人們的語言，大家再也不能彼此理解。接著，祂把人驅散到世界各地。

許多年後，我對這則故事才有不同的解讀。巴別塔崩毀以後，人間亂象四起，形成了新的文化與方言——這是作家童妮・摩里森（Toni Morrison）在獲得諾貝爾獎後的演講中，雄辯滔滔提出的見解。[4]我們從巴別塔上被趕下來，在街區安家落戶，展開艱辛的旅行與翻譯。

巴別塔被毀了，我們不得不開始辯論，但辯論給了我們更開闊的人生。

常有人問我，怎麼有辦法在論戰中抒發己見，這裡指的不是朋友間的鬥嘴，而是在競賽的壓力下。這個提問，讓我苦思答案多年。如今，我反而納悶怎麼有可能不抒發己見。**隨然提出異議不見得是回應衝突的最佳方式，但披露的訊息卻可能是最豐富的。我們爭吵的時候必須吐露自己的想法，這是鬥毆或簡單的忍耐做不到的。當我們跟世界起衝突時，我們會發現自己的界線，看見自己的本性與信念。**

現在，我們習慣將異議視為社會出問題的癥兆，或是當作我們不知滿足的原因。的確，異議兩者皆是。但我最終極的希望是說服讀者，爭執也可以是解藥，是重新打造這個世界的工具。

在初次接觸辯論的那個二〇〇五年三月午後，我對這些一無所知，也不具備這些口才。但我覺得自己得到了救生筏，不僅能夠自救，還能前往光明的未來，只是我得堅持下去。我從舞台

---

* 基督教教會主持的宗教教育課程，因為在主日（Sunday）進行，故名。

邊緣凝視觀眾，感覺到有個東西在內心萌芽：那是我的抱負，青嫩且堅定。

我的呼吸慢下來。我回想辯詞的開頭幾句，覺得腳下的地面恢復堅實。我猜一旦自己開講了，或許永遠不會再停下。發聲就是這麼回事：你絕不會知道下一句會是什麼。

Part 1

辯論五大要素，讓觀點更有說服力

第 1 章

主題

如何找到爭議之處

二〇〇七年一月某週一早晨，小學畢業兩個月的我升上國中，踏進貝克學院（Barker College）的綠色大門，那是進入新世界的門戶。在我跟其餘的十二歲新生展開國中課程的第一天，我跟他們的過去與未來對比非常鮮明。我以前的同學踩著又笨又重的步伐來到操場，身上的服裝只是勉強有個學校制服的樣子，可是現在校園裡的學生們卻穿著筆挺的白襯衫，跟招生手冊中的學生一模一樣。荒野學校的校地是向四面八方延展，縱橫交錯，而這所男子中學的校園則是打理得整整齊齊，彰顯出一種秩序。我最好能夠適應這種秩序，而且要快。

到了午餐時間，我便意識到要學會那些秩序並不容易，因為在一所有兩千名學生的學校，有各式各樣的秩序。在教室，學校期待你遵守上課的規矩，像是學生要以「先生」、「小姐」稱呼老師，發言之前要有教養地舉手；到了教室外，在操場上則是叢林法則的天下。在音樂大樓的明亮中庭，你得端出特定的言行，到了體育館旁邊的發霉更衣室，就要搬出另一套舉止。校園就是一個萬花筒，集結了別人對你的各種期待。

在澳洲生活三年半以後，我已經可以在各種行為規範之間轉換自如。我學會了在家裡使用親暱的言語；到了學校，就換成學校似乎樂見的那種愉悅、浮面的言語風格。問題是我摸索不出貝克學院的規矩。開什麼玩笑才算得體？什麼時候可以開玩笑？一個人可以透露多少個人資訊？又能向誰透露？找答案全憑誤打誤撞。

剛到貝克學院那幾週，我不曾回歸沉默，不過我會盡量尋求慰藉的機會。我跟一群沉默寡言的隨和澳洲少年廝混，就稱呼他們傑姆（Jim）、傑恩（Jon）、傑克（Jake），統稱小傑們。班上最野心勃勃的同儕會使出渾身解數，把握每一次的發言證明自己的優點，小傑們則是淡然處世。在午後時光，我們會到澳洲常見的外帶餐廳烤肉串店買一份熱薯條一起吃，只會偶爾聊個幾句。

我沒有告訴他們，我帶著一個私人的目標來到貝克學院：加入辯論隊。自從五年級第一次參加辯論賽以來，我接觸辯論的機會就寥寥無幾。但我知道辯論文化深入雪梨的國高中，大部分學校都有辯論隊，每週在聯賽中一較長短。在這些學校的校園生活中，辯論的地位很微妙。辯論就像西洋棋或機智問答一樣，讓缺乏運動細胞的孩子有爭強鬥勝的機會，卻又不像其他的室內活動能夠累積一定的資歷，可以充當日後做大事的踏板。

在貝克學院，任何人都能接受週三下午的辯論訓練，但每個年級只有一支由四位學生組成的辯論隊可以代表學校，出席週五晚上的當地聯賽。要成為辯論隊的一員，必須通過甄選。在二月第一週的甄選之前，我調查過搶手程度，我問同學：「有人要去辯論的甄選嗎？」但感興趣的人似乎沒幾個。我心想，也許可以手到擒來，我還能做做運動、找找樂子。

但我錯了，週四下午四點開始的第一輪甄選，吸引了超過三十人到場。英語大樓頂樓的教室有著白色鑲板，宛如冰箱內部；報名甄選的人，有的是自己一人，也有的人拉了一個伴，他們穿著適合室外熱氣的衣服，在教室裡打哆嗦。甄選的主持人是我們一年級的年級主任媞爾曼小姐（Miss Tillman），她是歷史老師，整個人有一股堅忍克己的氣質。

媞爾曼小姐說明，我們不會在甄選中進行完整的辯論。每個人會分配到一道辯題和一個立場（正方或反方），要在三十分鐘內寫出一份辯詞，辯詞要包含兩個符合立場的論點。小學時，我們準備辯詞論述的時間橫跨了幾週，通常有老師從旁協助，也能上網找資料，但現在我們得獨自承受嚴苛的時間限制。「以這樣的甄選形式，我跟其他評審不會看出你們的完整實力，」媞爾曼小姐說，「但應該還是看得出你們的……臨場反應。」

在等候室，我撞見另一件事：有些甄試者一副志在必得的樣子。這些人從小學三年級開始就讀貝克學院，以十二歲小孩自以為細膩的手段，宣告他們從小學聯賽便是成功的辯手，認定自己能夠繼續下去。其中一位甄試者說：「我們在小學聯賽的表現很成功，以後也會是辯手。」然後環視滿室的人，搜尋我們都聽懂了的跡象。

我聽見媞爾曼小姐叫我的名字。我想著她會不會給我額外的指示，或是講幾句鼓勵的話，結果她給我一個白色信封，裡面的紙條上有幾個手寫的字：「我們應該採取徵兵制。正方。」

我看完最後一個字，事情便快速發展。信封前方的一切原本是潛藏的能量，像是一顆尋覓目標的心和一份需要釋放的張力，然而就在當時的場景，也就是在等候室旁邊的無窗角落，事情便迅速成形了。我發現，準備辯詞的過程莫名地解放人心，辯題將我傳送到一片新天地，賦予我新身分。我本來是十二歲的小孩，對自己的信念沒有把握，也摸不清別人對我的期待，而我搖身一變，成為置身在某個議事廳的倡議者。

不能自己決定辯題的事實，反而增添了我感受到的自由。我從容自在地玩味各種想法，沒有受限於我個人的立場或信念，即使無法選擇立場；探索著爭議的每個黑暗角落，由於無法自選辯題。在辯論中，辯題又稱為「動議」（motion），在撰寫辯詞的那三十分鐘，我體會到一切都動起來了。

當媞爾曼小姐來敲門，我回歸現實。在甄選會場中，由三位老師組成的評審委員會坐在一張長桌後方。其中一位是圓圓胖胖的生物老師，我在新生訓練時見過他，他勉力作出同情的表情，但其他老師就面色蒼白，被一波又一波的學生折騰得疲憊不堪。

我到會場中間就定位，凝視著兩位評審委員面孔之間的空隙，可以代替視線接觸，希望他們會覺得我正視了他們。然後我開口：「國家安全，人人有責。當我們透過兵役履行這項責任，社會將更團結，軍隊會更精良，生活會更美滿。」我既緊張又渴望得到青睞，一字一句的音調和音量都在不斷拔高。我講到幾乎是在嘶吼，然後花了一分鐘壓低。

我的發言有兩個論點：每一位公民都有服兵役的責任，國家會因此更安全。實際上，這樣的內容不太算合格的辯論講稿（先不管何謂合格），比較接近東拉西扯跟狂熱的喊話。在一個特別丟人現眼的時刻，我還懇求：「摸著你的良心，問問你虧欠同胞什麼。」話雖如此，我談到徵兵制的國安效應時，我覺得評審採納了我的一部分論點。當我說到政治領袖應該擁有更直接的權柄，以便掌控軍事行動的命運，還說這很重要，其中一位累壞了的評審老師似乎從昏沉中清醒了一下。跟我同一時段的甄試者表現得很好，但沒有好到令人驚豔，因此我覺得自己有勝算。

隔天在學校，剛剛下課不久，食堂附近的布告欄出現一張告示：七年級辯論隊。我是名單上的最後一人，在我名字底下，就是週三下午四點要上第一次訓練課程的指示。這張公告就跟辯題一樣，彷彿是一張前往一片新天地的車票。

意見不合的三種類型

七年級的辯論教練是一位瘦瘦高高的大學生，名叫賽門（Simon），他是貝克學院他那個年級的頂尖辯手之一，但從外表看不出來。站在教室前方的賽門，臉上呈現暗沉的酒紅色，還紅得不均勻，他的嗓音透出一絲的自我懷疑。

在甄選將近一週後的週三下午四點，大約十幾個學生回到甄選時的教室上課。我們獲選為辯論隊的四人——史都華（Stuart）、邁斯（Nathan）、納森（Max）跟我，我們坐在彼此附近，但寒暄幾句就沒說什麼話。在隊員之間，我覺得納森最投緣，他善解人意，有博物學家的氣質。我們沒人意識到一個可怕的事實：只剩兩週，聯賽就要開打了。

開始上課時，我目睹了賽門的蛻變。當他站在白板前方介紹辯論，他似乎變了一個人。在他的姿態中，充滿了某種內在力量，圓滿他的每句話語。他的臉色依然泛紅，但這時更顯得有活力。他打開麥克筆的筆蓋，然後轉向白板，寫下一個詞：「主題」（topic）。

「回顧你最近一次的吵架，」賽門說，「儘量記起吵架的細節，包括：當時的時間和情境、爭執的明確內容、主張，甚至是侮辱。」

「現在回答一個問題：你們哪裡意見不合？」

我想起以前跟一位荒野學校的老朋友之間的一連串口角，他念的中學在這座城市的偏區。那些口角的點點滴滴都在我心頭，但要我回答賽門的問題卻很困難。有些爭吵，根本記不起引發爭議的糾紛了。就跟噩夢一樣，內容消失無蹤，餘波卻依舊盪漾。至於其他的爭吵，倒是記得太詳細。爭論始於某些雞毛蒜皮的不合，然後累積出更多爭執，像是糾紛、認為自己被小看、陳年舊帳……隨便哪一項都可以視為爭議的主題。

「這就是問題所在。如果你不知道爭議的主題是什麼，又要如何決定什麼話該說或不該說？什麼觀點要繼續說清楚，什麼觀點要放下？還有你究竟要不要跟人起爭執？」

賽門引述社會學家與語言學家的研究，提出人們擅長「談論相關話題」，不太會真的專注在主題上。也就是說，我們會讓人覺得我們在談相關的事情，卻常透過「說到這個」之類的口頭禪巧妙地改變主題。既然大部分人喜歡如沐春風、暢所欲言的談話，我們幾乎不會抽出時間，認真反省自己在說什麼內容。「所以我們傾向順其自然，拉拉雜雜說了一堆，距離化解分歧卻更遠了。」賽門說。

「但辯手必須反其道而行。每一回的辯論，都從一個主題開始。辯題是我們辯手要寫下來的第一條內容，無論寫在筆記紙上或寫在準備室的白板上，當作是一種命名的行動，也是我們為意見分歧的地方取名字，而這就是我們這堂課的目的。」

隨後兩小時，賽門教導我們辯題的知識，豐富到我覺得有點變態。

賽門說，**辯題是用一句話交代兩人或更多人之間意見分歧的重點：**

珍是靠不住的朋友。

政府不應該幫大銀行紓困。

有個簡易的方法可以檢查一個說法是不是合格的主題，就是以相反的形式寫出來：

珍是靠不住的朋友。	珍是靠得住的朋友。
政府不應該幫大銀行紓困。	政府應該幫大銀行紓困。

意見分歧的雙方應該都能說，這些說法公正地描述了雙方各自相信的事。

辯題的典型特質是容得下正反方，所以「經濟」或「醫療保健」之類的大範圍主題不能充當辯題，因為沒有指出爭議所在。辯題也不能是純粹的主觀意見，例如「我覺得冷」，因為另一方無法主張「不對，你不覺得冷。」

一般而言，人們會為了三種類型的事情鬧意見，也就是「事實、看法、對策」，而每個類別都有對應的辯論類型。

對事實的意見分歧，主要是對事物的狀態有不同的主張，其形式為「X即Y」，X與Y是可以實際觀察到的世事特性。

拉各斯（Lagos）是大城市。

巴黎在二〇一四年的犯罪率低於二〇一六年。

規範型的意見不合，是我們對世事的主觀判斷，亦即我們看待世事處於什麼狀態或世事應當如何，其形式為「A應該視為B」或「我們有充分的理由相信A即B」。

撒謊（應該視為）不道德。

（我們有充分的理由相信）明天會更好。

對策型的分歧涉及了我們應該採取的作法，其形式通常為「C應該D」，C是執行者而D是作法。

我們家應該成為健身房的會員。

政府應該限制言論自由。

儘管我覺得這些內容相當有趣，但是眼看下課時間就要到了，我也感受到強烈的失落。賽門沒有傳授他的私房辯論策略和必殺技，而是不同類型的分歧；他沒有磨練我們的辯論技術，而是讓我們寫了一堆筆記。我不禁懷疑賽場辯論是否有太過艱深的傾向，就像西洋棋之類講究精湛技法的賽事一樣，已經與現實生活脫節了。

然而當天晚上，我意外有了重新思考這種疑慮的理由。

我們剛移居澳洲的那兩年，我父母難得吵一次架，也不太跟我拌嘴。我們經常意見不合，但我父母認為我們沒有任性吵架的本錢，至少不能在仍然有那麼多事情要照顧的時候鬧意見。儘管這一兩年來，我們比較能夠坦率地吵架，我們依然傾向於迴避衝突。大多時候這一套都行得通，但要是我們哪一個人發了脾氣，隨之而來的爭執就是大亂鬥，吵個沒完。

當時是二〇〇七年春季，我們一家人在雪梨落腳已經將近四年，開始考慮申請歸化為澳洲公民。從某些方面來說，這是公事公辦的決定，可以歸結到納稅之類的現實考量。但是對我父親來說，這個選擇的象徵意義很重大。在我們家，爸爸一向主張維繫我們的文化根源很重要，在他心目中，「公民籍」這個詞具有實際的分量。

那天晚上，在晚飯後的靜謐時分，爸爸叫我下樓，跟我們在韓國的親戚講電話。我滿腦子都是電腦遊戲和即時通訊，不肯聽他的話，繼續待在我的書桌前。爸爸掛斷電話後，三步併作兩步地上樓到我房間。他的呼吸聲粗淺而不規則，我不禁躊躇起來。

「你好大膽子，竟然不理我？你阿姨們為了這通電話還特地熬夜，你卻連抽出五分鐘都不肯？你每次都不跟我們的親戚聊天。」

他的最後一項主張在我看來不符合事實，因此不公道。光是在上個月，我跟親戚有互傳好幾次訊息。只不過我今晚心有旁騖，雖然這是事實，但這樣的斥責似乎太超過了。

因此，我替自己辯解：「這是什麼話？我經常跟親戚聊天啊。」起初我說的是韓語，但半途換成英語，這是別有居心的技倆。「難道你不要我跟朋友往來嗎？重點難道不是你要我跟大家打成一片嗎？」我望著父親的面孔，我們的長相如出一轍，只是他的臉比較方、比較篤定，而這張臉的臉色變了，開始顫抖。

然後，在我強調自己的論點之前，出口的卻是另一個問題：「等一下，我們在吵什麼？」我們對於該做的事絕對沒有異議：我們都同意應該跟親戚講電話。我們對於我講電話的實際次數有細微的歧見，但那似乎不是重點。

隨後幾分鐘，我們兩人釐清了我們的口角來自一個主觀看法。父親認為，我已經懶得維護我跟韓國的連結，而這種漠不關心的症狀之一，就是我錯過了一些講電話的機會。

當我們弄清楚意見不合的地方，我們的對話似乎有了新的焦點和明晰。雖然我們只討論到午夜，打算改天再繼續談，但即使是在那當下，我們在結束這場口角時，都明白了異議的範疇。「你一定要我把話講得這麼清楚嗎？」爸爸一度問道。而我意識到，答案始終都是：「對。」

辯論讓我能夠看清楚人世間的這個小小角落，那天就寢時，我納悶還有多少地方可以由辯論照亮。

如何找出爭議核心，不再各說各話？

與此同時，在校園生活中，我發掘了競爭的管道。貝克學院鼓勵學生之間競爭名次，但主要是將學生的競爭精神引導到校外，跟其他學校進行長久以來的較量。雖然全校學生的集體自尊心，與橄欖球及板球的校隊同在，但我們樂於慶祝學校的任何勝利。在中學的集會上，數學競賽和雙簧管的贏家，都是眾人眼中的偶像。

我研究起各種名譽所蘊含的好處。初到雪梨的那幾年，我最大的目標是博取別人的接納，賽場上的成功更能夠實現我的目標：得到別人的認可，甚至欣賞。於是，即將揭開序幕的辯論賽季更是令我壓力沉重，對我們的準備程度感到焦慮。

有個似乎一點都不擔心的人，就是賽門。我們第二次上課時，他以歪歪斜斜的角度站在白板旁，等待我們入座。他的聲音跟他的表情一樣平和，沒有絲毫的急迫。

「上週我們談到三種主題——事實性、規範性和對策性，還討論了這些主題所引發的分歧。但你們大概注意到了，那太單純、太簡單了。在現實生活中，我們同時對許多事情有歧見。我們在事實、看法和對策上都針鋒相對，有時一個句子就包辦了這三種衝突。因此我們要做的事，可不像辨識爭議點那麼簡單。我們得拆解各種爭議的路線，才能規劃出解決一部分問題的思路。」

他走到白板前，寫了一個主題。

我們為人父母，應當讓子女就讀本地的公立學校。

「現在把會引起衝突的詞圈出來，也就是會讓正反方意見不合的那些字眼，然後指出爭議點是什麼。」

我把句子抄到本子上，圈起「讓」一詞。答案似乎很明顯：這是涉及怎麼做才對的糾紛，是屬於一種對策性的分歧。

我們為人父母，應當「讓」子女就讀本地的公立學校。

全班答案一致，但賽門一副這沒什麼了不起的樣子。「還有哪裡會讓雙方意見不合？想像雙方看著這個句子。他們對某些字眼的看法會不一樣。是哪些字眼？」

大家沉默了一會兒，然後思路接通了，開始有人喊出答案。雙方可能對「本地的公立學校」意見不合。雙方對當地學校所知道的事實資訊可能不一致（例如：教師的人數），對學校教育的目的可能有不同的見解（例如：學業成績與融入當地社區孰輕孰重）。他們對「子女」的需求、個性、願望，對「父母」的責任與義務，可能也都有不同的想法。

我們「**為人父母**」，應當讓子女就讀「**本地的公立學校**」。

賽門說這項練習叫作「主題分析」，可以披露爭議的各種層面。乍看只是對一件事的意見不合，實際上可能含蓋了幾個意見不同的點，要是沒能認清這樣的多樣性，就會令大家各說各話。

「如果雙方根本不是在討論同一件事，又要怎麼指望討論能有所進展？」

主題分析是一種工具，功能是揭露歧見的各個層面，對我們的助益有二：

1. **主題分析讓我們找出爭議的核心，也就是根本的衝突之處，其餘的爭端都是從核心衍生出來的**。以選擇學校的爭議為例，主要的議題也許是在我們的認知中，父母對子女與地方應該承擔的義務。如果我們同意這一點，我們就可以不再各說各話。因此，乍看之下這是關於一個對策的爭執，實際上卻是對於一個看法的意見不合。

2. **主題分析協助我們挑選戰場，也就是分辨什麼是我們非贏不可的爭執，什麼是輸了也無妨的異議**。假設有一對父母相信學校的基礎設施很齊全（事實），而為人父母有改善公立學校體系的義務（看法），應該將小孩送去念公立學校（對策）。其他父母或許會完全同意他們，或完全不同意，但雙方的意見更有可能介於兩者之間。我們可以列出一部分的灰色地帶，見圖表1-1：

只有細節不同	只有理由不同	只有作法不同
不同意事實 同意看法 同意對策 「學校的基礎設施不太齊全。但我們有改善學校的義務，因此應該送孩子去就讀。」	同意事實 不同意看法 同意對策 「學校有基礎設施。我們沒有改善學校的義務，但仍然應該讓小孩念這所學校，因為這樣對他們有好處。」	同意事實 同意看法 不同意對策 「學校有基礎設施。我們有改善學校的義務。但我們可以用別的方式履行義務，不一定要讓小孩念這間學校。」

只同意細節	只同意看法	只同意結果
同意事實 不同意看法 不同意對策 「學校有基礎設施。我們沒有改善學校的義務，不應該送小孩念這間學校。」	不同意事實 同意看法 不同意對策 「學校的基礎設施不太齊全。我們有改善學校的義務，但仍然不應該送小孩念這間學校。」	不同意事實 不同意看法 同意對策 「學校的基礎設施不太齊全。我們沒有改善學校的義務，但應該送小孩念這間學校，因為這對他們有好處。」

圖表 1-1 主題分析，揭露爭議的各種層面

多數爭執的目標並非消弭另一方的分歧，而是將分歧化解到可以接受的程度，所以我們很少需要跟對方全面開戰。賽場辯手的主要目的是讓觀眾採納他們的對策，光是同意作法，就跟全面同意一樣好。父母最關心的是履行身為公民的責任，單純是作法不同的話倒是可以接受，只要他們能以其他方式為地方服務就行了。主題分析給了我們妥協的新機會——機會不是來自同意或不同意，而是介於兩者之間。

在隨後的課堂上，賽門在白板上寫了一長串以前的辯題，我們一直討論到下課。我問了幾次尖銳的問題：「那我們要怎麼擊敗對手？」但賽門簡單答了幾句，便帶領我們繼續分析主題。到了六點，課堂時間結束，賽門讓我們下課：「週五的辯論大賽見！」

不需要完美陳述，也能搶得先機

週五最後一節課，是在無菌實驗室上化學，課程乏味地進行到尾聲。老師在示範檯上，將燒杯裡的某種液體染成粉紅色，無聲地作出「滴定法」的嘴型。我很難假裝對這樣的化學變化感興趣，我心不在焉。辯論隊的隊友傳來的訊息，讓我的手機震動了一下午：「兄弟們，上啊！」

我們是奇形怪狀的四人小隊：有高、有矮、有人聒噪、有人文靜，但我們開始將彼此視為一支隊伍，努力找出符合隊友身分的言語。

下午三點十五分，下課鈴聲一響，我便匆忙趕到烤肉串店，跟隊友會合。雖然我們沒人覺得餓，因為只剩不到兩小時辯論賽就要開始，但我們認為還是要先填肚子。我看看一桌子的隊友，留意到我跟他們在明顯的差異下，還是潛藏著相似之處。史都華挨著椅子的前緣坐著，以敲門的節奏說出爭議性的觀點，但要是有人反駁，他會很開心，比如邁斯就常常以認真而堅定的口吻挑戰他。納森總是面帶溫和的笑容，但他也一樣，絕不會怯於提出自己的主張。儘管我依舊認為小傑們是最親密的朋友，卻甩不掉那種找到同類的感覺。

在澳洲，辯論之夜是全民活動。國高中的安排聯賽的方法不一，但大部分是在晚間五點至九點舉行每週競賽。我們在雪梨的聯賽是每週五晚上讓兩間學校的隊伍湊成一對，讓上至十二年級、下至七年級的每支隊伍互相對抗。

我們四人坐在交誼室等候辯題發布的時候，一群比較年長的辯手進來分享忠告。其中一位魁梧的十一年級學長，是同時加入橄欖球隊和辯論隊的稀奇人物，他把我拉到他的面前，囑咐我狠狠幹掉對手。這天晚上的對手位於是附近的布吉丹（Brigidine）天主教女子學院，那些女生在五十公尺外的飲水機周邊徘徊。她們穿著格子裙配栗色外套，這是雪梨典型的私立學校制服，優雅得不可思議，我恨不得自己上學之前，從兩件襯衫裡挑出比較乾淨的那一件來穿。

我們的年級主任媞爾曼小姐，與布吉丹的年級主任一起監督辯題的發布。兩校辯論隊來觀賽的親友就像《羅密歐與茱莉葉》裡誓不兩立的兩大家族一樣，布吉丹的辯論隊跟我們四人走到會場中央，我們雙方面對面片刻，沒有道具或戲服。我看著離我最近的女生，她臉上半是恐懼、半是決心。

媞爾曼小姐給了我們信封，然後舉起碼表一聲令下：「計時……開始！」我們的隊伍連忙衝向準備室，我在途中念出主題：「開發中國家應該優先追求環境永續，而不是經濟發展。正方：布吉丹；反方：貝克。」我跟著隊友飛奔上樓，腳步聲為我們開道，我再一次體驗到一切都動起來的感覺。

我們的準備室設置在一間積滿灰塵的儲藏室，到了裡面，我們的動力突然消失了。在規定的一小時準備時間裡，開頭的二十分鐘就在徒勞無功的混亂中度過。白板上密密麻麻寫滿了我們的想法，卻找不出一個可用的論點。我們一個個都情有可原地發了牢騷，說不曉得自己在幹麼。氣候變遷的紀錄片《不願面對的真相》（*An Inconvenient Truth*）已在幾個月前上映，紀錄片主持人高爾（Al Gore）的形象在我腦海揮之不去，感覺他對我們的表現一臉失望。

從準備時間開始便異常沉默的邁斯靈光一閃，他大步走到白板前，在白板中央擦出一小片空白的地方。然後寫下：

開發中國家應該優先追求環境永續，而不是經濟發展。

「我們來做主題分析，」他說，「這實際上是在爭論什麼？」

我們四人選擇了同一個答案。當然，主要的爭議在於對策：要「優先」追求什麼？但我們兩支隊伍也可能對「永續」與「發展」的描述性定義（descriptive meaning）及規範性價值（normative value）意見不一。對手也可能對「開發中國家」的現狀有不同的主張，或是對那些國家的權利與義務有異議。

「開發中國家」應該**「優先」**追求環境**「永續」**，而不是經濟**「發展」**。

找出了這些爭議點以後，我們選擇聚焦在最後一組問題上，談論開發中國家的權利與責任，主張不應該要求這些國家承擔氣候行動的成本。北方國家（global north）*可以協助減少永續與發展之間的權衡取捨，我們樂見其成，但在有選擇權的情況下，開發中國家有選擇發展的權利。

這樣的辯論策略似乎令人擔憂，容易挨打，但隊友跟我拿著寫到一半的稿講走出準備室時好歹找到了辯論主軸，這樣的事實仍然讓我鬆一口氣。

辯論會場是一間比較新的教室，燈光明亮，辯手們的家長已經來到觀眾席了。我父母盛裝出席，坐在第二排，不斷向我揮手，揮到我也揮了手為止。布吉丹辯論隊比我們早進場。我坐下時，注意到我們對手的制服都紮得很整齊，沒有在一小時的準備時間裡弄亂。

接下來，我聽到主席的發言：「歡迎來到七年級的第一場辯論比賽。請觀眾將手機轉為靜音，現在請正方一辯開始辯論。」

布吉丹的第一位辯手是一臉肅穆的女生，她把所有的緊張跡象藏得滴水不漏，而她默默站在會場中央，足足超過一分鐘。當觀眾等得心焦，開始在座位上向前挪移時，她開始發表論點，句子又長又流暢。

「氣候變遷是我們人類最大的危機，可能會全面破壞我們如今的生活方式。開發中國家排放的溫室氣體在全球占了極大的比例，不僅如此，這些國家承受的環境災難效應也最嚴重。」

要不是我被分派為反方，我大概會被說服。她的言語出奇流暢，慷慨激昂。她的兩個論點似乎滴水不漏：一個是我們應以永續為重，而非利益，還有開發中國家其實能幫忙控制最嚴重的氣候變遷效應，但我也察覺到一個機會，那就是我們的隊伍無意反駁這兩項主張，我們沒打算那樣贏得辯論。

我們的第一位辯手納森在走向會場中間的途中撞上桌子。觀眾還在仔細觀察他的動作，看看有沒有受傷，納森便重新站穩，就定位後，他的呼吸也恢復正常。他以平靜的口吻開講：「我想這裡有一項誤解。我們知道氣候變遷是一個問題，也知道開發中國家的排放量。我們同意前一位辯手的大部分主張。但我們的隊伍要提出一個不太一樣的問題：要打造一個更環保的世界，經濟與人類都需要付出可觀的成本，這些成本要由誰來承擔？」納森在提問後暫時停口，在那段短暫的靜默中，我察覺到觀眾流露出小小的驚豔。

納森後續的論述，雖然距離完美十萬八千里，因為我們沒人知道如何有像樣的陳述，也不懂如何反駁，我們得到的辯論訓練只有主題而已，但我們有種搶得先機、勝券在握的感覺。坐在會場另一邊的對手們一臉茫然。在觀眾席的第二排，我的父母彼此對望，然後他們轉頭去看賽門，而賽門向我們露出一閃而過的會心一笑。

＊ 指歐洲、北美洲、亞洲已開發地區的國家。

有時為了贏，會扭曲辯題的定義

從那一夜起，我迷上了辯論。勝利的滋味很暢快，獲得肯定也很暢快，在隨後那一週的學生集會上，我們得到熱烈的掌聲。但在那次比賽後的那一週，我更清楚記得在準備室的靈光一閃、與觀眾的交流、獵捕與被獵捕的野性快感。在剛接觸辯論賽的那段時光，我只曉得自己對辯論的熱血有許多層層堆疊的源頭。

就這樣過了幾個月，我跟隊友在聯賽裡過關斬將，我更加明白自己對辯論活動最珍視的特性，那就是辯論讓我們可以理解異議，進而讓我們認識世界。在我們的聯賽中，也許這一週我們會討論奧運比賽，下一週則是稅務改革，在每一週化身為對這些議題有強烈意見的人，以他們的人格特質展開辯論。循著思路，我們不必出門便能行遍天下。

我唯一想得到的譬喻，是一個我喜歡的電視節目《觀點》（*The View*）。一九九七年，電視新聞節目主持人芭芭拉．華特絲（Barbara Walters）製作了這個節目，由四至五位固定的女性班底爭論當天的熱門話題，並訪問來賓。這個節目承諾會引進各式各樣的意見，而他們的作法是找來不同世代的人組成諮詢小組，小組成員包括一般民眾和專業人士。

在我聽來，這一群共同主持人的口才流利得難以置信。當然，我們在歷史課讀過蓋茲堡演說

（Gettysburg Address）*，也聽過南非前總統曼德拉（Nelson Mandela）的錄音帶，雖然《觀點》的女士們聽起來並不是那樣，但她們的成績也有驚人之處包括：即時反駁各種議題，議題的範圍從政治到名人八卦無所不包，還反駁得讓人天天都願意收看。

《觀點》的共同主持人的基本處境，似乎跟我身為辯手很類似。誠然，這些女性是經驗豐富的名嘴，背後有團隊的支持。話雖如此，她們全年都在紐約的一間攝影棚錄製節目，也就是美國廣播公司（ABC）二十三號電視攝影棚。由於她們希望看遍世事，照亮世界的隱藏角落，她們只能仰賴研究工作、談話技巧、精選的「熱門話題」。

從二〇〇七年到二〇〇九年國中畢業，我都按照辯論賽的賽程表過日子。儘管父母跟老師要我「全面發展」，讓我參加學校的樂隊和運動，卻控制不了我頑強的渴望。我只覺得從週三午後的辯論訓練課程到週五辯論之間的五十小時，是我活得最充實的時間。

在那三年裡，我們的國中辯論隊不曾拿下壓倒性的勝利。在辯論賽，「好」的定義很多，「勝利」卻只有一個意思：你擊敗了另一方。大多時候，我跟隊友會贏，但我們的運氣往往到八強賽

＊一八六三年，美國總統林肯在蓋茲堡戰役結束後發表的演說。

左右便耗盡了。雖然我會失落，但從來沒有要選擇放棄。在我們的聯賽裡，每一位辯手都熟知其他學校的辯手，關注誰上場、誰下場、誰退場。要是落入最後一隊，就代表應付不了賽場壓力的人，那是我最受不了的恥辱。

駐留在中間區段的勝績，擾亂了我們十五歲的自尊。一方面，我們的辯論技巧夠強，能夠贏得大部分的比賽，但另一方面，又沒有強到讓我們在辯論賽場信任自己的直覺。因此，我們花太多時間懷疑自己，處心積慮地推敲能夠突襲對手的計畫。到了二〇〇九年賽季尾聲的一場比賽，這種情況已到非解決不可的地步，當時我們在準備時提出一個危險的問題：要是我們不只是分析主題，還將主題扭轉成對我們有利的內容呢？

這場比賽在八月舉行，對方是我們學校的主要競爭對手諾克斯文法學校（Knox Grammar）。這場比賽之所以特別，是因為有一位貴賓：胡德先生（Mr. Hood）。他是貝克學院辯論專案的負責人，溫和而睿智，是一位博學如百科全書的英文教師，長年浸在辯論領域。教練陪我們檢討每一場比賽，胡德先生談的卻是辯論事業的趨勢、基礎與漫長生涯。

胡德先生除了貝克學院的工作，也隸屬於聯賽的動議委員會，該委員會由資深的教師及官方人員組成，專門擬定每個賽季的辯題。那年年初，我如痴如醉地聽他說明全套流程的運作方式。

胡德先生告訴我，對於怎樣才算是優良的辯題，有一些互相矛盾的思想流派。但多數人認同幾個基本的要素：**辯題必須四平八穩（不偏袒任何一方）**、**有深度（能夠容得下至少三或四個論點）**、**平易近人（不需要專業知識）**、**有趣（夠新穎，有挑戰性）**。「聽起來很簡單，但執行起來卻很傷腦筋。」胡德先生說。

「想像你要策劃的辯論是，關於經濟體制裡的工作過度。那辯題會是什麼？顯而易見的起點是『我們相信人們太努力工作了』，但這太籠統，很不明確。也許你會修改成『我們相信一個頌揚工作過度的文化所造成的傷害大於建樹』，然後察覺這樣的命題，不能涵蓋你打算放進來的政策層面。一定要克制住想讓辯論無所不包的誘惑，像是『我們相信資本主義有問題』。最終的解決方案是思前想後、一再修改，外加一點點靈感的成果：『我們應該一週工作四天。』」

「這樣的過程可以耗上一整天，因為許多事情都取決於妥善的命題，」胡德先生說，「在辯論大賽，就常常有辯手跟他們的教練以辯題『有問題』否決裁判結果，所以辯題必須經得起考驗。」

我覺得，這個解釋很動人。在日常生活中，我們常常跟人鬥嘴，不會去管爭議的主題是什麼，更不會考慮實際的主題是否能讓雙方展開公平而有助益的對話。但在賽場辯論的世界裡，這種等級的主題撰稿大師傾注數個小時，就為了確保我們可以在穩固的基礎上展開舌戰。

在那個週五的夜晚，我們從發辯題前就陷入困境。在諾克斯文法學校的一棟大樓，我們在玻璃屋頂的中庭比賽，我站在其中一位對手的對面，他是一位名叫法蘭克林（Franklin）的男生，戴著一支大手錶，髮型跟他爸爸一樣，我們一起等待辯題發布。一對一的面對面，就像拳擊賽的一樣對峙：這是跟對手打心理戰的機會。不知何故，那天晚上，我先眨了眼，移開視線，不跟法蘭克林對視。我拿著觸感粗粗的信封，裡面的裝者辯題——「我們應該讓娛樂藥物合法化。正方：貝克；反方：諾克斯」，著實令我反胃。

這個辯題來得不是時候。我們九年級的健康教育課，才剛上完非法藥物的單元。有一位巡迴勵志演講的更生人，前來我們國中的學校集會，勸戒我們要謹守誠實且道德的生活；我們期末考的試題，要我們把毒品的名稱跟受到嚴重損害的人體部位圖片配對。準備室空蕩蕩，說話還會有回音，隊友們跟我坐在裡面，姿態頹喪。

差不多半小時後，我們四人都認定我們贏不了這場比賽。州政府衛生部門的公告像是電影配音一般在我們腦海播放，瓦解了拚勁。然後，到了四十分鐘左右，我有了靈感：「假如不要主張讓所有的娛樂藥物合法化，只合法一部分，就是危險性最低的那些呢？」隊友們滿臉懷疑，但我提醒他們，我們沒有更好的點子了。因此，我們決定將「娛樂藥物」定義為處方藥品和大麻，不含帶有嚴重副作用的物質，例如：迷幻藥和搖頭丸。

在辯論會場，我們的第一位辯手史都華以驚人的確信口吻，說出我們隊伍的辯論主軸：「我們的定義兼顧了自由與公眾健康，與專家對這個議題的想法一致。」當他說明我們對「娛樂用藥」的定義，對手席上的幾個人開局促不安，嚷嚷著抗議。觀眾起初似乎不能理解我們對手的反應，可是等他們恍然大悟我們的策略帶來的影響，他們也開始對我們有意見了。諾克斯那邊的家長吵吵嚷嚷，不以為然。坐在前排的胡德先生摘下無框眼鏡，調整一下羊毛衫，然後視線越過我們，盯著光禿禿的磚牆。

唯一太不了解我們如何居心叵測的人是評審。從史都華開始發言，這位眼睛又大又純真的娃娃臉大學生便寫下我們的主張，沒有一分一毫的排斥。他皺眉聽著我們對手的裝腔作勢：「貝克對這場辯論的定義糟糕透頂，應該構成取消他們參賽資格的理由！」他同情地看著我們這邊一眼。當我們第三位辯手邁斯結束我們的立論，我強烈感受到噁心的事實，那就是我們會贏。

比賽終了，我們的隊伍勝出，然後我們過去請胡德先生給我們講評。我滿心惶恐，但近看之下，胡德先生似乎不是生氣，而是疲倦，肩膀和臉頰上的皮膚都被地心引力向下拉。他以堅定而安靜的口吻說，我們像松鼠收藏食物一般，將辯論埋藏了，「也就是說，你們給了辯題一個錯誤的定義或解讀，以便在這場比賽取得不公平的優勢。」

胡德先生解釋道，松鼠跟擬定辯題的人是死敵。松鼠有時很滑稽：在一場美國政府是否應該干預伊拉克的辯論賽中，一支隊伍將「干預」定義為措辭太強烈的斥責。他還說松鼠最後多半會自食惡果：「他們的思路會扭成死結，評審通常會狠狠修理他們。」

但松鼠偶爾會在辯論賽裡輕鬆得勝，就跟我們剛剛一樣。因此設計辯題的人會挖空心思，寫出能夠防範松鼠作怪的主題。他們會琢磨遣詞造句，避免模稜兩可，還附上額外的澄清。但他們能做到的事是有極限的。「我們就跟任何人一樣，必須立意良善。」胡德先生嘆息道。

當胡德先生將他老舊的皮革包包收拾好，向我們道了晚安，我在自己的筆記本寫了兩行筆記：松鼠就在我們心裡。松鼠很害怕。

閃避爭論，是杜絕真正的交流

當時，我不知道公眾的輿論裡充斥著松鼠，只要稍微留意就會看到。對貝克學院的學生來說，九年級與十年級之間的轉換很不得了。貝克學院包含一間男校國中與一間男女混合高中，因此剛上十年級那陣子等於是「跨越分水嶺」的時期，以我們班來說是二〇一〇年一月。在青春期的十五歲少年看來，這項變化的前景似乎很嚇人。每個人都開始擦歐仕派（Old Spice）體香膏，滿心期待預作準備。

我們升上高中的第一天早晨，在彆扭的靜默中度過了，炙熱的天氣和溼度令我們很吃不消。除了少數性格外向、愛賣弄的人，大部分的高一學生都跟同性待在一起，男女有別。我們的法文老師伯頓女士（Madame Berton）掩不住她的笑意，指指教室左側，又指指右側。「Les garçons. Les filles. Les garçons. Les filles!」（男孩們、女孩們、男孩們、女孩們！）

到了下午，太陽的熱度攀升到頂峰，班上狀態似乎也開始有所突破。在前往食堂的蜿蜒隊伍中、在體育場附近的長椅上，開始有人交談了。他們開著玩笑，交換個人資訊，每一項資訊都是一條拴繩，是沒人可以拒聽的事實。校園很快便有了刺耳的喧囂，那是週五下午，有六個人在談戀愛。

校園裡有了女生，這裡的文化就變了。國中欣賞的是粗魯、講話簡短的澳洲男孩，高中則欣賞善解人意、能言善道的孩子，能夠駕馭「心有靈犀」的對話。以前，校園是大家展開原始競爭的場域，如今是跟人掏心掏肺的地方。我看著小傑們和運動健將躊躇地做出調適，讚嘆潮流的轉變。

這種校風的變化，伴隨著我們生理上的成熟，將政治帶進了校園。在這個年齡層，我們仍然很容易受人影響，有一回，我們替紅毛猩猩守夜，就因為有幾位同學鼓吹我們這樣做。但那一年下來，大家開始對政治、文化、宗教表達越來越強勁的觀點。最侃侃而言的孩子帶著令人羨慕的自信，討論「不公道」和「不公平」的事。

二〇一〇年的澳洲，有一個比較普遍的文化辯論議題，就是「政治正確」是否矯枉過正。這個名詞是一個蔑稱，是針對冒犯別人的貶抑說法所採取的措施。由於這些措施從正規的審查到社會制裁一應俱全，最關心政治正確文化的人一向不缺乏餵養他們怒火的燃料。論戰從電視螢幕和報章的評論版面，流向家庭與餐桌上，也流進校園。

對我來說，讓這個抽象的討論有了具體形象的人，是我的朋友傑姆。傑姆直率、機靈，在陸軍官校的學員中是領袖人物，國中時他如魚得水，會講關於種族和性愛的敏感玩笑，國中是那一類笑話的避風港，那裡不會有人吐露自心受傷的心情。比起精緻的美國情境喜劇跟BBC那些聰明反被聰明誤的專家，我還比較能接受傑姆的幽默感——用語簡潔、諷刺又傷人。但我發現自己被他拿來開玩笑的話，只能默默妥協。

這時的傑姆察覺自己被孤立了，我們這個小圈圈裡的成員，責怪他說話太冒犯人，跟他說：「你不能說那種話。」傑姆一聽就挺直腰桿，面對控訴他的人，以相同的反應還擊：「兄弟，那只是政治正確而已。」

在澳洲，這四個字承載了許多成見。一九九六年，極右派政治人物寶琳・韓森（Pauline Hanson）首次在國會演說時援用了這個詞，主張澳洲有「被亞洲人淹沒的危險」。而二〇〇〇年代初期，澳洲為了我們該如何看待殖民時代的歷史，而幾度掀起歷史大戰，政治正確便成了歷史爭議的一環。[1]在這樣的歷史脈絡下，政治正確已經增添了好幾層的意義，如今包含了對事實、看法、對策的主張：堅稱限制言論自由的行動確實存在，痛斥那些手段狹隘，並且提議應該抵制。

在我們朋友圈的冗長爭吵中，我很困惑何必圍繞著一個笨拙又造成分裂的名詞爭論不休。只是提「政治正確」，大家便彷彿被下了咒，意見開始紛亂不一，語氣裡的怒氣也升溫了。我想到了答案，那就是「政治正確」一詞本來就不該是中性的。最憂心「政治正確文化」的人使用這個詞，是因為本身就預設立場，但並不妥。他們只想利用這個詞取得不公平的優勢，簡單來說，就是閃避辯論。

我認為這種手段很惡劣，但以傑姆對這個詞的用法，我看不出惡意。我反而感覺到他缺乏自信，也沒有對映的邏輯：如果你不相信自己能夠改變別人的想法，或是不相信別人會對你抱持善意，你就有了修改討論標準來圖利自己的誘因。聽著傑姆用不中聽、威嚇的語調發表議論，我也看得出他採取這種防衛的姿態有充分理由。

但是到頭來，刻意埋藏辯論的努力，幾乎都會自食惡果。一段時間後，另一方往往會拿回話語權，將詞義修改成對自己有利。捍衛政治正確的人將相關的概念，重新定義為「善意」，讓反對他們的人陷入可笑的處境，變成反對善意的人。二〇〇二年，澳洲工黨政治人物馬克・雷山

（Mark Latham）創造了「新政治正確」一詞，表示「這個國家的保守勢力，偽善地要求我們在政治辯論中保持文明。」[2]總之，「政治正確」詞成為極端，又走向另一個極端。

到了四月，在十年級第一學期將盡時的某天下午，我們打破了僵局。午餐時，傑姆在高談闊論政治正確大軍最近一次的越軌行為，而我們的朋友艾麗（Ellie）打斷了他，艾麗有深色的頭髮，實事求是，出了名的直率個性。我倒抽一口氣，但艾麗沒有出口斥責，也沒有反脣相譏。她提出兩個問題：「你說的『政治正確』是什麼意思？我是說，我們爭執的點是什麼？」傑姆似乎很驚訝，但他結結巴巴地回答：「講笑話的人無意傷人，卻因為講了笑話被羞辱。」

大約十分鐘後，兩人找出雙方的爭議核心，比如：他們同意法律對言論自由的限制大部分並不可取，而他們樂於見到有更多人願意建立一個兼容並蓄的學派。他們的分歧點在於笑話的對象，以及我們是否應該考慮說笑話者的意圖，或是別人聽到笑話的感受，進而改變我們對笑話的看法。用雙方能接受的方式陳述歧見，謝絕以花言巧語讓論述對自己有利的誘惑，並不會消除歧見所蘊含的內在矛盾，卻可以讓接下來的爭論更容易理解、更好駕馭。

聆聽艾麗和傑姆的對話，我思考著**藏匿議題的行徑最惡質的地方，是否在於閃避眼前衝突的衝動，也就是讓另一方失去立足之地，於是預先改變了結果。這樣的手段或許能帶來短期的勝利，卻同時杜絕了真正交流的可能。**

二戰時，英國國會曾經討論下議院的新會議廳應該採用的格局。英國首相邱吉爾（Winston Churchill）青睞小小的長方形會議廳，認為能營造對立的情緒，而英國首位女性國會議員南西・阿斯特（Nancy Astor）則擁護圓形的會議廳，認為圓形適合一個更注重理性的時代：「我經常覺得，如果大臣們與前任大臣們不必相視而坐，彷彿被繩子綁住的狗一樣，異議就不會那麼劇烈，這樣或許會比較好。」[3] 兩人都同意，異議的場景很重要。套用邱吉爾的說法：「我們塑造建築物，然後建築物塑造我們。」[4]

我們平時口角的架構跟實際的建築沒有太大關係，重點在於對話的主題。但阿斯特主張使用更合理的建築格局：**合理的格局不會消除歧見，而是讓異議有更好的表達環境**。這是可敬的抱負。「topic」（主題）一詞的根源可以追溯到古希臘語 *topos*，意思是地方。我們可以選擇要認為這個地方是共享、開放的空間，必須由大家共同探索，或者認定這是狹隘的戰場，環境險惡，而且有詭雷。

學期即將結束時，有一天，胡德先生把我叫進他的辦公室，遞給我一張傳單。這張紙素淨、美觀，就像我們在辯題發布時拿到的信封。「這是州辯論隊甄選的邀請函，就是每年參加全國大賽的那一支辯論隊，」他說，「你應該去試試。」

第 2 章

立論

如何提出論點

在雪梨女子高中（Sydney Girls High School），飄著霉味的二樓教室暗暗的，我數了數，除了我，還有五個人以沉思的姿態癱坐在那裡。我只認得一位：黛博拉（Debra）。儘管她年僅十七歲，大我兩歲，她在我們當地的聯賽已經闖出名號，大家都知道她是攻勢凌厲的競爭者。雖然教練們為她設計了弱化個人殺傷力的戰略，但她仍留下了昭彰的形象。二〇一〇年五月，一個秋高氣爽的早晨，黛博拉坐在窗邊的座椅上，太陽放大了她的身形；陽光穿越她的鬈髮，在她打呵欠時映射在她的牙套上。

新南威爾斯州辯論隊的甄選流程遵循一套簡單的算數：一百位甄選者，淘汰多數人，留十二人組成州辯論隊。這十二人共同受訓兩個月，接受國內幾位頂尖教練的嚴格講評，然後再一次縮編，刷掉一半。碩果僅存的六人：四位正取，兩位後備，代表澳洲人口最多的新南爾斯州，參加春季的全國大賽。

在等候室，沒人問我為何挑戰如此渺茫的勝算。就算有人問我，我也回答不出漂亮的答案。在那之前五年，我認為辯論是生存的工具——辯論賦予我聲音，讓我看得懂這個令人一頭霧水的世界，甚至培養出對辯論的熱情。然而，在這間淒涼的小教室裡，任誰都沒笑容，我感受到另一種渴望攫住了我。

在我來到澳洲之前的人生，我沒有真正追求過的理想，也沒有夢想自動送上門。我在學校的成績即使不起眼，至少還不錯，我選擇課外活動的類別是重視參與度的活動，不講究卓越的表現。二〇〇三年年初，在首爾念小學三年級的我，推辭競選班長的機會，選擇了管理職的學藝股長。那年，我們移民雪梨，我父母開始懷疑，他們野心勃勃的熱血是否在基因傳承的過程中遺失了，畢竟他們在學生時代是超級巨星般的人物。

但是在澳洲，情況翻轉，也或許是我變了。四年級時，十歲的我開始用功，學習文法規則、乘法表、澳洲地理，因為我認為，這些知識是融入當地生活的必備條件。我熬夜苦讀，週末也在啃書。到了五年級，我生平第一次在一個科目拿到最高分。那一刻，腦海裡響起了一個挑剔的聲音，似乎在說：「怎麼不是全年級第一？怎麼不是全校第一？」

當時，我十年級，已經懂得要用自嘲的笑話與其他煙霧彈掩藏抱負，「否則長得高的罌粟花注定被砍倒」，這是澳洲俗話，意思是人的雄心壯志或成就，會得罪其他希望人人一致的人。那天早晨，我整顆心都放在甄選，我想著自己的假面具是否開始脫落了。

原訂早晨十點開始的甄選，延宕了二十分鐘，枯等的壓力漸漸令人焦躁。其中一位是背心男孩戴森（Dyson），他瘦瘦小小，碎念說著延誤有多不方便。此時，席娜（Sienna）待在教室後方，她是個高個子，穿著波西米亞風格的飄逸洋裝，占據一個角落，出神地繞著圈圈行走。只有黛博拉跟我文風不動地坐著，但我猜她是嚇到僵在原位了。

當戴森豎起手指，準備漸次提高音量時，他背後的門打開了，穿了一身黑的大學生走進來，帶進一陣強勁的寒風，她說自己是助理教練之一。她的年紀不會比我們大多少，也許二十出頭，但她泰然自若地流露出強勁的威嚴。「今天早上辯論的發言順序如下，」她開始說，「正方一辯：徐輔賢；反方一辯：黛博拉；正方二辯……」

助理教練念完正反方的陣容，隨即宣布辯題：「死刑絕對不是正當的。」

打破沉默的那一刻，會接露許多資訊

中學生的議會式辯論賽一般準備時間為六十分鐘。首要目標是立論：根據你分派到的立場，擬訂四至五個支持的論點。辯論時，這些論點由一辯、二辯說明，三辯則專注在反駁。辯論隊通常會按照流程表行事，見圖表2-1。

時間（分鐘）	流程	內容
0–5	腦力激盪	每位隊員寫下對辯題的個人觀點。
5–15	發表	每位成員向小組提出自己的觀點。
15–40	立論	小組從成員發表的觀點，選出四至五個最有力的論述，擴充細節。
40–55	撰寫辯稿	每位成員撰寫自己的辯稿。
55–60	小組會議	小組在辯論之前，討論最後的戰略重點。

圖表 2-1 辯論比賽前的流程表

準備室通常遵循熱力學第二定律：封閉系統中的熵會與時俱增。* 委員會模式的優勢無法在有時間限制的狀況下發揮，而且每位辯手必須守護團隊的辯論主軸，這又給辯手帶來另一層的壓力。由於準備室禁用科技產品和外來資料，只能將就使用原始工具：基本的原則、粗略的探索、無法完全想起的事實資訊。結果就像在過熱烤箱一樣，大家火氣高漲，偶爾還會竄出火勢。

雪梨女子高中的這間準備室是教師休息室，寬敞又通風，跟我們面臨的問題恰恰相反。準備室中央擺著偌大的桌子，我們圍桌而坐——戴森、性情溫文的橄欖球手班恩（Ben）、我，我們三人你看我、我看你，泡在冰涼的恐懼中。每個人跟隊友分享的想法，背後都保留五個備用的；嘴裡才說到「我想我們應該……」、「也

* 在熱力學中，封閉系統的熵越高，粒子的運動越混亂。

許最好的論點是……」，便欲言又止。雖然準備工作仰賴團隊合作，但甄選獎勵是以個人為主，因此再怎麼樂善好施的衝動，都無法改變規則。

班恩跟我交流了幾個觀點，戴森在本子上寫了大量筆記。小組討論在十五分鐘時無力地結束了，我們三人分散到教室邊緣去寫自己的辯詞，但我覺得無妨，我真的認同我們在這道辯題的立場，對死刑議題也略知一二，這在辯論賽裡相當難得，所以我清楚自己要說些什麼。

上午十一點三十分，一小時的準備時間結束，我們三人默默收起筆記，上樓到辯論大廳。三樓走廊有雜沓的人聲，我的腿在打顫，便照著父母教過的方法，將重心放在腳跟內側來控制發抖，邁向嘈雜的人聲，人聲終於團團圍住了我。會場是一間大教室，鋪著深綠色地毯，共有十二位篩選人員，有幾位是教練，還有幾位是從前的辯論隊成員，如今已經二三十歲了，他們坐在兩排座位上。當我們走進辯論會場，他們望著我們，呼出一口氣。

我走向前排的座位，但有個身材結實、蓄著鬍子、穿著皮夾克的篩選人員向我招手，示意我直接到會場中央。在那一刻，觀眾彷佛打鼓一般敲打面前的桌子，在那堅定而凌亂的擊打聲中，會場的邊緣都晃動起來。一絲絲熱意沿著我的脊椎向上爬，有一股豬油和茴香籽的味道，不曉得是誰吃了一半的麵包，我聞得都想吐了。

我望向會場，尋找能夠安放視線的友善小空間。那一對穿著同款牛仔夾克的時髦年輕情侶不行。那個目光敏銳的安靜女性不行，我認得她是曾經拿下世界冠軍的辯手。最後我目光落在前排的兩顆腦袋之間，看著那一小塊變色的地毯。然後，我做個深呼吸，說出開場白。

「死刑，是由國家執行的謀殺。有了死刑，刑事司法體制最糟的專斷、無能、對窮人抱持敵意，便可以強行索取一份不可逆的代價。」

辯手首度**打破沉默的那一刻，會揭露許多資訊**。對辯手來說，那一刻是一場心曠神怡的邂逅，能夠看穿在靜止的表相下，潛在的抵制與著迷。這樣的體驗涉及了覺察力，比如觀眾眉毛的細微動作、在紙張上轉筆的行為，也更仰賴直覺，也就是「觀眾接受我的說法嗎？」對這個答案的根本感覺。

「我的第一個論點是死刑很殘忍，也不尋常。在實務上，極刑最人道的執行方式是這樣的：囚犯時時刻刻都在恐懼死亡，長達十年以上，而且有的囚犯是無辜的。然後，他們就要面對或許是最恐怖的事：緩慢地一步步邁向自己的死亡。」

我察覺席位上有些人認同我的說法，點頭的動作從敷衍到明確，還有眼神，本來是爬蟲類的掂量眼神，隨著贊同而軟化。於是我受到了鼓舞，我聽見自己的音量提高，更加篤定。我注視觀眾，努力以眉目傳達自己的深信不疑。儘管我第一個論點拖得太長，放任自己堆砌了太多華麗的辭藻修飾，只得匆匆交代第二個論點，說明誤判的危險，總算趕在計時器剩下二十秒的時候進入結語。

「如此不人道的作法，在公正的社會沒有存在的餘地。只要死刑存在，我們每一個人都會蒙受損害。請通過這項動議。」

觀眾開始鼓掌，我看了反方的席位一眼。有兩位辯手由於緊張，像大理石柱一般僵硬而蒼白，夾在他們中間的黛博拉將頭髮盤成一個鬆鬆的髻。她從包包裡取出一副金屬框眼鏡，眼鏡將她的五官襯托得更加凌厲。我前腳才回到座位，黛博拉便進駐我剛剛站立的位置。從一開始，她的嗓音便比我更銳利、更清晰。

「各位，從上一位辯手那邊聽到的並不是論點，那些只不過是個人的斷言。他沒有給各位任何相信他發言內容的理由。他只有告訴你們他相信的東西，還用了一大堆情緒化的言詞。不好意思，我得說辯論不能這樣。各位先生、女士，看看你們的筆記。請各位捫心自問，即使各位認同正方的立場，尤其是如果你們認同正方立場的話，正方的立論是否讓人信服，足以支撐正方的結論？」

我的臉頰瞬間脹紅，我的反應一開始是莫名其妙，怒不可遏：她在說什麼？她以為自己是誰？然後我聽到一個安靜的聲音，小心翼翼地提出一個更令我不安的問題：她是對的嗎？我伸手拿自己的辯詞筆記，但這時我注意到觀眾的視線在黛博拉跟我之間移動，我當場僵住，試圖端出面無表情的架子。黛博拉轉而發表起活體解剖的成果，分門別類地指出我的錯誤。

「一個沒有理由或佐證的主張：『死刑實在可惡』是個人的斷言；一個沒有佐證的主張：『從邏輯推斷死刑應該防止犯罪』是臆測；一個完全仰賴佐證的主張：『喬治亞州一團糟的死刑程序顯示，死刑根本不可靠。』是概括性的陳述。」

這些名詞我每一個都認識。這是我在國中剛剛當上辯手時學過的觀念，屬於立論基礎的單元。之後，我在賽事和平日生活中發表了無數的論點。我該不會真的忽略了什麼？

黛博拉常常加重「斷言」和「概括性的陳述」這些詞的語氣，令學術用語微微露出罵人的意味。我彷彿被咬在她的牙套之間，鈍鈍的牙齒啃得我瘀傷，還被金屬牙套刮破了皮。原來，被生吞活剝就是這麼回事。

掩蓋實情不但可疑，還必敗無疑

那天傍晚，父母跟我到我們本地的越南餐館用晚餐。在擁擠的餐廳裡，一個個家庭肩膀抵著肩膀，圍著嘎吱響的桌子吃飯，飄出肉湯和油脂的氣味。剩不到一小時，州辯論隊的甄選結果便會出爐，因此我很感恩周遭的嘈雜、溼度與濃重的氣味，全都可以分散我的注意力，干擾思緒。

在我們靠近廚房的桌位上，我吃力地跟父母說明我如何搞砸了甄選。媽媽聳聳肩：「看來你說得沒錯。」爸爸說：「篩選人員必然看見了真相。」一邊點頭，一邊剝蝦。我父母的口吻流露出無可指責的真摯，有點激出了我的挫敗與憤怒。

除了「真相、真理」，沒有多少話題可以吸引我父母講出彷彿格言一般的話。從小，父母便灌輸我「真理征服一切」的信念，這一條格言吻合他們的基督教信仰，又表達了他們對胡說八道的深惡痛絕。他們認為，**企圖遮掩實情不但可疑，還必敗無疑**。太陽會在早晨升起，真相也一定會大白。

我們家最喜愛的電影之一是一九九二年的《女人香》（*Scent of a Woman*），艾爾・帕西諾（Al Pacino）飾演年老的退伍軍人，生命已經山窮水盡了。這個角色法蘭克・史雷德（Frank Slade）雙目失明，會酗酒，脾氣又火爆。因此，他的家人想找個人在感恩節週末照顧他，便雇用了查理・席姆斯（Charlie Simms），一個靠著獎學金就讀昂貴的貝爾德學校（Baind School）的學生。

隨著劇情發展，他們結為好友。史雷德教導查理成為男子漢；查理說服史雷德再給人生一次機會。在紐約市，他們在橡木廳吃大餐、跳探戈、飆車。但男孩烏雲罩頂，他在學校有了麻煩，幾個同學鬧出一場惡劣的惡作劇，他拒絕向校方透露他們的身分，便被送交紀律委員會裁決，而委員會考慮取消他的學籍。

在聽證會上，查理陷入絕境。其他目擊者為了自保而撒謊，但查理不願妥協，校長氣得說不然讓他立刻退學算了。此時，史雷德到場。他展開五分鐘慷慨激昂的長篇指責，暢談勇氣、領袖氣質、男子氣慨。這篇演講欠缺的章法與邏輯自洽的論述，是以感情訴求補足的：「我不是法官或陪審員，但我可以告訴你們：他不會為了自己的前途出賣任何人！各位朋友，那就叫正直。」[1]史雷德和查理勝利了，離開學校，全體學生給了他們熱烈的掌聲。

這部電影反映出我父母的觀點，認為艾爾．帕西諾的聲音就是真相的樣貌：粗暴、簡要、未經修飾，因此真相是純粹的。即使是在一間新英格蘭地區的預備學校，在事事都要委屈求全的環境下，這樣的聲音都是無法被忽略的。真偽相爭，真相必勝。小時候，我從這部電影得到莫大的安慰，但比較大了以後再重看，我察覺自己很懷疑在美國東北部的法庭場景下，一個酗酒的老兵實際上能有什麼下場。

況且，在二〇一〇年年中的那一刻，世界似乎正在轉變。美國應付「出生地懷疑主義」（birtherism）已經兩年，由於媒體人、好辯之士、社群媒體用戶散播不實言論，宣稱歐巴馬總統出生於肯亞，以致釀成了這一場沒有嚴謹紀律的浪潮。陰謀論並非沒有先例，但這一則陰謀論的觸角特別廣大，時常得到主流媒體的報導。根據一項三月的民調，高達四分之一的受訪者認為歐巴馬不是在美國出生，因此沒有競選總統的資格。[2]

即使是在我們高中校園，跟華盛頓特區相隔半個世界，一位同學宣稱在臉書上看過出生地議題的資料。對這個話題，我們做到了一笑置之，但是我很在意他說那些陰謀論「耐人尋味」，既沒有認可那些說法，也沒有予以否決。

有一回，美國總統接受NBC新聞的訪問，他似乎跟大家一樣百思不解。他承認「有一種機制、一種不實資訊的網絡，在新的媒體時代下，可以不斷被粗製濫造出來。」然後，他堅稱美國人民是明智的，可以識破那些謬論。「外面流傳什麼謠言，我不會太在意。」但他最誠實的回應，似乎是他突然脫口而出的話：「我覺得，我總不能時時刻刻都把出生證明書黏在額頭上。事實就是事實。」[3]這些話每一句都是真的，又都有極其細微的出入。

在餐桌上，對著一碗熱氣氤氳的越南河粉，我回想著與黛博拉的辯論。在那場辯論中，我滿腦子只有自己認定的事實，拿不出能夠令人心悅誠服的論述，這樣的處境似乎與我們的時代一致。**當真相遭到質疑、輕易就被掩蓋，在這樣的時刻，我們不能依賴真相固有的征服力。我在想，面對這樣的時代，我們是否不能只專注在取得真相，也要學習如何讓別人理解自己的思想，磨練老掉牙的溝通技巧與門道。**

甄選的通知跟著甜點一起送到。我握著湯匙，正要舀起西米露時，感覺到手機在口袋裡震動，下載電子郵件花了幾秒。媽媽啜了一口茶，假裝沒在注意我。爸爸乾脆轉身過來，一把抽走我手中的手機。信件第一句是：「我們很高興通知你，新南威爾斯州辯論隊錄取你了。」

讓論點有說服力的五大步驟

第一次的小隊會議訂在五月最後的週六，在那前一週，我故意裝出無所謂的架勢。我錄取的消息在學校引發了一陣微小卻清晰的騷動。其實，朋友跟老師不清楚州辯論隊所代表的意義，含糊地稱讚我：「州辯論隊！厲害喔！」這樣的讚美令我不自在，因為我錄取的事實，完全沒有改變我的實際能力：我依舊是那個在一週前走進甄選會場、結果被狠狠修理一頓的十五歲男孩。與此同時，我父母、師長、同儕對我的期許脫離了現實，在脫軌的路上越跑越遠。週五晚上，我在床上躺了幾個小時無法入睡，想著自己的現狀與別人的期許之間的那條鴻溝。

週六是個無雨的陰天，從外人來看，一定很難看出我們十二個人怎麼會在早晨九點鐘，齊聚在雪梨女子高中的校門口。我自己都看不出原因。我們的成員包括：從一場球賽跑來的足球隊隊長、喜歡傳統戲劇與音樂劇的親切書蟲、似乎對每個人都略知一二的外向型人物，還有黛博拉跟我。教練們打開門，算是揭曉答案：「州辯論隊。歡迎！」

他們帶我們到三樓的教室，也是前一週的甄選會場。寬敞的空間以日光燈照明，我們十二人坐在折彎成九十度的綠色塑膠椅上。起初，很彆扭，我所知道的辯論，只是一種兩隊對打、兩校對打的團體活動，但我聽著周圍的八卦閒聊，察覺在這種等級較高的辯論中，成功的辯手比較帶有個人色彩，每一位隊員似乎都有自己的名聲與宿敵。教練們說我們是全明星（all-stars），然而浮現在我心頭的畫面是群星薈萃：一群閃閃發亮的人物鬆散地互相串聯，從外面圈在一起。

幾分鐘後，甄選時那一位氣勢洶洶的鬍子男來了，這一回他穿著大尺碼的法蘭絨襯衫，大步走到黑板。他自我介紹，他名叫布魯斯（Bruce），就讀雪梨大學（University of Sydney）法學院，是州辯論隊的兩位主要教練之一，然後指了指他的搭檔教練，是一位比較修邊幅、年紀較長的人，名叫馬克（Mark）。布魯斯令我印象深刻的地方，在於他的作風並不是澳洲招牌的舒放、樂天民風，他不退讓。潛伏的力量在他的聲音裡彈跳著，又增添了他是行動派的整體印象。

「我們先從講評開始。你們有太多人的論點不三不四，如果不是沒學過，就是忘了。既然你們是辯手，我看你們問題大了。**論點不是清單，不是口號，不是信心喊話，不是真情告白**。論點不是隱約能夠支持你們觀點的論述。那什麼才是論點？**論點是對實際情況的結論，或是未來應**

該怎樣才對的論述，而且要能夠解釋主要的主張與配套的各種理由和證據。」

布魯斯轉向黑板，寫下基本步驟：

1. 要找出論述，先從「結論」起步，也就是你要觀眾接受的事實、看法或對策。

結論 鮑勃不是好人。

2. 幫結論加上「因為」這個詞，然後寫出完整的句子。這就是主要的主張，或是我們必須證明的論點。

結論 鮑勃不是好人。

因為他不顧別人的感受。

主要主張

3.幫主要的主張加上「因為」這個詞，然後寫出完整的句子。這就是理由，也就是有利於一項主張的考量因素。

主要主張

鮑勃不替別人著想。

理由

因為他對別人常常很殘忍，包括他的朋友。

4.拿出證據來證明理由，證據是來自現實世界的一項資訊或事實。

證據

在上週五的晚餐，他用很傷人的話批評雪柔的工作。

一個論點的改善空間近乎無限大，發言者總可以找更多理由和證據，也能夠將現有的理由和證據修改得更完善。然後，發言者可以想出更多更好的論點，完成立論。儘管如此，重點在於少了這些要素的話，論述便不完整。

「這樣就夠了嗎？」布魯斯問，「有了能夠解釋主要的主張與配套的各種理由和證據，結論就算充分了嗎？」我正要點頭，他卻叫道：「才不呢！」

「我們還遺漏了什麼？我們還沒證明主要的主張可以解釋結論。所以說，我們證明了鮑勃不顧別人的感受，但誰有資格說這樣就足以歸納出他不是好人的結論，而不說他是其他類型的人，例如漫不經心的人？」

布魯斯轉身面向黑板，寫下最後的步驟：

5. 用另一個理由將主要主張連結到結論。

鮑勃不為他人著想的事實代表他不是好人，因為不管他有什麼動機，他讓別人很痛苦。

連結

從這個最後步驟，可以看到布魯斯說的論點的「兩項舉證責任」，也就是說，**一個論點必須先證明兩件事，才會有讓人信服的機會。這兩種舉證責任適用於生活中的幾乎每一次爭論，稱之為「真相」和「重要性」的條件：**

真相：主要主張要符合事實，或是可信。

重要性：主要主張能解釋結論。

從「鮑勃不是好人，因為他不顧別人的感受」的主要主張例子來看，這兩項責任是：

真相：鮑勃其實不顧別人的感受。

重要性：如果鮑勃不替人著想，我們應該做出他不是好人的結論。

論點要滿足這兩項責任才能成立，**如果辯手不能證明主要的主張是真實的，整個論點便喪**

失實際意義。如果辯手不能證明論點的重要性，觀眾有權利回以一個大大的聳肩。

在兩項舉證責任中，重要性比較容易被遺忘。辯手急匆匆地為論點堆疊更多的理由和證據，時間就不夠解釋為何那些資訊很重要。這就麻煩了，因為一個真實而不重要的論點，鮮少說服觀眾採取行動或改變立場。

辯手履行了兩項舉證責任，不一定能改變觀眾的立場，但只要沒有滿足哪一項責任，必然會失敗。辯手就像希臘史詩的卡珊卓拉（Cassandra）*：正確卻沒說服力。

這些聽起來有點抽象，可是當布魯斯檢討了黑板上的更多例子，我回顧一場在學校的爭執。幾個月前，朋友圈裡最關注社會議題的喬安娜（Joanna），試圖說服我們全部人吃素。對任何肉食或乳製品，她都能說出最悲慘的虐待故事，佐以統計數字和視音證據。「你在吃什麼？」她會在午餐時問。我很清楚要含糊其詞：「三明治。」但喬安娜對肉類熟食的嗅覺很靈敏，不久我們便會深入談論火雞買賣的諸多暴行。

她的干預見效了。我辯無可辯，最後決定嘗試吃素。媽媽遷就了我幾天，幫我做自創的豆

---

* 希臘神話中的阿波羅神殿祭司，阿波羅賜給她預言能力，但因她拒絕阿波羅的追求，被阿波羅詛咒永遠沒有人相信她的預言。

腐料理，然後固定以全熟的水煮蛋作為蛋白質的替代來源。我都還沒吃完兩盒放養雞蛋，便宣布結束吃素的試驗。

布魯斯對兩個舉證責任的說法，讓我對這件事有了新的觀點。喬安娜主張我應該停止吃肉，因為工業化畜牧令動物受苦受難。她提出了理由和證據，可以相信論點屬實，而我接受她的論述。但我內心有個角落依然認為，有飽受苦難的動物，不代表我只能吃素，我也可以繼續吃肉但慎選肉，品來源或少吃。我認同喬安娜的論點符合事實，但我不認同那些論點的重要性。

在雪梨女子高中的教室裡，時間接近上午十一點，布魯斯為這堂課收尾。「論點是辯論的基礎建材。在某種深層的意義上，辯手專門擬訂論點和打破論點，這便是這一切的目的。」布魯斯祝福我們在隨後八週吉星高照，然後送我們出去，到了外面，上午的最後一小時，太陽開始從烏雲間露臉了。

回歸初階練習，以4W為核心架構

在州辯論隊受訓一個月後，吉星仍未出現，而屈辱越堆越高。我們在辯論「自由貿易」的主題時，一位善心的十二歲學生必須一字一句地向我口述一個「相對優勢」的論點。在辯論「媒體壟斷」的那一次，一位對手提出「徐輔賢亂七八糟的論點，當中的可能意思」然後推翻，前後不少於三次。這些記憶循環播放，就成了一台打擊鬥志的點唱機。

我的辯論技巧在進步，但其他辯手都比我大一兩歲，事實證明，我跟他們之間的經驗差距無法跨越。假如一位辯手平均一週提出四個論點，一學年就有一百六十個論點。現在我跟其他人一樣了解論點的基本理論，卻不能複製他們的經驗，他們刻意的反覆操練。

一開始，在培訓流程中，小組成員多少算是隨機指派，但現在教練們對最後出線的四人陣容開始有了想法，我發現自己上場辯論時，越來越遇不到最有希望出線的對手，漸漸變成缺席了好幾次訓練的人，我已陷入絕境。

有一天，出路從一個意料之外的地方蹦出來。

念書時，我一向覺得古代史的課程沉悶無趣。我們研讀過的那些社會似乎遙遠得不可思議，而且在我看來千篇一律。但是在六月最後的週五午後，古希臘男童教育的那一堂課，以不尋常的力道撼動了我。

自由公民的子弟將這套課程稱為「修辭初階」（progymnasmata）：一套十四種的修辭練習，從生動的描述到正式讚美的表達形式一應俱全。這些寫作練習的目的是為學子奠定基礎，日後才能發表標準長度的演說，這是「飽學之士」（pepaideumenos）的重要技能。

我們歷史老師是一位傑出的毒舌英國人，名叫葛雷戈里先生（Mr. Gregory）。他發下頌詞結構的講義，取材自一個名為「修辭森林」（Silva Rhetoricae）的網站[4]：

描述一個人的出身（民族、國家、祖先、父母）。

描述這個人的修養（教育、人文教養）。

描述這個人的作為，應描述為精神、身體、機運絕佳的成果。

用別人烘托這個人的好，墊高你的讚美。

以結語收尾，包括敦促你的觀眾效法這個人或祈願。

全班無聊得哀聲不斷，有時這些古代史的課程，會挖出一星半點的異國智慧，而包含許多輔助單元的初階練習，看來是很有潛力的選項。但即使是最熱愛學習的學生，也得承認這些演練單調而刻板，沒什麼啟發，主要是照表操課的古代練習。

但葛雷戈里先生似乎不為所動，他雙手叉腰，露出不領情的笑容說初階訓練本來就應該無聊：「這些練習不是非凡人物在非凡情境下的非凡祕訣。把這當作音階。音階的效果是一再重複才漸漸成型的。」

古希臘人提出了他們自己的比喻。有些修辭學家將初階練習比擬為克羅托那的米羅（Milo of Croton），他是一位摔跤手，每天練習舉起一隻正在發育的小牛，終至能夠舉起一頭發育成熟的公牛。[5] 那個年代有一本教科書便竭力主張：

> 有志於繪畫的人必須親手繪畫，否則欣賞阿佩利斯（Apelles）、普羅托特內斯（Protogenes）、安提菲勒斯（Antiphilus）的作品是無用的；同理，有志於修辭的每一位學子唯有日日練習寫作，否則古代經典作品、作者的浩瀚思想、純粹的語言也派不上用場。[6]

當中的寓意？公民權取之不易啊。想要站在講台上對著別人演說，你得先有站上去的資格，而你要論斷別人的演說，同樣要取得資格。要得到這樣的一席之地，靈感與天資還在其次，主要是靠毅力。

葛雷戈里先生說明，這樣的辛勤耕耘提升了他們的技藝水準。到了古典時代結束一千年後的文藝復興時代，義大利出版商阿爾杜斯·馬努提烏斯（Aldus Manutius）給了初階練習第二生命。根據一些學者的說法，他出版的古希臘修辭教科書遍及全歐洲，嘉惠了米爾頓（John Milton）與莎士比亞（William Shakespeare）影響最深遠的一些作品。[7]

葛雷戈里先生拆解這段歷史時，我看出了初階練習的隱約潛力。我開始思考，初階練習提出的根本交易，也就是以艱苦的反覆操練換取嫻熟的能力，能不能讓我在州辯論隊取得優勢。如果我的問題在於經驗不足，發奮圖強能不能彌補我錯過的時間？

在我們狹窄的教室，任何不合規矩的聲音都很突兀，坐在後方座位的我小心翼翼，從筆記本撕下一頁，然後我提筆設計自己的修辭練習。我把辯論的論點拉回最基本的形式，歸納成以**4W**為核心的架構：

- **什麼**（What）事？
- **為什麼**（Why）這件事是真的？
- **什麼時候**（When）發生過這件事？

• **誰**（Who）在乎？

這是很簡單的架構，卻包含了一個優質論點最不可或缺的特徵。比如，假設辯題是「我們應該廢除陪審制度」，我可能會這樣寫正方論點：

• **什麼事？**我們應該廢除陪審制度，因為造成了不可接受的誤判數量。

• **為什麼？**陪審團不了解合法證據。他們過度受到媒體左右，也反映出他們交際圈的固有成見。

• **什麼時候？**美國的律師證實「CSI效應」多如牛毛，這個名詞是指陪審員因為電視節目《CSI犯罪現場》的扭曲效應，對法醫證據有錯誤的認識。

• **誰在乎？**誤判對受害者、被告、社會大眾都是不公平的審判，還會降低我們對刑事司法體制的信心。

4W也適用於日常的爭執。雖然論點無法事先規劃，但很容易就能在爭執中補上其餘的要素。比如，假設在一個五口之家，大女兒反對父母領養小狗的打算，她可以運用4W的答案建立一個論點，強化自己的立場：

- **什麼事？**我們不應該領養小狗，因為我們絕不會去遛狗。
- **為什麼？**每個人都太忙。每週三，我們要晚上八點才會回到家。
- **什麼時候？**上次從店裡買回家的那隻金魚，我們疏於照顧，牠就死了。
- **誰在乎？**不能固定去散步，小狗不會開心，家人會為了多出來的遛狗工作吵架。

我覺得教室的溫度在上升，但角落的暖氣看來依舊沒開。我陷入躁熱之中，決心以四週的時間完成一百個論點，這目標夠大也夠荒謬，但說不定可以點石成金。

刻意練習，讓觀點和信心唾手可得

執行這項目標的最初幾天，我在家裡自己練習寫 4W，連父母都不知道。不久後，我便察覺以這項任務的規模，我得不眠不休才寫得完，所以我早晨搭火車上學時寫，下課休息時間就在圖書館寫。我為「我們應該課徵一〇〇%的遺產稅」的辯題寫了兩個支持的論點。我又為「我們應該強制接種疫苗」的題目寫下正反方的各一個論點。我就這麼度過大把時間。

同學們以費解的眼神看著我，小傑們以為我在寫學校作業，調侃我太用功，我澄清以後，他們的神態立刻轉為困惑，憂心忡忡：「你還好嗎？」甚至辯手們還問我會不會把事情看得太嚴重了：「你說州辯論隊不按牌理出牌，怪裡怪氣，你一點都不在乎他們。記得嗎？」

我喜愛初階練習，因為在我人生的其餘時候，提出論點的機會少之又少。沒幾個大人會問青少年嚴肅的問題，然後等待回應。有些好一點的學校科目會要求學生寫申論文，比如英文和歷史，至於其餘的科目，大部分仰賴臨時惡補和死記硬背。而課堂之外，在生存競爭激烈的操場上，理性不是王道，力量與聲望的法則才是。

這種缺乏議論的狀態，似乎延續到青春期以後的歲月。商業是唯一把我們當大人看待的生命領域，然而在這個領域，鮮少有人提問，更少人會提理由。在電視上，大公司以泳裝跟腹肌的畫面，向我們推銷汽水和人壽保險。去當實習生的學長姊，描述工作內容是聽命行事，按表操課。

還有政治也是，在二〇一〇年的年中，一場相當惡劣的聯邦選舉活動正在澳洲餘波盪漾。茱莉亞・吉拉德（Julia Gillard）總理屬於中間偏左的工黨，她的對手東尼・艾伯特（Tony Abbott）則是保守的自由黨領袖，他們居然將強烈的個人惡意帶進選舉，幾乎完全沒有實質的辯論。雙方的模式就像焦點團體與委員會，翻來覆去都是同樣幾個話題，包括他們的口號「向前進」和「捍衛澳洲」。

對於目前這種令人不快的局面，專家想找人來分攤罪名。一個是目光如豆、野心勃勃的政治人物；另一個是讓民調單位與政黨官僚比官員更有影響力的政治文化。但是發言的媒體人越來越多，漸漸流露出他們的偽善。我們主動收看新聞與浮濫的政論，二十四小時更替一次新聞的新聞週期應運而生，以書面及電視、廣播進行的真正辯論又哪來生存的空間？

對公民來說，這個先有雞還是先有蛋的惱人情況，似乎忽略了一個更迫切的問題：雞蛋都砸到我們臉上了。不知怎麼回事，我們打造出這個毫無理性的聯邦，只靠著斷言、影射與口號過活。

賽場辯論的世界提供了逃離那一切的出路，要求卻很繁重。當我以專斷的發言說出腦海表層的初階想法，並不需要捫心自問，但如果要提出妥善的論點，我就得審視自己的舊信念，並建立新的信念。我一邊辛苦回答4W，履行兩項舉證責任，一邊開始將腦袋裡那一坨亂七八糟的爛泥，建構成更有條理的內容。我看到自己在紙上寫好的論點，常常心想：「啊，這就是我相信的事。」

最棒的是，練習有效。

我在辯論隊的表現開始變強。我從自己的額外練習得到琳琅滿目的觀點，唾手可得，也有信心隨時都能進一步發展觀點。在辯論中，自我精進的獎勵是立即的喜悅。藝術家長年累月為了追求崇高的理想而下苦工，我們辯手則是每一週都在追逐比較感官的興奮，包括：錯愕無語的對手、教練的點頭贊許、連續幾秒鐘沒停的掌聲。

這種獎勵的迴圈具有輕微的毒性。言語與思維的機能，特別能夠彰顯我們是怎樣的人，而黛博拉將這兩項機能當作一種競技活動。於是，我們辯手太容易把競賽的成功，跟自己的價值劃上等號。

在每週六上午的訓練營，我注意到其他隊員開始對我示好，會拉我加入他們的對話與計畫。有一部分的我想要迴避其中隱約的階級差異，但我內心有企圖的部分則想要往上爬，想要閉上眼睛不管高度，也不管摔落會有多麼凶險。

懂得回應別人的疑慮和不解之處

最後一回的辯論賽，是在七月底的傍晚六點開始，我們六人在一間不通風的教室集合，第一次來州辯論隊甄選時，也是在這間教室等候甄選。我們圍成一個鬆散的圈圈站著，心不在焉地閒聊。大家說著笑話、虛張聲勢，想隱藏緊張，但聲音尖銳卻沒有抑揚頓挫，露出了神經緊繃的狀態。即使是沒跟大家站在一塊的黛博拉，雙腳也以凌亂的節奏輕踢著地板。

大約五點，布魯斯走進教室。他頭髮亂亂的，雙臂抱胸，一副面臨艱難決定的模樣，開口道：「各位要知道，你們能在我們的訓練流程裡待到現在，已經是很了不起的成績了。以你們的優異能力，每一位都足以代表我們州競爭全國冠軍，但我們沒辦法留下你們所有人。」

布魯斯從深色牛仔褲的左邊口袋掏出一張摺起來的紙條。「我們該開始了。」布魯斯念出發言順序，我是正方一辯，隊友是黛博拉和一位怯懦的十二年級學生，名叫麥卡（Micah），分別擔任二辯和三辯。我們三人慢吞吞地湊在一起，布魯斯念出題目：「生態破壞活動（ecotage）在道德上是說得通的。」

這些可怕的字眼組合挑動了奔騰的驚慌，沿著脊椎而下。我對生態破壞活動一無所知，也不確定麥卡是否熟悉相關的概念，他一動不動地站在我旁邊，輕微換氣過度。我張望一下，尋找黛博拉的身影，才發覺她已經走出去，我拎起包包，拉著麥卡穿過走廊，去面對我們的命運。

準備室裡的氛圍跟雜物差不多亂，黛博拉已坐在桌首。麥卡跟我踉蹌走向椅子，她以戰時將軍的角度向前傾身說：「你們知道生態破壞活動是什麼吧？」我嚥下口水，望向麥卡，他臉上的最後一絲血色飛快潰散。黛博拉翻了白眼，繼續說：「以破壞公物、損壞財產、阻撓的行為來延遲或終止有害環境的計畫。」

隨後十分鐘，黛博拉回答我們對生態破壞活動的問題：「像是在樹木上安裝尖刺，以防止鏈鋸等工具砍伐樹林。」「這些行動無意傷人，但不能排除傷人的可能性。」我們的困惑逐漸消散，麥卡跟我分享了或許可以成為論點或策略的想法。儘管我們每個人都在掩飾暗中較勁的心思，我們不由得將彼此視為隊友。

四十分鐘時，我們四散到準備室的獨立角落寫各自的辯詞。小組分派了兩個論點給我：生態破壞活動對環境有益，也沒有能取代生態破壞活動的可行方案。我對每一個論點完成兩項舉證責任，又快馬加鞭，用幾個理由和例子來證明每個論點。在第一個論點，我列出六個原因，解釋為什麼生態破壞活動真的有可能終止有害環境的計畫，然後又給了三個理由，說明為什麼生態是比資產更迫切需要保護的對象。我振筆疾書，多虧前幾週的磨練讓我的手很穩健。

我開始寫第二個論點時，計時器上還剩八分鐘，我環顧四周。麥卡伏首在螃蟹造型的記事本上，身體跟著衝勁在律動。在離我最遠的角落，黛博拉已經放下筆，在端詳窗外空蕩蕩的停車場。我朝向她小聲說：「妳沒有論點要寫了嗎？」她慢慢轉向我，因為被打擾而皺眉，以疏遠的口氣說：「到時才看情況。」然後回頭關注吸引她注意的東西。

到了三樓的辯論會場，四位成年人擠出緊繃的笑容迎接我們，包括布魯斯。平日看習慣的教室，在夜裡卻感到陌生，街燈的橘光在冬夜裡顯得幽微，在牆壁映照出奇怪的暗影。我知道自己能先不坐下，我冷得打哆嗦，走到教室中央，一邊數算自己走了幾步，好讓呼吸平穩。

我感覺到所有人都在注視我，但這一回我沒有移開目光。我穩住自己的表情，回顧筆記上的開頭幾句，然後開口。

「眼看著貪婪的企業與妥協的政府破壞環境，民眾面臨艱難的決定：是讓步？還是反擊？我們正方不是破壞狂，不會主張那種行動應該合法化。我們在這場辯論的要求，是純粹從道德的角度，看待這些鋌而走險的抵制行動。」

我飛快說完兩個論點，用長長的句子交代原因與證據，一邊注意到裁判們辛苦配合我的速度，趕著寫筆記。在我背後，反方的人呼吸粗淺而凌亂，悄聲互問：「這個我們要怎麼回應？」我本來就打算以廣泛而複雜的論述來震懾觀眾，使觀眾敬畏，而我似乎成功了，所以我講得更快：「沒有可行的政治替代方案的第五個原因，則是企業捐款影響了環境政策的議程項目。第六個原因……」

我就這麼說了八分鐘，彷彿只有一眨眼的功夫，又好像過了天長地久，然後進入結語：「在損壞硬體設備與毀壞棲息地之間，我們與地球站在同一邊。」我的聲音已經沙啞。評審們爆出掌聲，我蹣跚回到座位，靜靜喘息。我氣力已盡，當我浮現自己盡力了的危險想法，便感覺到臂上腺素湧流過全身。

下一位辯手活潑外向，名叫雪雅（Shreya），她的策略跟我類似。她擺出對峙的站姿，挺著胸膛，交叉雙臂，話說得又快又急，內容塞滿了正直的分析。「生態破壞活動讓施工的工人可能有性命之憂，反方卻毫不在乎這些實際存在的危險，可能造成的人員傷亡隻字不提。工作老是被干預，經濟來源沒保障又該怎麼辦？」

在我身邊，左側是慌亂的麥卡，他已經撕下滿坑滿谷的紙張和便利貼，每一張都以紅筆和綠筆寫了反駁的點子。但在我右側，黛博拉似乎沒在管辯論內容。她淡漠的藍眸定定看著評審，只偶爾提筆在筆記本記上兩筆。我幾度向她建議反駁的點子，但黛博拉每一次都拒絕，恢復沉思。

「我要看評審。」她說。

然後，輪到她出場了。黛博拉從座位起身，踩著緩慢、沉穩的步伐到教室中央。就定位後，她都快蹲到地上了，注視觀眾們的眼睛，然後以平靜的聲音說出開場白：「目前為止，這場辯論已經出現了許多說法。這場辯論讓人發火，這樣很好，但我要我們更加詳盡地檢討其中一些論點。」

看來，黛博拉是觀察評審認同與不認同的論點，才決定發言內容。雪雅跟我說得太抽象的地方，她詳加闡述：「把『暴力』、『災難』或我方說的『干預』、『抵制』之類的字眼先忘了。

這是關於在夜深人靜時在樹木釘入尖刺、炸掉建築工地，以防止這個星球受到進一步的破壞。」我們為各種主張提出的證據不熱血，她會大力推銷：「聽著，這件事很重要的原因是這樣的。如果現行的法律允許環境承受大規模的破壞，我們就有責任抵制。」

黛博拉跟我使用的論證技巧有許多是一致的，但我運用那些技巧來壓制觀眾，進而讓他們贊同我，黛博拉則是用相同的手段，引導並滿足觀眾的好奇心。當她問自己4W，她是在回應那些可能在納悶「為什麼」或「誰在乎」的觀眾。她的想法是與對方共同建構出來的。

相形之下，我的表現就令人不敢恭維。我不曾停下來想一想，**觀眾可能需要我提供什麼訊息，反而企圖輾壓他們。我跟肆無忌憚的政客和專家一樣，用言語耗盡別人的疑慮，而不釋疑；博取敬畏，而不是說服；贏得別人的欽佩，而不是共鳴。我是對人說話，而不是跟人說話。**

我聽著黛博拉的發言，想起二戰末期的一則故事。一九四四年，首位具體建構出原子模型的丹麥物理學家尼爾斯．波耳（Niels Bohr），相信世界瀕臨巨大的危險。他曾多次前往新墨西哥州的洛斯阿拉莫斯（Los Alamos），也就是執行曼哈頓計畫（Manhattan Project）的沙漠基地，最後做出結論，認為要遏阻災難性的武器競爭，唯一的辦法是由美國告知蘇聯，美國製造原子彈的進展。就在那一年，波耳透過遊說，見到了邱吉爾和羅斯福（Franklin D. Roosevelt）。

然而，那些會談糟糕極了。根據一位副官的說法，波耳「略帶哲學意味的含糊措詞」和「口齒不清的低語」令邱吉爾倒盡胃口，表明「你帶他來見我的時候，我就不喜歡他，他頭上都是頭髮」，然後提前結束會談。[8]羅斯福在會談之前，便說他擔心自己無法理解波耳，會談時比較客氣。但後來，一位顧問說：「我懷疑總統根本聽不懂波耳的意思。」

波耳異想天開的任務，大概從一開始便注定失敗。同盟國極不信任蘇聯，也很懷疑異國的科學家。

但是，當我看到奧地利哲學家卡爾．波柏（Karl Popper）描述與波耳的爭執：「誰都無法跟他交談。他會喋喋不休，只容許你講一兩句話就會立刻打斷你。」[9]我不禁尋找與事實相反的情境：要是波耳當初給人留下餘地，回應別人的疑慮和不解之處，世界會如何？

言歸正傳，在三樓教室，黛博拉結束最後一分鐘的發言，返回我隔壁的座位。我招架不住她散發的熱氣和染上淡淡汗味的香水味。在教室後方的四位評審，似乎沒有被奉承到或對我們刮目相看。他們一副總算有人聽見他們心聲的模樣，那是如釋重負的表情。

理想的論點，是各方影響力的交會點

雖然我沒能錄取州辯論隊的正取隊員，但我成了候補選手，因此可以在二〇一〇年八月出席全國大賽，穿上大家嚮往的辯論隊制服：深藍色外套，胸前口袋上綻放著一朵紅色的帝王花（州花）。

一年後的二〇一一年，我代表新南威爾斯州，參加在伯斯（Perth）舉行的全國大賽，我們的隊伍贏了，我獲選為澳洲國家隊的五位隊員之一。我因而在隨後一年，前往蘇格蘭丹地（Dundee）與南非開普敦，在世界中學辯論大賽（World Schools Debating Championships）上場，而我們卻在最後幾輪比賽敗北。

那段暈頭轉向的日子，橫跨我的十六歲和十七歲，我很欣慰地知道，無論競爭程度如何，辯論說到底就是提出論點。我曾經將理想的論點視為傑作，即是一個人聰明機智的產物，但如今我認為，**理想的論點是各方影響力的交會點：有隊友們的貢獻，有觀眾的期待，還有心愛之人的價值觀。**

這樣的論點大膽主張了真理，然而這種彷彿拼布拼接出來的論點，卻似乎體現了真理並非只定於一方的立場，而是一種眾人共享的現實，這種現實不是一個人創造的言論，而是從言語的交流中產出。

二〇一二年八月最後的週五，就在我十八歲生日前幾週，我在澳洲塔斯馬尼亞（Tasmania）島的全國大賽獲選為澳洲國家辯論隊的隊長。布魯斯已簽下教練的合約。爸媽坐在觀眾席聽到這項宣告，決定在隔年一月前往土耳其安塔利亞（Antalya），看我最後一次出戰世界中學辯論大賽。那天夜裡躺在床上，我回顧移居澳洲以來的九年歲月，想著接下來，辯論會把我帶向何處。

第3章

反駁

如何還擊

「聽你在鬼扯、聽你在鬼扯、聽你在鬼扯！」房間後方傳來怒吼。

我在二〇一〇年秋天州辯論隊的初次甄選認識布魯斯，隨後三年，我已是判讀他表情的專家。他身高一八三公分，有橄欖球球員的體格，渾然天成的骨架子以一種要跟人吵架的角度傾斜著，愛開玩笑和批評。他出身鄉間，臉皮厚，眉目坦率，但我已經曉得要留意他的臉部動作，比如眼角、嘴唇，從中可看出他的認同、關切與同情。

然而，二〇一三年一月二十六日週六傍晚，在土耳其伊斯坦堡冬季的陰鬱黃昏，我對布魯斯有了新的認識：怒氣浮現在他臉上時，兩團發紫的紅暈在臉頰上盤旋，直到蔓延至日漸稀疏的髮際線。

「啊，這實在……」

咿咿咿！

外面傳來的聲音先是一聲遙遠的警報，沒幾秒，音量膨脹為巨大的音樂。不久，音樂穿透我們三樓出租公寓的薄牆，彷彿濃稠的液體般充滿狹小的空間。晚上六點三十六分是昏禮（Maghreb）時間，昏禮是穆斯林的日落祈禱。布魯斯嘆了口氣，噗通一聲坐回椅子上，宛如瀕臨爆發的火山被要求延後噴發。

我們一行八人（五名澳洲隊成員、布魯斯、兩位助理教練），已經在土耳其待了一週。在我們抵達的那一夜，從公寓屋頂看出去的城市天際線如同海市蜃樓，閃爍著微光，上下顛倒。只剩幾個小時，我們便要搭機到附近的安塔利亞市，展開世界中學辯論大賽，陰沉沉的天空讓這一夜注定黑暗而沉悶。

過去一週以來，我們恪守嚴格的時間規劃：一天幾輪的三小時辯論排程（一小時準備、一小時辯論、一小時講評），穿插一些演練、講課與研究。我們參觀藍色清真寺（Blue Mosque）的兩萬片豔麗磚瓦，還有加利波利（Gallipoli）的墓園，就是澳洲與協約國軍隊在一戰的慘敗遺址，這些觀光行程都是當天來回，此外的時間我們都埋頭練習，為了日後成功的喜悅而努力。

儘管如此，我們的進展仍是龜速。五個月前，我們五人只在荷巴特（Hobart）的全國大賽，曾以團隊的身分相處。從許多方面來說，尼克（Nick）、帝隆（Tyrone）、喬（Zoe）、詹姆斯（James）跟我，彼此之間仍是陌生人。

我們在訓練時的表現雖然稱職，比賽卻失利。身為隊長，我想要建立團隊合作，卻力不從心，開始害怕我們會一加一小於二，因此壓力有增無減。尼克、帝隆跟我不久便要上大學，這一年的世界中學大賽是我們的最後一次。布魯斯也是最後一次，他已經遞交國家隊教練的辭呈，這回賽事結束後立即生效。

言歸正傳，在公寓裡，召喚祈禱的廣播聲音變小了，在餘音仍在繚繞時，布魯斯開口了。

現在他的聲音裡有沉甸甸的鬱悶，以致話語裡多了一種不同的急切：「你們拱手交出了辯論。我說真的，你們這幾輪練習根本沒在質詢。反駁在哪裡？」

他指了指兩位助理教練，一個是克里斯（Chris），他長得高高的，說話輕聲細語，是墨爾本人，另一位克莉絲汀（Kristen）則是言語尖銳、愛看書的布利斯班人。他們的工作是在這些辯論練習中駁倒我們。「你們對他們放水。」兩位助理教練憐憫地看向我們這邊。

這個檢討正中紅心。我們上一輪的練習主題，是藝術相關領域發售公債的優點，我的隊友跟我被反方擊倒了，只能乖乖聽從他們的話。我們沒有直接駁斥他們的論點，反而視為事實，尋求從別的角度還擊。我們說：「話是沒錯，但……」那一整週，教練已經指出我們這種傾向好幾次，看來，他現在決心要解決問題。

「我們換個作法：只要對方提出新的論點，你們心裡就想『聽你在鬼扯』，然後逼自己想出那是屁話的原因。」

布魯斯隨後幾分鐘都帶著我們演練：

「他們說，這個政策會提高核武戰爭的可能性；你們說……」

「他們說，這條法律違反集會的自由；你們說……」

「他們說，反對的人不理智；你們說……」

這樣的疊句彷彿音樂，像瀆神的唱和。

「這樣吧，下一輪換個方式。不要在心裡重複那句話，而是直接說出口。」

我們輪流說，每個人說出來的感覺都不同，但我明顯比別人差。我從一開始的輕輕柔柔，變成矯枉過正，最後是不愉快的中庸之道：「聽你在鬼扯」。布魯斯教練看著筆電，沒有抬頭，但我照樣感覺到他關注的重量。我知道這個練習是衝著我來的。

避免衝突與理性辯論的矛盾

我這輩子，大半時候都很怕衝突。

我在首爾念的那間小學，野獸派的教學大樓後方，有一小塊沒有鋪設任何物件的深橘色泥地。那裡不會被大人看到，年長的孩子憑著拳頭，明白了體重的懸殊，兩個小孩扭打持續幾分鐘，然後繞著圈子對峙，凝聚勇氣，接著脫離繞行的軌跡，圍觀的人群爆出野性的喝彩。在隨後的關鍵時刻，辜負輸家的從來不是自己的氣力，而是第一個被擊垮的意志。

一年級時，我眼睜睜看著這種事情上演，察覺當暴力近在咫尺的時候，我的胃會發生反應，胃酸會湧上我的咽喉。儘管待在圍觀群眾裡看人打架很安全，但我感受到旁觀者與參與者之間的界線很薄弱，因此我通常會待在學校的另一頭，在有花圃和停車位的地方活動，讓我的制服保持整潔。

但我的父母別有想法，他們擔心兒子對殘酷的世界缺乏準備，於是選擇了韓國家長對待內向兒童的解決方案，那就是送去學跆拳道。我去的道館在游泳池下方的潮溼地下室。我聞不慣氯的氣味，也用不慣黏黏的塑膠地墊，但我喜歡這項運動，跆拳道很注重伸展和招式的演練，初學時很像芭蕾舞。

在三年內，我前往首爾國技院，也就是世界跆拳道總部，我要參加黑帶等級升段考試。我聽說國技院是跆拳道的聖地，結果是一棟在一九七〇年代興建的大型體育館。我們一百人進入下凹式的競技場地，十二位官方人員坐在講台上，看我們操練招式，見誰做錯了就念出我們的號碼淘汰。

考核的最後一個項目是拳鬥，我已經準備了好幾週，但在那一刻，演練與實際上場之間的鴻溝似乎大到不可思議。我面前男孩像一隻母鹿，我們四目相對，慢慢靠近，鞠了躬。他揮出第一拳，拳頭落在我的胸口，發出悶響。我向後退，改變重心，朝著他的側身出腿，踢中他的肋骨下方幾公分處。

在上了漿的白色道服底下，從骨骼之間的內臟，我又一次感到內心深處對這一切的厭惡。在那之後不久，雖然黑帶到手了，但我便放棄了這項運動。

之後十年，我將那種內心的本能厭惡，充分發展成一套行為準則，那是一套關於一個人在這個世界上如何應對進退的理論。平日，我盡量閃避、忽略衝突，溜之大吉。我精通不回應的藝術，擅長講岔題的笑話。孜孜於迴避衝突的回報，就是討人喜愛。朋友們在小打小鬧中浪擲光陰，我則享受跟人和樂融融的舒爽。

將厭惡衝突視為人生在世的絕招，這個觀點由來已久。這種態度隱藏在得體、殷勤、討喜、禮貌的假象下，隨處可見，比如古埃及的紙莎草卷軸：「沉默是你凌駕他的方式／當他口出惡言／祖先會大大反感／同時你在官員心目中，也會是有美名的那一個」[1]，又比如企業培訓講師兼退役賽場辯手戴爾．卡內基（Dale Carnegie）的重要著作《卡內基說話之道：如何贏取友誼與影響他人》（*How to Win Friends and Influence People*）：「要在爭吵中占上風，全世界只有一個辦法，就是避免爭吵。」[2]

在我看來，這種忠告的智慧，在二十一世紀不言而喻。如果說公眾生活的一項特徵是缺少理性的議論，那另一項特徵就是政治對手之間的敵意和憎恨越來越濃重（「無理」一詞道盡了這兩種現象）。

二〇一〇年，澳洲一場極度惡質的選舉，一位記者描述為「澳洲政治的新低谷」[3]，隨後便是充滿敵意與無情的黨派對立。當時的一起導火線事件，是二〇一二年澳洲總理茱莉亞・吉拉德（Julia Gillard）在國會發表一場十五分鐘的演說，譴責反對黨領袖除了有諸多毛病還仇恨女性，居然在一場示威活動中，站在一張寫著「擺脫那個巫婆」的標語前方。

那一場演說在全世界爆紅，可是在澳洲，依黨派路線，評價好壞不一，呈現兩極化。以反對黨領袖來說，他呼籲政府「別再拿性別歧視作文章」，幾份重量級報紙也引用這句話。在相關討論的最低潮時期，大家根據別人對那一場演講的反應，說別人仇女或仇男。

在這個狂暴政治與文化戰爭的年代，避免衝突在我看來不僅是謹慎的處世決策，也是美德。我厭惡政治異議的根本原因並非漠不關心、無知或恐懼，而是類似義大利哲學家諾博托・鮑比歐（Norberto Bobbio）說的「溫良」（mitezza），「別讓惱怒破壞生活，因為無法解決惱怒的主因」[4]。我甚至從神學的角度辯護這種道德的立場。《聖經》說：「有人打你右臉，連左臉也轉過來由他打。」這並不愚蠢，也不軟弱，而是智慧。

於是我過著矛盾的生活，即使我在賽場辯論的等級日益進步，但我在生活中仍堅決保持隨和。看過我辯論的朋友，都對我判若兩人的樣子目瞪口呆。我父母會拿具有雙重人格的《化身博士》（*Dr. Jekyll and Mr. Hyde*）[*]來開我玩笑，但我以為自己已經擺平了這邊矛盾。鬥嘴已經成了笨蛋和狂熱分子的消遣，我寧可向冷眼旁觀爭吵的人靠攏，與沉默、自制的中間派為伍。

反駁是自信的表達，也是對對手的肯定

餐桌上的氣氛很凝重，通常在模擬練習後，布魯斯會提供指導，我們則會做筆記。就如同在頂級廚房的受訓，要的是明確的步驟，而不是只有道理。而這回不一樣，我們一直被灌輸要尊重對手，但嚷著「聽你在鬼扯」，似乎牴觸了那樣的價值觀，這就像原力[†]的黑暗面。

布魯斯看看同桌的隊員們，他調整眼鏡，搔搔鬍子，他放下吃了一半的西米特（simit），

---

* 善良的傑寇試圖製作分離善惡的藥物，以身試藥，結果分裂出充滿惡意的人格，取名海德。

† 原力是《星際大戰》系列作品中充滿天地間的神祕力量，其黑暗面即邪惡的力量。

這是一種有嚼勁、沾滿芝麻的麵包，又繼續說：「我這樣要求你們不只是為了贏。現在，你們習慣認同對方的說法，沒有真正聆聽對方的論點。你們只是向對方低頭，卻沒有遵守更基本的禮節，也就是去聽聽對方說了什麼。」

我低頭看著筆記，發現對手的論點欄位幾乎是空空的，只有幾個字和簡短的句子。我知無差別認同對手的論點不是理想的策略，但我開始明白，那也可能是一種自我欺騙，雖然你假裝對方的論點強而有力，但實際上只不過是他們的地位和名望比我們強。

「更何況，你們不是真的認同對方的論點吧？」布魯斯說，音量緩緩提高。「你們只是不肯開金口。那是懦弱，你們等於在說『嗯，很有意思的觀點，』然後隱瞞你們真實的想法。直接反駁不只是為了自己好，也是身為辯手的基本義務。你們應該給對方的論點一個妥善的回應，這樣大家才有改進的機會，讓觀眾聽到另一方的說法。」

布魯斯說得越多，越是能從他的建議看到他樂觀的態度。**反駁也表示對方值得我們坦誠相待，認為對方會有接納的雅量。「聽你在鬼扯」，需要我們相信自己有能力把意見不合轉化成正面的效益。**

相對來說，迴避衝突，似乎建立在便黑暗的假設上，這種態度認為意見不合除了造成分裂和毀滅，只會帶來不良後果。抱持這種觀點的唯一原因，就是對人性的看法很悲觀，那就是我們無法信任彼此，也無法公平對待。

我不確定哪種觀點才對，但當布魯斯結束我們的最後一次辯論練習時，我覺得自己找到了正確的問題：意見不合時，反駁會不會不只有毀滅的力量？

瓦解對手論點的藝術

在冬季的安塔利亞，靠海的大型度假村燈光略顯黯淡。度假村周圍的燈光在晚餐結束後不久便暗了下來，泳池畔的酒吧紛紛打烊，擺出「淡季」的告示。大賽的指定飯店「德爾芬帝國」（Delphin Imperial）是一間浮華的建築，我們在週日晚間抵達，其他代表隊大多已經入住。

世界中學辯論大賽是中學辯論賽的奧運，始於一九九八年，是加拿大、英國、香港、紐西蘭、澳洲、美國之間的六方邀請賽，後來發展成一年一度的兩週競賽，多達六十國的隊伍前來參賽，包括蒙古和巴貝多（Barbados）。兩年前的二〇一一年，我首次參加世界中學大賽，是在蘇格蘭的丹地，那時會場裡有各國服裝和口音，我感到讚嘆。雖然雪梨很多元，但沒有多元到羅馬尼亞人和馬來人一起學著跳蘇格蘭的傳統舞蹈。

從這樣的國際場景，似乎能一窺世界各國辯論的風格。在十六至十八歲的年齡層，很多人是第一次出國，見到各國代表隊迥異的風格，真是令人驚訝不已：新加坡的選手有出色的技巧和靈活論述能力；東歐的選手擅長引用馬克斯和批判理論家的名言；加拿大選手的友善笑容背後藏著犀利的辯論技巧。

然而，大開眼界的震撼很快便消退，我開始感受到在表層差異之下的相似處。幾乎每一位參賽者的發言，都很注重邏輯和舉證責任，他們採用相同的修辭手法。這一群愛啃書又得天獨厚的青少年，似乎在摸索學習說服之道的共通語言，一種根植於良性議論的語彙與句法。

自從世界中學大賽創辦以來，幾乎是幾個富裕英語系國家的天下。在這些國家中，澳洲排名第一，囊括八次冠軍（排名第二的是蘇格蘭和紐西蘭，各奪冠四次）。但現在競爭更激烈，南韓、斯洛維尼亞、阿拉伯聯合大公國等國家，經常打進決賽。澳洲最近一次贏得大賽是七年前的二〇〇六年。

賽制很簡單：每支隊伍參加八輪的初賽，其中十六強進入淘汰賽，前八強進入決賽（在世界中學大賽中，理想的比賽輪次是十二場）。在任何辯論賽，一支隊伍遭到淘汰的原因只有一個，就是對手的論點說服了觀眾，而一支隊伍在一場比賽平均會提出四個這樣的論點。要贏得冠軍，只要擊敗四十八個論點即可。

在飯店櫃台登記入住後，我跟隊友便將布置成戰情室，這個套房是樓中樓的格局，暖氣很強，室內裝潢是巴洛克式的風格。布魯斯將沙發和其他優美的家具推到一旁，挪出空間擺放一張大桌子跟幾張硬背靠椅。我們將印著新聞摘要和辯題的簡報排放在床上，解決筆記型電腦電源線的插座問題後，並將電視轉到BBC頻道，我們就接著演練。

最後關頭往往會挖出一個人真正掛心的事，如果只剩下兩個小時準備世界大賽，你會怎麼運用時間？有的隊友練習寫論點，有的在演練可能的辯論。對我來說，唯一要做的練習就是反駁。

簡單來說，**反駁，就是瓦解對手論點的藝術**。早在幾年前，布魯斯便跟我解釋，**一個論點包含兩個舉證責任：一個是證明論點的主要論述是真的，另一個是論點必須符合結論**。

結論	主要論點
我們應該宣告大麻不合法	因為大麻有害健康。

事實：大麻實際上有害健康。

重要性：如果大麻有害健康，我們應該宣告大麻不合法。

沒有滿足兩項舉證責任的論點絕不會成功，因此要擊垮一個論點，你可以證明論點不符合事實、不重要或兩者皆是。

不是事實：實際上，大麻不會違害健康。

不重要：即使大麻有害健康，我們不應該宣告大麻不合法。

這種洞察力是一切反駁的基礎，不分大小事：

結論	主要論點
我們應該買新車	因為舊車退流行了。

不是事實：其實，舊車沒有退流行。

不重要：即使舊車退流行了，我們不該買新車。

有幾個方法，可以證明一個論點沒有滿足舉證的責任。反駁事實是指目標論點，含有不充分的資訊。這個論點可能**事實上是錯的**（不對，現在買掀背車的人沒有變少）或**缺乏證據**（你說大家的喜好在改變，但你還沒有給我任何相信的理由）。也許資訊內容有矛盾，以致**不能下定論**（對，雖然《汽車日報》是那樣說的，但《汽車愛好者》的看法不是那樣」）。

反駁重要性則有兩種形式：一種是說對方的論點不重要，也就是沒有提出能夠解釋結論的理由。對方可能邏輯跳躍或誤判論點的關聯性（誰說我們一定要開時髦車）。

第二種形式是說有其他的考量比對方的論點更重要，即對方的論點確實可以解釋結論，但仍然有否定結論的好理由。或許有更好的**替代方案**（對，我們應該開時髦車，但把舊車送去改裝就能變時髦）或**同等重要的考量**（對，我們應該駕駛時髦車，但也應該量入為出）。

當然，在實務上，這不容易做到。

在佛經中，好辯的薩遮迦（Saccaka）與佛陀爭論，察覺自己落入不悅的處境。佛陀警告薩遮迦，要是一個問題問了他三次都答不出，便要把「他的頭敲碎成七塊」。[5]這很貼切描述了準備反駁的感覺。在巨大的壓力下，我們努力尋找一個或許尚未成形的答案。

那天夜裡，隊友們就寢後，我在飯店周圍散步，來到無人的泳池，在池畔的一張塑膠椅坐下。

周邊的飯店房間開著窗戶，其他代表隊的練習聲從窗內傳到我這邊。有一個圓潤飽滿的女性聲音穿透了其他說話聲。她的論述又快又多，我才剛理解一個觀點，她就繼續說下一個，我根本抓不住任何內容。我覺得胸膛緊縮，這正是我的恐懼，彷彿機會將絕塵而去，而我望塵莫及。

適時打斷可以逆轉情勢

開賽第一天是週一，從早上七點的早餐開始。二樓宴會廳懸掛著吊燈，看來平凡無奇，數百個青少年穿著不合身的西裝，在飯店的自助餐的食物區走動。然而，當我進入宴會廳時，我的耳朵適應了裡面的聲音，無論在長桌旁、在蒸鍋旁，四面八方都有人在爭論著和解釋。

我無法理解辯論大賽的一面，就是一整天的賽事那麼激烈，大家在賽事的前之中後，怎麼還有跟人打舌戰的力氣？我猜有人想要競爭對手，有人則是想藉機練習。還有另一群人，幾乎不會跟人議論，或許他們本性就如此。無論如何，當你獨自走進一個四面八方都是辯手的地方，便要承擔有人過來搭訕的風險。

同桌的祕魯人和智利人說著西班牙語在鬥嘴，我吃著自己的早餐，瞥見有人走向我。他高高瘦瘦，一身黑色西裝，整個人從我的眼角餘光看來，是個細長的三角形。我看看右側的空位，再看看自己餐盤上的炒滑蛋。「這裡有人坐嗎？」他坐下時，我看見他的頭髮以烏鴉下降時的翅膀角度分成兩邊。他用深色的杏眼望著我說：「我是加百列，菲律賓人。」

「你知道利他主義是個謊言吧？」

我意識到先認輸可以暫停這場互動，可是聽到加百列尖細刺耳又機靈的嗓音，反而激發我的自尊心。「原因很簡單，懂得合作的祖先比不懂合作的更可能存活下來。所以說，哪有什麼只想為這個世界做好事？那都是胡說八道。」我開始蠢蠢欲動地想回嘴。

世界中學大賽的辯論形式有一個特色，就是「質詢」（point of information, POI）。在辯手發言的八分鐘發言時間裡，第一分鐘及最後一分鐘「禁止打斷」，在那兩分鐘以外的時間，對手可以起身要求質詢，辯手可以選擇接受或拒絕，但辯手在發言時間內必須接受至少一次質詢，如果接受了，對方便會提出觀點，通常是偽裝成問題的反駁（如果利他是演化的產物，為什麼我們無法像壓抑其他本能一樣的無私）。這套作法來自英國議會的口頭質詢程序，有些辯手遵循質詢的手勢，也就是舉起右手，同時將左手放在頭上，因為以前的國會議員在起身向成員致敬時，必須按住假髮才能防止掉落。

大家允許質詢有各種理由，有的說要讓辯手對發言內容負責，有的說可以訓練辯手隨機應變的能力。但我一向認為質詢的主要功能，是為了增添辯論的看頭。強而有力的質詢可以打亂辯手的陣腳，讓質詢者彷彿占盡優勢，難以攻克。另一方面，針對質詢的好觀點進行犀利的回擊，反而會讓辯手顯得無堅不摧，贏得滿堂喝采。

將發言視為力量、把聆聽視為軟弱，在這樣的社會中，打斷對話蘊含莫大的話語權。在家庭、社群、職場中，從誰打斷誰，就能顯現出深不可露的階級，同時反映出醜陋的偏見，像是在性別歧視下，女性比男性更容易因為某些言行被說三道四，即使是同樣的言行舉止，女性更會受到不公平的對待。無論在日常生活或正式場合中，適時的打斷可以逆轉對話的情勢。

二〇一二年十月十六日，第二場美國總統大選辯論，歐巴馬和羅姆尼算是公認比較有禮的兩位候選人，而他們互相插嘴的頻率是平均每分鐘一．四次（九十分鐘內，發生一百二十六次的插嘴）。[6]歐巴馬一度故作嚴肅地說：「我習慣被插嘴了。」雖然兩人都有要證明的事，但羅姆尼身為角逐候選人，更必須證明能跟歐巴馬相提並論。歐巴馬在首場辯論的表現差強人意，許多人嚴厲批評他死氣沉沉，因此在第二場辯論，從一開始就居於劣勢。他們似乎都採取相同的策略，那就是打斷對方。

媒體標題也對這樣的策略給予肯定：「在激烈的第二場辯論，歐巴馬反擊羅姆尼」[7]與「雙方赤手空拳再次對決」[8]。但有位政治學家統計了這場辯論的插嘴次數，則看出另一種隱憂：「歐巴馬總統採取高侵略性的策略或許能短期獲益，但插嘴次數過多，打破了政治辯論中的文明界線。」[9]

言歸正傳，在餐桌上，當我針對加百列的論點，在心裡想說要怎麼犀利回應之際，我停下來思索自己反駁的能力。我們的交流，除了坐在對面的祕魯辯手，還不算在眾人面前丟臉，那我為什麼會覺得自己出糗呢？我認為，在日常對話中，插嘴的後果就是非常不受歡迎。

一開始，可能抓不到回應的時機，一個論點的開端，往往很難看出如何收尾。有人會隱藏重要的觀點，有人利用誤導策略轉移注意力，讓人抓不到他們論述的核心。

此外，打斷的人通常只為了攻擊而攻擊，而不是論點本身。大多數議題的結論，至少有一個對自己有利的論點，所以無法保證自己是否能夠充分理解。

插嘴也給了對手改弦易轍的機會。他們可能會改變方向，提出對結論有利的新論點（例如：那就不提演化了，我們幫助別人，是因為我們以後也需要別人的幫助）或是改變原本討論的主題（例如：至少我們無法判斷一個人的行為是否出於利他）。

最後，插嘴可能讓對方認為自己沒有得到公平的聆聽，使得他們可以漠視其他的對話，或是拿這一點來抗議（我都插不上話，你也太會攻防了吧）。過多的打斷也可能讓對手堅持自己的立場。

那為什麼還要打斷？其中一個答案是，向對手施加一點權力。但我懷疑自己在那當下，究竟自己會有多強大，因為在想要掌控的本能下，潛藏著脆弱。我害怕加百列的言論可能帶來的後果，包括觀眾被他說服，或是讓我啞口無言。在這樣的防備下，我看見了打斷者做出妥協，那就是他們放棄贏的機會，至少可以立於不敗之地。

從二〇〇三年開始，我參加辯論十幾年以來，這項活動最深得我心的地方在於，能保障我們不被插嘴——沒人插嘴，我就有餘裕的時間，可以想出自己想說的話。然而，禁止打斷對手發言的規則，還有非常重要的影響，那就是強迫我們聆聽，才能進行回擊。既然無法立刻表達異議，就必須採取次要行動，那就是仔細聆聽，準備最佳反駁。所以我們學會在每一場辯論寫「流水帳」（flow），意思是以摘要的形式，記錄對手的論述內容。

到了七年級，教練賽門教我們不只是做紀錄，在回應對手的論點前，還要先「強化」他們的觀點。如果對手少了舉例或漏掉關鍵的論證，一定要幫對手補充：「好，他們大可說……」這看起來像是搬磚頭砸自己的腳，但賽門認為回應對手最強的觀點，可以大幅提高我們說服觀眾的勝算，甚至連對手也會被說服。因此，我們必須提升自己的辯論技巧，正視對手的立場。一般好的辯手看待對手的失誤會幸災樂禍，但一流的辯手則會幫對手修補失誤。

質詢削弱了以傾聽為基礎的辯論精神。「喊出聽你在鬼扯」原本是需要深思熟慮的最終步驟，反而在質詢時變成一種即時反應。雖然這種做法可以讓辯論更精采和達到追究責任的優勢，但就得以犧牲真正的說服力作為代價。

爭論可以讓我們學到兩件事

早餐時，加百列以演化為基礎的利他主義論述快要接近尾聲。最後一部分涉及到蟻群的研究，所以特別令人感到枯燥。同桌上的人起初假裝有興趣洗耳恭聽，但這時他們已經無聊到面有難色。「那大致可以論證我的觀點，說到底利他主義就是自私，以上是我的論證。」

我想回他根本沒有論證，他的論點充滿漏洞，只是偽科學。但我沒說，只問了他一個問題：「先不談演化，對於大型慈善機構做出非凡的貢獻，拯救成千上萬條人命，你有什麼看法？」

加百列調整了一下領帶，喝了一口果汁。我看到他的思緒從蟻塚飛速轉向現代。「嗯……」他停頓了一下，「我會說一邊剝削員工，一邊捐款給慈善機構的億萬富翁是偽君子。」這種論點既誇張又粗糙，但我也發現其中有些觀點具有說服力。當加百烈問：「有反對的意見嗎？」我頓時啞口無言。

在賽場上與生活中的辯論，聆聽對手無法保證你一定能辯贏對方。我們反而會面臨風險，也許對方的論點比我們好，或是我們自己被對方說服。但如果可以承擔這樣的風險，我們才有機會說服對方，從雙方的交流中，獲得比勝利更有價值的教育。

這時，我想到一段塵封已久的五年級回憶。二〇〇五年冬天，我們班去校外教學，到了澳洲首都坎培拉（Canberra）。在那裡，我們跟一位穿著羊毛外套的年長女性談話，她的工作是謄寫並編輯議會的書記官，將會議內容一字不差記錄下來。

就算年紀還小，看過政治人物爭論的新聞片段，只有二十秒的影片，我們的反應就很兩極，覺得好辯的人無往不利，好像他們具有我們無法達到的智慧，而其他的人則顯得很無趣，平淡無奇。

然而，這一位公僕的工作生涯就是要完整記錄這些爭論——她可說是澳洲最擅長傾聽的人。我們班上有人問她，在她漫長的職涯中，學到什麼。她舉起兩根手指說：

> 大部分的爭論比想像中來得好。
> 沒有任何爭論是毫無瑕疵的。

反駁對方的論點，不代表可以證明自己

吃完早餐後，我跟隊友們搭乘一輛巴士，抵達一間位於山頂的優美學校。在高處眺望地中海，海景美不勝收。然而，當我踏進校園，一想到比賽，就讓我緊張到喘不過氣。

第一場比賽進行的時間，從早上十點到中午，我們輕鬆贏過德國隊。雖然德國隊的研究做得很詳盡，但可惜歷練不足。因此我跟隊友開始鬆懈，提出懶散的辯詞反駁對手。事後，布魯斯怒氣沖沖，他說：「你們對他們太客氣了，「這不是練習。你們承擔不起放任的後果。下一場比賽不能這樣，給我上緊發條。」

我明白他的意思，因為我們的下一場對手是墨西哥隊，他們在聯賽的名聲，就是侵略性最強、最可怕的隊伍。「你們要是退讓一步，那就慘了。」一位丹麥男孩在排隊拿午餐時低聲說道。我努力專注在厚厚的碎肉薄餅上，但我忍不住一直看著餐廳後方，穿著深色西裝、打著紅色領帶的墨西哥隊員站在那裡，只喝水，沒吃什麼食物。

在第二場比賽開始前，我在走廊上來回踱步，聽著美國饒舌歌手阿姆（Eminem）的歌《豁出去》（*Lose Yourself*）。之前，我不曾聽阿姆的音樂來陪我，我也不曾在公眾場合這樣來回踱步。在比賽前，我習慣坐在安靜的角落深呼吸。但是那個下午，我想要發揮我認為人類與生俱來的侵

略性，因此《豁出去》。

第二場比賽在下午三點開始，會場是木鑲板裝潢的寬敞禮堂，可以容納兩百人。走進會場時，我注意到窗戶是氣密窗。室內溫暖的空氣瀰漫著一股循環呼吸的氣息。當兩支隊伍走進禮堂，在場的學生們察覺到可以製造噪音的機會，便迸出震耳欲聾的掌聲。

三位評審中的主席，是一位看起來聰明伶俐、二十出頭的荷蘭女性，她讓全場觀眾安靜，並念出辯題：「應該禁止媒體侵犯公眾人物的私生活。」然後，我們派出一辯尼克為正方展開辯論。觀眾因為剛剛的鼓掌而熱血沸騰，解開制服頂端的鈕扣，袖手觀戰。

尼克以清脆的男孩嗓音開始論述：「隱私權讓人們過有意義的生活。法律應該保障這樣的權利，因為政治人物與他們的家人面對肆無忌憚的媒體，承受媒體沒有惻隱之心的手段，理應受到保護。」尼克說到一半時，我們的對手開始大聲交談，吵吵鬧鬧，比劃出憤怒的手勢。在質詢環節，他們三人站起身，每十秒提出一條質詢。我看到尼克吃力地讓自己的聲音保持平穩。坐在席位上，原本我在走廊上拚命想點燃的怒意，那刻起變成了真正的怒火。

反方的第一位辯手寶拉（Paula）是一位嬌小的女性，散發著狂野的魅力，在唱前，她已經站到講台前。她站了一會兒，刻意整理她的筆記。過了二十秒、三十秒，就在觀眾開始在座位上躁動時，寶拉抬起視線，開口說話。

「民主的存亡，靠的是人民篩選優質民代的能力。政治人物所做的決策，是根據個人的信念、經驗和人際關係。」寶拉的聲音一開始低沉而嚴肅，漸漸拉高音調。「獲得資訊不是奢侈，而是我們的權利。個人生活與政治息息相關，而資訊即是力量。」她的聲音像是一把明火，講到母音時火焰變大，子音時則有爆裂聲。

我拿起筆，記下寶拉的論點：「媒體應該介入私領域，因為個人資訊幫助人民選擇優質的民意代表。」

這個論點有兩項舉證責任：

事實：個人資訊，其實能幫助人民選擇優質的民意代表。

重要性：如果個人資訊有助於人民選擇優質的民意代表，媒體應該介入私領域。

我發現，有三個漏洞可以反攻。我可以說這個論點不是事實、不重要，或是有其他更重要的事必須顧及：

不是事實：不對，個人資訊無法協助人眾選擇優質的民意代表。這一類的資訊大多是八卦和傳聞。

不重要：個人資訊或許能夠幫助人民選擇優質的民意代表，即使事實如此，也不代表媒體應該侵犯個人隱私。在候選人家中安裝監視系統，也會揭露許多資訊，但我們絕不容許這種做法。

更重要的事：即使媒體有充分理由干涉政治人物的私生活，但這樣做會對他們的家庭和親人造成連帶傷害。

寶拉的辮子隨著她的發言拍打著她的肩頸。她跟著這樣的節奏，到了最後的高潮：「沒有自由和積極的媒體，民主就無法生存。我強烈要求各位支持我們的主張。」觀眾以熱烈的掌聲表示贊同。

站在講台上，面對竊竊私語的群眾，我很訝異自己的口吻堅定且威嚴：「反方對媒體的說法一切都是謊言。每次重大案件的報導，都牽扯數百則關於涉嫌緋聞、減肥和小孩行為不檢點等報導。這樣的資訊讓人民模糊焦點。各位應該向墨西哥隊投下反對票，因為他們只是在推銷一個不切實際的幻想。」

我的目標是用「聽你在鬼扯」質疑寶拉的一切言論。在我匆促反駁之下，支離破碎的前提、不相干的連結、殘缺的比喻，我對自己剛才發言留下的滿目瘡痍感到驚魂未定。不久，我便進入危險的狀態，話語衝得比思緒快，我卻慢不下來。隨著我越來越有自信，開始人身攻擊，這些攻擊都太超過了：「那根本不是論述，而是一連串荒謬的想法」、「製造殘酷新聞的媒體」、「無法挽救的愚蠢觀點」。反方發出憤怒之聲，但我繼續保持我的優勢。

等我回到座位上，禮堂的氣氛明顯變冷。寶拉跟她的隊友們火冒三丈。她們的教練是個勇猛且火爆的男人，以在偏鄉地區舉辦辯論巡迴賽而聞名，他一副隨時會衝上講台的樣子。觀眾坐得筆挺，對於有種腥風血雨的局面，而感到興奮。我雙手抱胸，試圖掩飾腎上腺素造成的顫抖。

辯論結束後，我們魚貫離場。寶拉猶豫了一下才跟我握手。於是，這個握手短暫而冰冷。評審委員會由三位裁判組成，通常要花三十至四十分鐘做出裁決。在這段令人痛苦的等待中，有一個緩解情緒的機會，那就是我們可以請教練預測結果。

在禮堂外的陽台，風不停吹過格柵，布魯斯一副莫測高深的樣子。他隔著墨鏡凝視遠方，右手撥動頭髮。我含糊地說：「怎麼樣？」他轉向我們，但沒有真的跟我們目光交會。「你們表現得很不錯，但我想你們可能輸了。」

教練說，他了解我們的熱血，問題是我們太急於扳倒對手，錯失了一個重要關鍵，那就是**反駁對方的論點，不代表可以證明自己**。

「辯論的任務不是證明對手的論點很差勁或他們是壞人，而是說服觀眾認同對媒體的自由要有限度。我認為你們沒有做到這一點。**再多的不對，都不會讓你們變成對。**」

布魯斯說明，**一流辯手懂得以正向的主張結束反駁。他們從攻詰自己反對的事物，切換為提倡他們支持的事物，進而回答一個問題：既然這樣不行，那要怎麼做？**

「如果媒體不是為了人民的利益而努力，他們為誰辛苦、為誰忙？如果資訊的權利不是應該優先考量的原則，那應該優先追求什麼？」他說反駁的最後步驟是進行「反訴」（counterclaim）。「在破壞之後，你得拿出更高明的答案。」

憤怒，是迴避異議的表現

亞里斯多德在《修辭學》中論述，憤怒蘊含著一絲愉悅。憤怒讓一個人察覺到自己（或自己關切的事物）受到冒犯。這樣的察覺帶來痛苦，卻也會激發對冒犯者的報復欲望。這種復仇的念頭可能只是一種令人心情舒暢的想像，是憤怒不可或缺的一部分：「關於憤怒，有個很貼切的說法：『遠比滴淌的蜂蜜更甘甜，遍及整顆心。』」[10]

站在陽台看著對手，我意識到，這種愉悅很容易操控一場爭論。原本我抱持著正向的動機參與辯論，結果目標卻變成試圖傷害並羞辱對方。憤怒成為一股驅動力。說來奇怪，這種表達展現出迴避衝突的特點。當我們選擇嘲笑對手的失誤或攻擊他們的人品時，我們就能逃避自己與意見不合搏鬥的艱難任務。結果是，當雙方願意回歸爭論的原點，他們得從頭開始。

對亞里斯多德來說，憤怒的對立面是平靜，要脫離憤怒則要仰賴能讓我們平靜的事物，包括歡笑、豐盛、成功和滿足感。[11]這位哲學家也將「合理的希望」列入這份清單。在我看來，反訴就是這種希望的具體表現。在舊有不完美的答案中，開始浮現出新事物。

表達不同意見，不能只是挑毛病

比賽結果由荷蘭籍評審宣布，我們以二比一的分數勝出。我跟隊友們都知道不能表現出驚訝，對手也知道不能當場對比賽結果提出抗議，所以我們都面無表情。同時，觀眾們開始對這個出乎意料的結果竊竊私語。支持對手的評審是印度人，她臉色沉重，雙手交疊，看來極為傷心。

隨後一週，我遇到寶拉兩次。一次是週四晚間的「文化博覽會」，每支國家代表隊都有設立一個攤位，向其他參賽者介紹自己的國家。跟大部分的團隊一樣，我們推銷零食小吃，卻沒怎麼介紹文化。當我們賣完裹著巧克力醬的澳洲胡桃，便開始教人說澳洲髒話。

那一夜，是愉快的里程碑。初賽快結束時，我們屢戰屢勝，保證可以晉級決賽。在印尼代表隊的攤位附近，我看到寶拉站在我旁邊。她手裡拿著一頂迷你的墨西哥草帽，看起來跟辯論時一樣。我向她點了點頭，「嗯」了一聲，然後轉向牆壁走去。

那天晚上，我繼續思考反訴。在辯論中，懂得轉變立場，也就是論述對手的錯誤到提出我的建議，可能對辯論有所幫助，而這樣的能力在日常生活中卻很關鍵。表達不同的意見是可以為事實、判斷和對策找到更好解答的基礎。然而，要真正落實，大家不能只是挑毛病，更要冒著犯錯與被否決的風險，堅持一個立場。

第二次見到寶拉是在星期五晚上的突圍派對，也就是賽程已經到了揭曉環節，參賽的十六支隊伍，有哪些隊伍可以「突破重圍」晉級決賽。會場鬧烘烘，正在播放一首蕾哈娜（Rihanna）早期的歌曲，燈光閃爍著像是海尼根啤酒瓶的綠色。有的隊伍穿著制服到場，只是來聽晚上九點公布的決賽名單；其他隊伍穿著黑色的夜店服裝和小禮服，準備熱舞到深夜。最奇怪的是，每個人在會場的樣子都泰然自若。

我們以第五高的積分取得了決賽資格，但以辯論界的說法是「打進外圍淘汰賽」，因為我們在最後一場初賽輸給加拿大隊，雖然成績算不錯，卻讓我們落在頂尖隊伍之外。「別在意，」

布魯斯教練說，「明天是新的一天。」

在離開派對的途中，我遇到寶拉。在橘黃的街燈下，她彷彿站在一切事物的中心。我原本想要悄悄地走過去，但我的腳步聲暴露了我的行蹤。她跟我目光相交，還好眼神沒有變得冷漠。

我們彼此說了「嗨」，然後尷尬了一下，想到了交談的話題。

把批評轉換成正向的主張

辯論賽就像玻璃魚缸一樣透明，每次的勝利與失誤都開放所有人檢視，消息散播的速度如野火，名聲在幾個小時內便能口耳相傳。在這一年的世界中學辯論大賽，一個話題在參賽者間引起熱議，那就是來自史瓦帝尼（Eswatini）的代表隊，那是位於非洲南部的王國，人口約一百萬。史瓦帝尼國家辯論隊第二次參加世界中學大賽，在初賽中以第二高分晉級，在淘汰賽中一路擊敗蘇格蘭、以色列、希臘等強隊。

對史瓦帝尼隊的佳績，最初的報導一直使用浮誇的讚美詞，例如：有膽識、雄心勃勃、佼佼者。但隨著這支隊伍在競賽中一路挺進，對於他們的討論度越來越熱烈，造神機制開始超速運作。一位來自愛沙尼亞（Estonia）的女生在電梯裡跟我說：「他們是天才，在我們眼前讓比賽改頭換面。」還有一位來自希臘的評審跟我說：「那個在飯店酒吧附近閒晃的人類學家，就是他們的教練。他們的辯論策略都是他設計的。」

史瓦帝尼隊堅稱他們只是觀看網路上的辯論影片苦練，這引發了眾人的懷疑。二月四日週一的準決賽，當他們以辯題「政府應該為家庭主婦的工作支付薪資」打敗新加坡隊時，據說會場中倒抽一口氣的驚嘆聲，幾乎要吸光整棟建築的空氣。

相比之下，我們隊伍在淘汰賽的表現，並沒有引起太多的關注。儘管澳洲隊已經幾年沒有奪冠，我們依然是公認的強者。我們勝利的消息偶爾會讓別人讚嘆。那個週一，我們獲得評審全數通過，擊敗愛爾蘭隊，晉級總決賽，我們察覺自己被當成了巨人歌利亞，而史瓦帝尼則成為了牧羊男孩大衛。* 準決賽結束後，準備搭巴士回飯店，布魯斯叫我們繫好安全帶：「明天，你們就要跟這場大賽中最令人振奮的隊伍進行辯論。」

總決賽的夜晚很清爽，沒有月光。因此當史瓦帝尼隊跟我們穿過德爾芬帝國飯店大宴會廳的停車場時，雙方都在不完美的夜色下行走。史瓦帝尼隊的三個男生輕裝上陣，穿著捲起袖子的襯衫，步態自在，我們則穿著束緊腰身的外套，卻自在不起來。當我們走進會場時，面對將近四百人的聲響與熱情時，我們每個人的腳似乎都僵住了。

晚上七點，我們在舞台上就座，辯論比賽的几位評審之一呼籲全場安靜。評審團的成員都是經驗豐富的辯論教師、教練和前世界冠軍。他們穿著各國傳統服飾，看起來就像要做出決議的聯合國安全理事會。我望向觀眾席尋找布魯斯，坐在他旁邊的人是我的父母，我看到他們因為時差與激動的情緒而兩眼昏花。接著，我望向舞台對面的史瓦帝尼隊。在頭頂強光的照耀下，他們額頭上閃爍著汗水，但他們的眼神卻充滿自信。我打開筆蓋，穩住呼吸。

這場辯論的主席是一位音色甜美的年長女性，也是大賽主辦團隊的一員，她向全場宣布：「總決賽的辯題是，土耳其不加入歐盟會更好。正方：澳洲隊；反方：史瓦帝尼隊。」

我們的一辯尼克坐在我旁邊，反覆念著辯詞的開場白。桌底下，我併攏大腿避免發抖，生怕顫抖會傳遍整張長椅。尼克起身，走向講台。到了講台，他開始發言，第一句話便引起全場鼓掌：「在每個童話故事裡，總會有某個時刻，其中一方會意識到自己才是壞人。而澳洲隊已經接受這樣的事實。就像用佛地魔對哈利．波特說話的口吻：加入歐盟對土耳其不是好事。」

尼克接著以縝密且複雜的論述，說明加入歐盟將會對土耳其的政治獨立性造成傷害，進而影響經濟成長。根據慣例，世界中學辯論大賽的總決賽是「預先準備」賽，也就是參賽隊伍可在

---

* 在《聖經》中，歌利亞被大衛殺死。

事前做研究、撰寫論證。理論上，應該能夠減輕壓力，但事實上，因為自我期許反而會拉高到近乎完美。

史瓦帝尼的一辯，名叫瓦班圖（Wabantu），他的聲音溫潤、沉穩，對尼克的論點進行一連串的反駁。他對我們的每一個重要觀點都提出兩到四個異議，而且不費吹灰之力。觀眾竊竊私語，興奮地轉動視線，一下看他，一下看向我們這邊。但我對瓦班圖的論述幾乎都不認同，不停動筆寫下他邏輯推論中的四到六個瑕疵。然後我看到布魯斯在觀眾席雙手抱胸點頭，於是我改變了方向。

很快就輪到我上場，我站上講台，全場的注意力都集中在我身上，我看到觀眾在一團光霧中成為剪影。這種感覺實在很熟悉：站在眾人面前，無遮無掩，即將粉墨登場。我從高處凝視眾人，再也無法分辨敵友。

身為二辯的角色，任務就是要針對對手一辯的論點進行最大程度的破壞。在一般的辯論比賽中，我通常會先展開犀利的攻擊，刻意把觀眾的注意力轉移到前一位辯手身上。但在這場比賽，我選擇不同的作法。「到目前為止，我們兩支隊伍都聚焦在要不要加入歐盟會產生怎樣的嚴重後果。雙方都提出了各自的悲觀預言。」我停下來，清清嗓子。「我在這裡所要的論述的是，土耳其不加入歐盟可能會有更樂觀的願景：一個更自由、繁榮、團結的國家。」

在接下來的反駁中，我試圖將每一條反駁都搭配一條反訴：「我們不認為土耳其加入歐盟後，可以發揮真正的影響力；相反地，我們認為，要提升土耳其的國際地位，最佳的做法是保持強大而有自主權的外交政策。」從批評轉換成積極正向的主張，降低了反駁的刺激感。這使得我們的隊伍成為更大的攻擊目標，但我換來的是推進對話的滿足感。我總結道：「所以不要投票反對歐盟、反對變革、反對史瓦帝尼隊。請投票支持讓這個國家變得更美好。」然後我就坐下了。

史瓦帝尼隊的隊長法內利（Fanele）穿了一身黑，只有兩條吊帶是白色的，他氣勢洶洶地走到台上，一邊喃喃自語。他看起來一般身材、略顯瘦，但他拿麥克風的動作跟藝人一樣靈活，靠麥克風非常近。對我來說，是我們可能遇到麻煩的一個徵兆。「我們接受對手的挑戰。那如果土耳其加入歐盟，可以帶給土耳其什麼好處？土耳其會變成更大的國家，可以服務更多人民。」法內利聲音宏亮，語速很快，但他不時慢下來，將麥克風貼近嘴巴，沉聲說出重要的見解。我上一次看到有人這樣做，還是一場在二〇〇〇年末舉行的吹牛老爹（Puff Daddy）演唱會。

聽著法內利的反駁，我注意到他的高明之處。他在回應我的反訴時，不只是反駁，還會提出另一個反訴的主張：「那我們來談談獨立自主的外交政策吧。自主權不只跟可以選擇的範圍有關，也關乎如何在有限的選項中做出選擇的自由，而加入歐盟拓展了我們的選項範圍。」一連串的反訴讓我們偏離了原本的論點，進到陌生領域。雙方不只是在單純攻防，我們還有了進化，那就是產出新觀點，而這些想法改變了我們爭論的範圍。這場辯論在晚上八點十五分結束。九位評審陸續離開會場，觀眾也隨之離場，我跟隊友們抱成一團。布魯斯走到舞台上，說他以我們為榮。在前排，我父母成為祝賀者的關注焦點。

當評審在另一個房間認真討論時，我在自助餐區察覺到，觀眾的看法也呈現分歧。朋友們跟我們說，這場比賽勢均力敵，而陌生人也主動分享看法，遺憾的是，他們認為我們輸了比賽。所以說，我們沒有讓對手難堪，但我在那一刻感受到另一種滿足感。

當個稱職的反對者

回顧議會民主制度的歷史，只要淪為在野黨（或小黨）的議員，就意味著他們有大量的休假時間。十八世紀的英國，甚至沒有要求在野黨議員履行出席議會的義務，因此他們會前往夏季莊園放鬆度假，同時策劃日後如何重拾權勢。由於政黨本身就是個渙散的陣營，因此內部常常出現鬥爭和紀律的隱憂。

開始改變這種頹廢常態的人是艾德蒙．伯克（Edmund Burke），他是愛爾蘭的政治思想家，也是保守派輝格黨（Whig Party）的黨員，他為輝格黨制定一種策略，那就是「以在野黨的身分堅守自己的立場」[12]。伯克這樣做的動機，來自於對政黨理念的追求，讓政黨展現應有的樣貌，也就是「一群人齊心協力，基於認同特定的原則，共同追求國家的利益。」[13]

在十八世紀，這種在政壇當反對派的觀點，讓人無法接受。正如一位政敵寫給伯克派系成員的信：「只當在野黨無法為國家效勞。我認為除非執政，否則根本不可能為國家做事。」

然而，在隨後的一個世紀中，社會風氣漸漸支持伯克的觀點。「替代政府」與「國王陛下最忠誠的反對黨」之類的用語開始流行，在野黨也享有公務的特權，例如：可以組成影子內閣、影響議會的正式議程。

「忠誠的反對黨」在政治中的角色，等同於在賽場辯論和生活糾紛中的「反訴」。兩者都是基於對共同進步的渴望，來處理衝突與異議。相較之下，憤怒往往趨向破壞（傷害對方或是我們與對方的關係），而反對者則是追求一種競爭，不論好壞，是一種可以管控的形式，但絕不會超出界線。

言歸正傳，在德爾芬帝國飯店，手搖鈴的鈴聲響起，召喚我們回去。觀眾陸續回到會場，我們兩支隊伍聚集在舞台上的兩端，全場安靜。我看到坐在前排的布魯斯和我的父母滿懷期待，神情糾結。

首先發布個人成績：我獲評為大賽的最佳辯手，法內利則是第二。我向舞台對面點了點頭，他也點了點頭，但我們都太緊張，無法享受這一刻。或許我們甚至緊張到看不見彼此。

然後，一位穿著寬鬆蘇格蘭裙的年長蘇格蘭女士，手持獎盃登上舞台。細長的銀色獎盃亮相後，現場的氣氛似乎就變了，觀眾都往前坐在座椅的前緣，我們隊伍緊緊靠在一起，內心都很澎湃。首席裁判是一位瘦小的新加坡公務員，他拿起麥克風說：

「二〇一三年世界中學辯論大賽的優勝冠軍是……澳洲隊。」

在離開的那天早晨，吃完早餐後，我在飯店大廳遇到史瓦帝尼隊的隊長法內利。他穿著老舊的運動衫和運動褲，模樣放鬆許多。他問我會念哪一所大學，我回他說八月就要進哈佛。法內利聽到後哈哈大笑，音量大到大廳另一端的人都望向這邊。他告訴我，他也申請了哈佛，正在等候通知。他笑著說：「說不定我們會在美國成為隊友。」

第4章

修辭

如何打動人心

那天下午，從一開始就不太順利。一場雷雨延宕了原訂下午三點三十分在校園舉行的典禮，也延誤了美國前總統及第一夫人準備出席的VIP派對。[1]等活動開始時，已經是下午五點。哈佛大學校長是一位數學家，也是牧師，他以拉丁語的祈禱文揭開典禮序幕。

接著，到了這個聚會的壓軸。一位身高一百七十公分高的內斂男士，看起來快四十歲，是美國前總統的兒子，他走上講台，開始他的英語演說。雖然他講著令人傷心的故事，但結尾卻帶著希望。

他回憶起歐洲現代文學的復興，描述一位名為「雄辯」（Eloquence）的繆斯女神從千年的沉睡中甦醒，卻驚訝發現原本她熟悉的世界已經面目全非。[2]她試圖尋找自己身在何處，但把自己搞得筋疲力盡。然而，她發現自己最喜愛的語言如今已經滅絕，沒有人可以理解她的語言。

她沉睡的時間非常久。在羅馬共和國殞落期間，當言論變成崇拜獨裁者，而不是說服公民時，這位繆思女神開始注意到自己的身體出現退化的症狀——顫抖、疲勞、手麻腳麻。她撐了數個世紀，撐到黑暗時代，終於昏厥。

雄辯的繆斯女神在這個新世界遊蕩，造訪以前她最活躍的三個地點。

公共集會場所——市鎮廣場和戲院，但那邊卻空無一人。更糟糕的是，那邊到處都是詭辯家與騙子。但迫使繆斯女神離開的是讓她難以忍受的景象，那就是她最喜愛的雄辯家西賽羅

（Cicero）的頭顱變成了石雕，放在講台上成為裝飾。

她在法院看見的景象更令人不安。她爬上前往法庭的階梯，看見她的孩子「說服」（Persuasion）被法律文字束縛，被銬上枷鎖。繆斯女神還看見了自己的形象，結巴說著拉丁語、被壓在千百本書底下。

在合議性團體（deliberative assembly）中，繆斯女神的處境比較好。她獲得進入歐洲新興議會的機會，努力學會他們的語言，輔佐政治人物，但她始終沒有恢復往日的風光。

一八〇六年六月十二日，約翰・昆西・亞當斯（John Quincy Adams）擔任哈佛大學首任博伊斯頓修辭學與演講學教授（Boylston Professor of Rhetoric and Oratory），他在就職典禮上分享了這則故事。

自一六三六年哈佛大學創校以來，修辭學或說服型演說藝術的課程，一向都是哈佛大學的一大特色。這門學科以講座的方式授課，學生每個月必須發表預先準備好的演說，這項規定反映出哈佛大學最初的教學使命，那就是培養清教牧師。然而，聘請博伊斯頓教授的意義重大，確保修辭學的教育能夠代代相傳。

其實，亞當斯並非這個職務的首要人選。除了他是政治家而不是學者，他的演說能力也遭到質疑。他在日記裡嚴厲批評自己的說話風格「緩慢遲鈍、猶豫不決、混亂不明」，還常常在句尾使用錯誤的字眼。[3]

亞當斯對這份職務的貢獻，是將他對政治的願景帶進教學中。他的父親曾經表明，希望「雄辯」成為美國政壇的特色，這個理想可以追溯到蘇格蘭哲學家大衛・修謨（David Hume），甚至古希臘。[4]但亞當斯扛下教學責任，將修辭學傳授給下一代美國領袖。

亞當斯相信，修辭學是重振雄辯之光的一絲希望。她一直遭受到歐洲暴君的壓制，也在各國議會受到冷落。但或許可以給這位繆思女神一個合適的新家，那就是美國。亞當斯宣告：「在純粹的共和政府制度下，每位公民對國家事務都有濃烈的興趣……雄辯之聲不再聽而不聞。」[5]

這位首任博伊斯頓教授在四十歲生日當天開始教書，三年後放下教鞭，回歸政府效勞。他最後一堂課座無虛席，根據美國作家愛默生（Ralph Waldo Emerson）多年後就讀哈佛的說法：「在劍橋（Cambridge）* 名垂青史。」[6]在他離職後的一年，亞當斯的授課內容印製成書籍出版，於是在這個由古典和歐洲作家稱霸的修辭領域，美國也有了貢獻。

一八二五年，亞當斯宣誓就任美國總統。他做了一任總統，隨後在美國國會度過餘生。在國會裡，他強硬反對奴隸制度的立場而聲名大噪，他代表運奴船友誼號（La Amistad）上的非洲奴隸，在最高法院進行長達八小時的辯護。因此，他獲得一個稱號，那就是古希臘雄辯家伊索克拉底也有過的稱號——「雄辯老人」。

二〇一三年八月，從雪梨前往波士頓的二十四小時旅途中，我讀了這位前輩的生平。整趟航班都讓人昏昏沉沉，包括：時長、擁擠程度、空氣品質、食物……但是，當我在一本美國史的書籍中，讀到亞當斯的故事時，彷彿有人為我開窗，讓新鮮空氣流入。

這則故事之所以吸引我，有一部分是因為故事談到了我即將抵達的目的地。對一個有偉大抱負的十八歲少年來說，亞當斯對美國的理念充滿了無限的潛力。美國是年輕的共和國，注定要復興民主傳統，同時又足夠開放，允許一個人影響美國的未來。

在我看來，亞當斯不只是這個願景的代言人，更是化身。他的傳記描繪了一個弱勢者的成長軌跡，透過努力工作和接受教育，他漸漸學會了如何像獅子一樣咆哮。我可以看出故事中的神話元素（持平而論，美國總統的兒子不符合新貴的定義）。但這也是美國浪漫的一部分，那就是美國堅持自己的地位是世界中心，卻同時明白自己也是外來的挑戰者。

噢，亞當斯的故事還跟雄辯有關？簡直是意外之喜。

＊ 哈佛大學位於麻州劍橋。

涉及說服的所有元素

我初次接觸修辭的概念，是在國小六年級的冬季。在荒野學校邊陲的紅磚教室，我跟同學們盤腿坐在地上，聽著吉爾克里斯特太太（Mrs. Gilchris）拆解修辭的概念。她有一頭紫色的頭髮，活力旺盛，是第一個我喜歡的老師。「**修辭學，就是用言語說服別人時會涉及的所有元素，包括：遣詞造句、言語論述、姿態手勢、文法結構。如果論點是我們要表達的內容，修辭就是我們用哪種方式表達**。看著我。我的站姿如何？」吉爾克里斯特太太擺出一連串的姿勢，有的大開大合，有的彎腰駝背，她表演得駕輕就熟。「現在，我的聲音聽起來怎麼樣？」在我們面前，這位中年教師搖身變成正在雄辯滔滔的政治人物。然後，她變得含羞帶怯，音量小得幾乎聽不到。我們全班看得出神，很多人都忘了眨眼。

但是當吉爾克里斯特太太從形象的演繹，轉而介紹修辭學的起源，大部分同學開始精神瘓散。我明白他們提不起勁，因為我們這輩子何時能說出「邏各斯」（logos）一詞，還不被貼上怪胎或愛現的標籤？

然而，吉爾克里斯特太太的每一堂課，都讓我充滿興趣。從來沒人告訴我，一個人的言談風格可以改變別人對他的理解。到了二〇〇六年，我已經學會說英語，但口音、發音、慣用語的差異，讓我終究還是一個異鄉人。我一向不認為自己的想法比同儕無趣或沒價值，但我知道別人對我的信任程度是浮動的。

我也毫無障礙地接受了修辭能力不是來自天分，而是透過教育的訓練。自從來到澳洲，我辛辛苦苦才學會英語，包括：將字詞記在筆記本上、默念句子、聆聽錄音帶上的演講、排練姿勢與手勢。在我看來，將修辭技巧視為天賦，是我無福消受的奢侈。

吉爾克里斯特太太的那堂課結束前，有一條凌駕一切的細節。古希臘將修辭教師稱為「詭辯士」（sophists），他們不是雅典人，是來自遙遠異鄉的雄辯家，也是移民。

然後，在中學時，我發現辯論也是一項將修辭學視為一門技藝的活動。貝克學院的教練不期待我們談吐高尚出眾，也不容許我們敷衍了事的表現。他們讓我們進行一系列的練習，像是去掉「小動作」（tics），也就是避免讓人分心的說話習慣（例如：「嗯……」）和姿勢（例如：坐立不安、交叉手臂）：

- **計數法**：任選主題，向另一個人進行一分鐘演講。請對方計算你「小動作」出現的次數。反覆練到小動作次數為零。

- **重來法：**任選主題，進行一分鐘演講。只要出現「小動作」，就得重來，直到不再有小動作為止。
- **懲罰法：**任選主題，向另一個人進行一分鐘演講。每次你一出現「小動作」，對方就能懲罰你（例如：用紙張丟你），直到你不再挨罰。

課堂上，對修辭的討論，通常偏向浮誇與抽象，辯論的方法則比較務實。我們在乎的是言語和演說，因為有助於贏得比賽。

換言之，進行單調乏味的說話訓練必然會有收穫，那就是優雅口才，或是會讓人停下來傾聽的談吐。當時，我無法預知的是，追求優秀的修辭，不僅會帶我行遍天下，還讓我獲得哈佛大學的入學許可——我憑著三寸不爛之舌，抵達了原本大概無緣的地方，在短暫的口舌生涯中，念哈佛可是重要的里程碑。

二〇一三年八月二十六日早晨，我拉著兩個特大號的行李箱進入哈佛園（Harvard Yard）時，想起從吉爾克里斯特太太的課堂到現在的這段歷程。那是一個夏末明媚的日子，連學校行進中的樂隊也無法減損那一份美景。在前方幾公尺處，穿著牛仔褲的媽媽在避開箱子和家具的同時，一邊宣稱她才是應該來住校的人。她皺著眉頭，假裝在抗議地說：「我學到的東西會比你多。」

我被分派到史特勞斯宿舍（Straus Hall），那是一棟仿殖民時期風格的四樓建築，位於哈佛園主要園區的角落。我拖著行李爬上陡峭的樓梯，跟十幾位新鄰居打招呼，他們稚嫩的臉龐，各個滿頭大汗。在C-31號房間是一間舒適的木室套房，牆壁上嵌著一座壁爐，我的三位室友跟他們的家人忙著整理環境，手持掃帚和扳手。我遇到需要破冰的情況時，本能是退縮，但面對自己必須跟他們共同，勉強擠出笑容，熱情地跟他們打招呼。不久後，我跟室友們肩並肩，一起組裝共用的家具。

在三位室友中，我最想親近約拿（Jonah）。他有著深邃的藍眼睛、紅色的頭髮和結實的運動身材，但他的一舉一動散發著自然的溫和。他從包包裡取出的第一本書，主題是關於揭露鉅額獻金對政治的影響。他的父母個性開朗外向，是討人喜歡的夫婦，來自麻州北安普（Northampton），他們沒多久就跟我媽相談甚歡。

我們幾家人在博德小館（Border Cafe）共進午餐，那是一間喧鬧的德州式墨西哥料理餐廳，有著粉紅牆的裝潢和不間斷的歡樂音樂。在這場禮尚往來的談話中，我決定挑戰一下約拿的政治觀。「我覺得美國的自由派對競選獻金的意見太誇張了。人民可以用各種方式支持自己的政治理念。那捐錢有哪裡不對嗎？」這是我從一場辯論賽摘要的論點，我根本就不認同，但我覺得自己能講得頭頭是道。約拿放下手中的餡餅，其他兩位室友連忙聊起他們自己的事。「你真的那麼想？」

在接下來的五分鐘，約拿說話的音調既沒有變高，也沒有變大聲，但神情不太一樣。他說得很嚴肅，隱約聽得出來急切的語調。他的論點比較偏向闡述，而不是辯論。他攤開雙手說出他的看法，使用「正義」與「公平」之類的字眼，絲毫沒有諷刺的意味。「所以說，那就是我們為什麼要對捐款有意見的原因。」他說完時，他的髮色似乎變得更紅了。

我問約拿有沒有參加過辯論。「你知道嗎？你一定會很強的。」他停頓了一下，然後以開玩笑的口吻說：「那不是我的茶。」我納悶他是不是以為我是英國人。

在餐廳外，我叫了一輛計程車，送媽媽去機場。當我看著她含淚的臉龐時，我意識到一件可怕的事，那就是在接下來的這一年都不會再見到她，下次見面時必須等到暑假，團圓的時間將是幾週，而不是幾個月或幾年。我想著自己怎麼會沒有意識到這一點，也想著父母是否也沒想過這件事。然後，我也在思考，選擇到地球另一端念大學，得到的代價是否必須哄騙自己。媽媽上計程車之前，她從包包裡拿出在土耳其安塔利亞向一位當地的藝術家買的石雕，遞給我說：「保佑你平安。」

在那一天結束前，我去了一場又一場的迎新活動。我發現，哈佛大學是個長舌之地。跟我同屆的新生，大概有一千六百位，看起來都不是特別聰明，但幾乎每個人的言談都流露出他們的機靈和風趣，都覺得有必要替自己好好解釋。

在這樣的環境下，議論扮演著重要的角色，為人們提供自然的方式，在大家面前展現自己、證明自己的觀點、評估彼此。吃飯時，大家對流行文化有不同的看法，晚上在最後的閒聊時段也爭論不休。我避開口舌之爭，但對這些辯士卻忍不住有一股親切感。

到了晚上十一點，我已經筋疲力盡。室友們都睡了，而我還躺在沙發上，傳訊息給家人。當我準備關掉客廳的燈時，我聽到有人在敲門。「誰呀？」我心想會不會是樓下鄰居，因為之前他說自己熱愛聊天，但深夜閒聊也太令人討厭了。

又敲了一下門。「我是法內利。」

九個月前，在我們剛認識時，法內利是個骨瘦如柴的人，但現在的他看起來更結實、更放鬆。「徐輔賢、徐輔賢，兄弟。」他的聲音忽高忽低，幾乎快要笑出來，從我旁邊走進宿舍的客廳。

我沒問他是怎麼找到我的，我們閒聊了一下入學日的經歷，但這些事好像都跟我無關。於是我告訴他，有個問題已經悶在我心裡好幾個月了：「史瓦帝尼隊在世界中學辯論大賽怎麼那麼厲害？」

他笑了。「你想問非洲人怎麼能進決賽？」我試圖發出尷尬的聲音表示抗議。法內利說，他們的隊伍花了很多時間在看辯論影片，然後錄下自己的發言，並分析每個決策、姿態、小動作和手勢。「兄弟，就是下苦工啊。沒有什麼特效藥。」我說我也認同。

然後，法內利說有一件事要跟我說：「輔賢，我們應該去拿世界冠軍。」

我還沒來得及回答，他就開始提出一連串的論述，有一半是事先排練，有一半是即興發揮的。他的音量越來越大，表情越來越激昂。我不懂他大膽的野心，而且我得為他的野心付出跟他一樣多的時間。不可否認，他的看家本領是找出適當的話語。他說：「這是你的本性。」

聽著法內利的話，我開始相信，讓我得以進入哈佛的東西，或許也能讓我從哈佛畢業。

越來越不被重視的修辭學

課程正式開始，校園的氛圍也變了。

在哈佛，大學部的學生要到大二第二學期才需要選擇主修，這樣的安排是為了讓學生有彈性多方嘗試。入學時，我就打算主修哲學，身為辯手，我認為哲學是我擅長的科目。因此，在學期的第二個週二，我便匆匆趕去哲學系開放參觀的活動。

我抵達哲學系的愛默生大樓（Emerson Hall），走進二樓氣派的圖書室時已經晚了。在圖書室前方，哲學系的教職員在介紹自己的科目，越說越抽象：「我們的目標不是找到正確的答案，而是對任何已知的答案，詳細檢視背後的原因。」「如果能提出更好的問題，就更好了。」「或者問『問題是什麼？』」整間圖書室充滿了沉思的竊竊私語。

之後，我偶然跟一位邏輯學者聊起來。這位穿著羊毛背心的前輩，興奮地說他擺放的餅乾是萊布尼茲（Leibniz）脆餅。「跟那個哲學家同名。」他滿懷期待地說。我先喝了一口水，然後說我高中時有一些參加辯論的經驗，並詢問他的看法，是否覺得學習哲學對辯論有幫助。他調整了眼鏡，回說：「可能不太有用。對於這個問題，其實我們比較認同蘇格拉底的觀點，而不是高爾吉亞（Gorgias）。」

那天下午，我查了他提到的人名。

高爾吉亞，生於西元前四八三年，是一位四處周遊的修辭學家，或稱為詭辯士，他公開演說過的題目像是「不能怪海倫引發特洛伊戰爭」[7]，並且指導年輕人演說的藝術。他六十幾歲時到了雅典，為他西西里島的家鄉倫蒂尼（Leontini）尋求軍事庇護，之後便在大城市討生活。雖然有些評論家瞧不起他，但他對人民的影響力不可否認。他可以吸引大批人群，讓他們陶醉其中。

有天晚上，高爾吉亞在一場晚宴大談特論，卻被一位客人纏上了，是個不修邊幅的人，名叫蘇格拉底。這位哲學家直捷了當地問他：「我們要怎麼稱呼你，還有你專攻的技藝是什麼呢？」

高爾吉亞回答：「蘇格拉底，修辭學就是我的一技之長。」[8]

起初，這位詭辯士信心滿滿地說，修辭學擁有說服群眾的力量，「如果你具備說出這個詞的力量，你可以讓醫生和教練成為你的奴隸。」於是，蘇格拉底開始提出質疑。

這位哲學家扭曲了高爾吉亞先前承認的說法：「修辭學……能夠在公正與不公正方面創造信念，卻沒有告訴人要怎麼做。」也就是說，說服的藝術與真理無關，而且不計一切手段說服群眾。高爾吉亞接受他的攻訐：「蘇格拉底，修辭學的應用方式應該跟其他競技技藝一樣，不是拿來與天下為敵，修辭學家不該濫用力量，就跟鬥士一樣。」

這時，高爾吉亞想要停止討論，聲稱是因為大家都感到無趣了，但群眾卻鼓動他們繼續說下去。因此，哲學家繼續出擊：

蘇格拉底：你的意思是，即使是健康議題，修辭學家的說服力其實比醫生強？

高爾吉亞：是的，對大眾而言。

蘇格拉底：你的意思是，對無知的人來說，他不可能比有知識的人具備更厲害的說服力。

高爾吉亞：確實如此。

蘇格拉底：但如果他比醫生更有說服力，那他擁有的力量，不就比有知識的人更強大？

高爾吉亞：當然。

蘇格拉底：即使他不是醫師，對嗎？

高爾吉亞：對。

就這樣，蘇格拉底略勝一籌，不久後，這位哲學家得出了一個結論，那就是修辭學不算是一門技藝，而是一種讓人愉悅、滿足的奉承形式。

「我不會說修辭學是一門技藝，」他說，「那只是一種經驗，因為無法解釋修辭行為的本質或原因。我不會把任何非理性的事物稱為技藝。」蘇格拉底說，修辭學更像是烹飪，而不是哲學。在後續的談話中，高爾吉亞幾乎沒再開口。

儘管這場辯論得出了那樣的結論，修辭學仍持續欣欣向榮數百年。像是古羅馬人西賽羅和坤體良（Quintilian）將這項希臘傳統發揚光大，中國人與印度人則發展自己的修辭理論與標準。在中世紀的歐洲大學，修辭學是最初的自由七藝（seven liberal arts）之一，與算術、地理、天文、音樂、文法、邏輯並列。[9]

然而，過了差不多兩千年後，我無法逃避蘇格拉底占上風的結論。如今，「詭辯士」成了侮蔑的字眼，而修辭學則被視為「只是單純的修辭」，是一個拿來消遣空洞、愚鈍、做作言論的用詞。由於只要人們思考過修辭之道，他們通常會認為修辭學是老古董，是政壇與文化菁英才會把玩的嗜好。於是，蠱惑民心的政客與電視節目主持人會在字幕打上「有話直說」與「沒有編造」的標題，進一步嘲笑修辭學。

連哈佛大學也是，在亞當斯發表演說大約過了兩百年，修辭學似乎全面撤退。當學生選修大學最熱門的經濟學、計算機科學、統計學、生物科學等入門課時，在餐廳的閒聊也變成解題的討論。[10]即使在人文學科，也能察覺到大家羞於說出這個詞。以前每個學生必修的公開演說課，現在卻淪為選修課程，名額上限是八十位學生。最近兩任的博伊斯頓教授，都是詩人。[11]

在修辭學長達數世紀的式微，我看見多重趨勢相互交疊的影響。首先，現代科學的崛起有助於推廣修辭學既不精確又非理性的觀點。十七世紀，英國哲學家法蘭西斯．培根（Francis Bacon）呼籲以恰當的修辭形式，表達科學方法得到的發現。儘管他為「想像力的風格」保留了一些空間，但同時提倡化繁為簡的風格，去除「修辭技巧的華麗比喻、雄辯之寶和類似的虛無之詞」。[12]這樣的觀點歷久不衰。

然後，印刷術與大量出版品問世，將溝通方式從口語轉變為書面形式。一八七〇年代，哈佛大學新任校長艾略特（Charles Eliot）試圖將共同課程改成選修模式，讓每個學生可以根據自己的「天性與特質」選課。[13] 在篩選必修科目時，他讓演說課在兩百三十多年的歷史中，首度成為非必修科目，取而代之的是規定大一的寫作課列為必修。到了世紀交替時，美國多數人學紛紛效仿，將「需要研讀四年的修辭學，改成一年的（寫作）必修課。」[14]

此外，隨著社會融入不同群眾的文化，對良好語言的傳統觀念已逐漸式微。一九二〇年代，剛成立的英國廣播公司（BBC）組成一個顧問委員會，由博學人士提供正確的發音建議（例如：privacy 念作 prive-acy、respite 念作 respit）。[15] 然而，二戰後，該委員會就解散了，使得 BBC 後來播出的節目包含了許多地區的口音。近年來，對於過去不受青睞的地方語言，例如新加坡式英文（Singlish），逐漸獲得認同，也代表世人不再那麼重視良好修辭的普世觀念。

最後，人們對修辭學的興趣降低，跟反菁英的情緒加劇有關。由於政治領袖公然濫用語言，包括謊言與推託之詞，如今人們輕視「政治語言」是很合理的反應。這也反映出我們懷疑有權有勢的人一邊頭頭是道，卻一邊做出不利於我們的事。在這樣的背景下，聽到當時的倫敦市長鮑里斯．強森（Boris Johnson）談論邱吉爾演講中「遞降的首語重複法」*[16]，才會惹人厭。

對我來說，二〇一三年九月初，大學第一個學期剛開始的幾週，這些趨勢似乎相互結合，創造了現狀。總體來看，這些趨勢的走向匯聚成一個簡單的問題：現在哪一種修辭，才令人嚮往（也行得通）？

嚴格的訓練總是令人挫敗

每週一晚上，法內利會來我的宿舍敲門，我們會走到二十四小時開放的拉蒙特（Lamont）圖書館，在這個通風設施極為有限的地方，準時參加七點的辯論訓練。哈佛大學有世界一流的議會式辯論隊，也就是哈佛大學辯論聯盟（Harvard College Debating Union）。然而，不同於牛津、劍橋等學校的辯論隊，哈佛辯論隊沒有專屬的建築或教室，因此五十幾位成員必須在學校到處尋找能夠進行辯論的場地。

大學與中學的辯論隊，有些細微卻重要的差異。在大學，每支隊伍的人數從三人減為兩人，因此增加了每一位辯手和兩人之間的合作壓力。參加辯論的學生也變了。在許多中學，辯論是聰明早熟的孩子唯一的庇護所，而大學則有數百種社團和活動，所以只有真心相信辯論的人會留下，他們就像鍋底的糖，往往濃重、黏性強，還容易發苦。

法內利跟我，都自認很有資格加入辯論隊。每年約有三十位的新生加入隊伍，隨後幾個月會有二十人退出，意識到自己不可能在辯論賽勝出。我們打算成唯一撐到最後的一組。

我們對自己變得信心滿滿，是出於我們對彼此的敬佩。當學校其他同學講著枯燥而精確的學術語言時，我跟法內利則是沉浸在一整個下午和晚上的對話中，為了追求宏大的觀點與撼動人心的金句。雖然法內利年僅十九歲，比我大一歲，卻具備著對我很陌生的自信。他以洪亮的聲音，發表著他對政治與社會風俗的看法。當他被笑話逗笑時，他會笑到在地上打滾。當我們意見不合時，我經常自我矛盾：既希望他認同我的觀點，卻又希望他堅持己見。

在剛開始那幾週，我們兩人對辯論聯盟只有一個怨言，那就是我們在週一的訓練課程，沒有實際開口的機會。我們的教練丹尼爾（Daniel）是一位理智、結實的大三生，他認真講解金融危機與戰爭法。就算是比較實務的練習也是一種折磨。九月的第三個星期一，是我們第四次上訓練課，那個寒涼的夜晚似乎預告冬天即將到來，丹尼爾請我們拿出筆記本。「今天晚上，我們要練習寫『流水帳』，就是記錄對手的發言內容。」他翻開他的案例講義，那是一個大型的灰色資

* 遞降是指從最重要、最大、最艱深的東西開始，逐步談到最不重要、最小、最簡單的東西；必須有至少三件事物作比較。首語重複是指將句頭的單詞或短語，在隨後的句子中反複使用。

料夾，裡面裝滿了以往的案例和各式各樣的論點，然後念出一份來自善待動物組織（People for the Ethical Treatment of Animals, PETA）支持素食主義的文稿：

> 每年，有數百億隻動物被宰殺來充當食物，牠們大多數都活在恐懼與痛苦中。在如今的美國，幾乎所有被當作食物飼養的動物被迫與親族分開，數千隻擠在骯髒的畜養場中，在極度髒亂的環境度過一生。牠們未經止痛便遭到肢解，對牠們來說自然、重要的一切都被剝奪。在屠宰場，許多動物都意識清醒，拚命掙脫。[17]

你會記下什麼？問題在於，這只是描述性的文字。每一個說法都很明顯支持作者的結論，並不是每一個說法都需要各別回應。舉例來說，如果對畜養場有爭議，可能在某種程度上放錯重點。在高中時，我學到更好的對策是單獨界定主要論點。作法是抽出對方的結論（我們應該吃素），加上「因為」一詞，然後質問辯手會怎麼完成這句話。這樣就會揭露了隱藏在文章裡的兩個關鍵主張：

我們應該吃素，因為……

動物被養在極其惡劣的環境中。
屠宰動物的方式令人無法接受。

這種進階版的聽力理解能力，在實際進行中，很難及時做到。當丹尼爾一口氣說了十幾個論點時，我們這些大一新生盡力跟上。有的人運筆如飛，用原子筆刻劃在筆記頁上；有的人就算落後，仍不疾不徐，以工匠般的節奏記錄。那個小時，像一場沒人及格的祕書考試。結束時，丹尼爾走出門外說：「熟能生巧。」

返回宿舍途中，穿越又黑又颳風的校園時，法內利跟我發洩了我們的挫敗。辯論聯盟重視的嚴格訓練，似乎不符合我們心目中的辯論——豪爽、熱情、迷人。那天晚上，互道晚安時，我們稍微安慰自己，過去一個月只是訓練而已。法內利說：「訓練就是訓練。辯論才是辯論。」美國議會式辯論賽季的第一巡迴賽是為期一年的聯賽，每週在全美各地舉辦，而本週末的比賽將在位於曼哈頓的哥倫比亞大學（Columbia University）舉行。

先放下說話技巧，之後才能派上用場

九月二十日週五大約中午時分，法內利跟我在百老匯街（Broadway）右轉，停下腳步看一看眼前的街景。就在幾步之遙，一棟棟的紅磚建築所構成的壯觀街區，轉換成熙熙攘攘的廣場。五小時的巴士車程，讓我們的頭髮變亂，也讓我們的衣服散發汗臭味，但這時在微風中，我們精神為之一振。

法內利走上主圖書館的階梯，他從適當的高度拍攝愛奧尼柱和藍綠色屋頂的照片。然後，他伸手搭著我的肩說，時候到了。

議事大廳聽起來很了不起，其實就是競賽者等待下一場比賽的大空間。空間裡的氛圍很緊繃，還有一股陳舊的咖啡味。來自全美各地的大學生，約有一百個在暖和的禮堂裡四處走動，聊著八卦跟任何腦海中浮現的想法。我跟法內利站在禮堂後門附近徘徊，既害怕跟人打交道，也不敢走開。

第一場比賽時，我們遇到兩位來自賓州斯沃斯莫學院（Swarthmore College）的新生，他們都顯得戰戰兢兢，其中一個是矮小、戴著大眼鏡的男生，另一個是喃喃自語、令人生畏的女生，兩人帶我們到隔壁棟，前往我們的指定會場。當我們圍著這間小型研討室的大桌子坐下時，一股好幾年不曾在辯論會場感受過的緊張突然冒出來。但是，當斯沃斯莫學院的第一位辯手調整好眼鏡，開始講出廢止軍用無人機的論據，我覺得身體重拾了自己熟悉的節奏。

我們贏了這一場跟斯沃斯莫學院的比賽。到了傍晚時分，從「有薪的育嬰假」到「自由貿易的缺點」，我們過關斬將，在各種辯題取得勝利。根據一般常識，剛開始的幾場比賽要從容不迫，先隱藏實力以待時機，但法內利跟我卻反其道而行。我們炫耀自己學過的所有技巧，從回答4W到精心設計的犀利質詢，就算觀眾只有兩三位，我們還是展現向大批群眾發言的氣勢。

到了晚上十一點左右，我們啃著一美元的披薩配不冰的汽水，感到得意、心滿意足。我們的勝負紀錄是四比零，確定取得決賽資格。我們做著春秋大夢、大放厥詞，推開餐廳的門，沿著阿姆斯特丹大道（Amsterdam Avenue），走去找法內利的同鄉朋友，他的朋友已經在宿舍幫我們清出一塊空間，讓我們過夜。

隔天早晨，天空陰沉且多雲，這一天緊鑼密鼓。法內利跟我贏得最後一場初賽，接著在十六強賽，我們擊敗布朗大學（Brown University）四年級的資深隊伍。每一次勝出，都在辯論大賽中引發焦慮。在每一場比賽之間，在議事大廳外面的走廊，法內利跟我隨著音樂的節拍漫步，稍微裝模作樣，讓遠處正在觀察我們的人看。

下午兩點左右，八強賽的廣播聲穿牆宣布：「八強賽在EG014室進行。正方：哈佛大學。反方：貝茨學院（Bates College）。評審：康納利（Connelly）、海瑟（Hesse）、高希（Ghosh）。」法內利跟我走回禮堂收拾我們的包包，人群為我們讓路。我們學校的辯論聯盟有不少四年級學長已經慘遭淘汰，他們紛紛向前給我們的建議：「主動出擊。」「別忘了抬頭。」「呼吸！」一路喊到我們走向地下樓層。

EG014室有著鍋爐室的味道與高溫，卻完全沒有鍋爐室的功能。超過三十人擠在裡面，多數是陌生人。他們引頸期盼，看著我們進場。我們的對手貝茨學院是緬因州的文理大學，他們已經入座，忙著以自嘲的笑話、讚美和漂亮的場面話向評審示好。兩人之中，看起來比較有自信的一位是高眺的女生，名叫黛娜（Dana），留著莫霍克髮型（mohawk），她打了一個哈欠，對我們說：「總算來了。」

不久，全場安靜下來，我站起來面對群眾。辯題是：「社會正義運動，應該透過司法改革，而不是立法。」我環顧群眾的臉孔，許多人激動得臉色發紅，我提醒自己必須從一開始就要讓他們嘆為觀止。要是一支倍受吹捧的隊伍，如果沒有滿足群眾的期待，群眾可是會不留情面，因此我用堅定的眼神看了看全場，然後開口。

「遲來的正義，就是對正義的拒絕。怯懦的政客跪在獻金和連任的祭壇前面，扼殺那些長時間被正義拒絕的人，要是這樣的情況不改變，下一代又得見識到被排擠與漠不關心的冷漠。」

我察覺到觀眾席有些躁動。起初，我以為是我聽錯了，但音量卻變大了。我說：「在這個人民對政治冷感的時期，司法依然是希望的堡壘。司法是民主最基本的保障，我們卻對司法虧欠甚多。」會場角落，發出一聲竊笑，起初還有稍微克制，後來放聲大笑，接著笑聲消失。那短暫的一刻，讓我彷彿被拋向大海，直到我蹣跚走回座位才有著陸的感覺，那時的我已經疲憊不堪且汗流浹背。

然後，黛娜起身發言。在她走向講台時，我跟她的綠眸四目相交，可以看出她掌握了某些重要的論點。黛娜放下筆記，笑著問大家是否準備就緒。她的聲音顯得輕鬆卻鏗鏘有力：「到底在講什麼東東？」她停頓一下，直到觀眾在座位上向前挪。「這些人真的很會講場面話，把話說得很漂亮，卻沒有真材實料，只有修辭而已。回想一下，他們說司法制度是締造社會進步的結果。正義、平等、民主。對，說得沒錯。但是，他們有給你們任何實際的理由嗎？說明為什麼我們可以把未來託付給司法體制裡那群由政治指派的菁英，而且那群菁英還必須受到慣例的約束？」

在辯論場上，沒有什麼事比即將輸掉的比賽更難捱。沒有退場機會，只能硬著頭皮繼續參賽，目睹自取滅亡的過程。比賽結束後，對手洋洋得意，朋友與支持者則細語安慰。下午四點左右，在我們的敗績拍板定案後，我跟法內利收拾好包包，前往超級巴士（Megabus）車站，看看能不能憑著三寸不爛之舌，提前搭車回波士頓。我們走在人潮擁擠但冷漠的市區街道，我安慰著隊上一位暖心的大二生說：「別擔心，法內利跟我，還會有更多機會。」

在整個週末，願意聽我痛罵辯論聯賽的人，除了約拿和法內利，別無他人。在陰鬱的宿舍聚會裡，我窩在一旁感嘆：「這個聯賽對修辭一點都不重視。這樣在辯論中，把『話說得漂亮』有什麼意義？」他們默默聽我抱怨，但我漸漸從他們哀傷的點頭中，看出一絲容忍。

在週一晚上的辯論訓練，大一新生再次練習寫流水帳。這項練習做起來沒有比之前幾週輕鬆，而丹尼爾堅持我們得「鍛鍊手部肌肉」，這讓我感到痛苦。我聽著教練講解「殘障津貼」案例的論據結構時，回想起週六那場八強賽的奇怪細節，那就是我發表立論時，沒有半個觀眾提筆寫流水筆記。

起初，這個意識令我感到不安，但我開始問自己不同的問題：他們會寫什麼呢？我的立論表明我對那個辯題的立場，以及我對政治人物的觀感。我也讓觀眾知道，他們認同我的觀點，對我來說很重要。除此之外，我想不出觀眾還能記下什麼筆記。

在某種程度上，這是我的意圖，我想用強而有力的觀點讓觀眾無話可說。然而，結果就是我沒有讓他們更靠近我的觀點，也就是讓我的意思表達得一清二楚，並讓觀眾有機會考慮我的論點。我為了追求讓人嘆為觀止的效果，結果卻變成只是單純在表演。

早知道得先放下說話技巧，說話技巧才能派上用場。這就是計數法、重來法、懲罰法的練

習目的：我們得去掉口頭贅詞和其他會影響表現的小動作，避免觀眾分心，而錯過真正的資訊。

然而，我不曾付出相同的心力，確保我的用字遣詞跟我的口齒一樣清晰。那天晚上，訓練結束後，回到宿舍書桌前，我開始草擬如何達成演說清楚明瞭的筆記。

我先從「字詞」開始，訂下規則（見圖表4-1）。接著，是句子的規則（見圖表4-2）。最後，我思考段落的規則（見圖表4-3）。

這些規則沒有很吸引人，強調的是減法而不是加法，缺乏句讀（*caesura*）、換喻（synecdoche）等古老用語的神祕感。但對我來說，這些規則似乎呈現了修辭學的另一種觀點：一種更貼近事實、不求震撼的修辭，強化根本思想，不喧賓奪主，讓這些思想能夠展現本來的面目，充分活出自己。

利用個人風格發揮說服效果

大一結束前，法內利跟我在辯論聯賽打下穩固的基礎。雖然我們不曾一起奪冠，但我們確立了自己身為優秀選手的身分，也成為形影不離的搭檔。儘管有人持續嘲笑我「話說得很漂亮」，

用字		
規則 1 不用抽象的字詞	避免使用相似詞，要是能用具體詞彙，就應該避免使用抽象詞彙。我們可能會想讓論述涉及的範圍更廣、更有分量，但效果只會讓人更難理解我們的論點。	劣：「我們的教育機構正在殞落。」 佳：「我們中小學與大學的資金不足。」

圖表 4-1 個別字詞的規則

造句		
規則 2 避免使用令人困惑的隱喻	將隱喻視為味道極為強烈的調味料，必須謹慎三思使用，也避免混用。請注意，有些常見的成語實際上就是隱喻，例如：「去蕪存菁」。	劣：「人民受到不公不義的統治，並瀰漫在我們呼吸的空氣。」 佳：「人民受到不公不義的統治，並控制著我們所有人。」
規則 3 避免過度使用修飾語	限定條件、例外狀況和反駁的論點，可以等到主要立論結束後再說。為了追求滴水不漏，卻忽略最基本的任務，那就是傳遞訊息。	劣：「儘管要定義生命權是很複雜的難題，但生命權仍是我們的權利中，相對重要的一項。」 佳：「生命權，至高無上。」

圖表 4-2 句子的規則

段落		
規則 4 避免隱藏主題	先從結論開始說起，以最少的話語論證你的結論。如此一來，就能清楚知道論述的方向，以及論述有沒有偏離方向。	**劣**：「一方面，這項提案很划算，但我擔心公關的風險……所以我傾向於不採用。」 **佳**：「我們不該採用這項提案。我衡量利弊的看法是……」
規則 5 避免盲目重複	在重複訊息之前，務必思考重複訊息會帶來的效果。一般而言，用不同的方式表達同一個主張會變得瑣碎，如果觀眾沒沒做好心理準備，會無法接受。一個經驗法則是，當你對自己傳達的訊息有八成的滿意度，就不要重複。	**劣**：「孩子們不喜歡他們的新學校。他們的不滿很明顯。這所學校根本不適合他們。他們說學校很糟糕。」 **佳**：「孩子們對新學校顯然很不滿。我們得想想辦法。」

圖表 4-3 段落的規則

但這種批評幾乎不再有殺傷力。同時，在大學，我學會了學者嚴肅乏味的寫作和說話風格。在春季的學期，我的重心從哲學領域，慢慢轉向更自由的政治理論與英國文學，不過在那之前，我「冷靜客觀的文風」博得了一位心靈哲學家的沉悶讚美。這一切，我都視為進步的跡象。然而，跟我同住的室友，卻朝著反方向而去。

約拿的大一生涯，就沒有打算要成為辯手。他修讀宗教學、英國文學和社會學等課程。他是天生的讀心者，談論的主題既包含情感與直覺，也包含理性與證據。他修剪整齊的小鬍子漸漸長成絡腮鬍。在政治方面，約拿傾向選邊站，再盤算要怎麼贏。他似乎看不慣辯手的立場，在這場比賽辯護自由主義，卻在下一場比賽辯護民主社會主義。他問我：「說真的，要怎麼做到這種事？」然後對著我空洞的眼神說：「我是說，發自內心。」

每個週末，我在美國各地奔波比賽的同時，約拿熱中參與一項運動，呼籲哈佛大學對石化公司進行撤資。在二〇一四年四月最後一個週三，春季學期即將結束之際，該團體策劃了一場圍堵哈佛校長辦公室的活動，直到行政單位答應為這件事舉行公開協商為止。約拿邀請我到參加這場集會，他說：「也許你會有興趣。我是說，我們也會進行有說服力的演說。」

在灰濛濛的週三早晨，抗議活動在還沒天亮前就已經開始。從我宿舍的窗戶，隔著陰沉迷濛的陣雨，可以看到抗議者身穿亮橘色的T恤和手持抗議標語。早餐後，我下樓去找約拿。外面的空氣出奇寒冷，風雨把抗議者的頭髮吹得奇形怪狀。他們有五十幾人，約拿站在前方的位置，雙手舉著一個大大的告示牌。抗議者準備的食糧似乎只有咖啡和各種堅果，我對此感到擔憂，於是我向約拿提出這個問題，他卻不以為意，將我打發。

接著，群眾開始圍成半圓，講者們排成一排，站在麥克風附近，我則退到後排。開場的幾個講者進行得不是很順暢，說話時太靠近麥克風，在幾秒鐘的時間內，情緒從平靜一下子激昂起來（「大家都能聽得到我說話嗎」轉為「一場生物大滅絕即將來臨」）。

我明白他們所面臨到的困境。一方面，風險確實如此之高，但另一方面，除了那些真正堅信的人，很少人能夠在剛吃完早餐後，還吞得下這麼生硬的題材。我思考著他們該怎麼做，或許有一個解決方法是，調整演說內容，讓他們的呼籲成為一項干預的手段，那就是先不談氣候變遷的解決方案，而是跟哈佛校長公開會談。這讓我想起自己經常在思考的辯論規則，其中兩條的比例原則（見圖表4-4）。

然而，接下來有幾位講者表現出色。有位來自美國中西部的年輕人，略帶傻氣地說，他之前的生活對環境漠不關心，解釋他挺身參與這項運動的原因。另一位是長年參與社會運動的積極分子，他講述了化石燃料管線如何造成社區流離失所的故事。

這些人沒有冠冕堂皇的主張，而是專注談論一件事，而不是許多議題。他們不談理論與抽象

符合比例原則		
規則 6 不可煽情	確保你的措辭符合你描述的內容，否則就會變成煽情，也就是一種情緒跟當下情境不吻合的表演。最明顯的形式是浮誇和扭捏。	劣：「這件事是一場大災難！」 佳：「這件事讓我不方便。」 劣：「這是一個令人遺憾的錯誤。」 佳：「我們的錯誤導致別人失業。」
規則 7 不可迂迴	不要含沙射影地表達一個你不願直接捍衛的結論。一種常見的技倆是含糊其辭，以曖昧的方式表達立場，同時又可以否認。另一種手法是使用言外之意的修辭問題替代論點。	劣：「我要保護我們的生活方式。」 佳：「我支持減少移民，並致力於促進移民的融入。」 劣：「關於登陸月球，政府隱瞞了什麼？」 佳：「登陸月球是場騙局。」

圖表 4-4 符合比例原則的規則

個人特色		
規則 8 揭露個人歷程	除了解釋你的信念是相「什麼」和「原因」，還要說說你「如何」形成這個信念的故事。觀眾通常會害怕改變自己的立場。他們想了解講者的背景，才可能信任講者，甚至認同。	劣：「強制量刑 * 非常不公正。」 佳：「我後來相信，強制量刑非常不公正，因為我經歷過……」
規則 9 指出有利害關係的人	好處與壞處，極少只牽涉到自己，對某些人來說，既帶來效益，也帶來傷害。告訴觀眾誰受益或受害，為什麼這些人的利益值得納入考量。	劣：「禁酒令將助長黑市。」 佳：「禁酒令會助長罪犯構成非法市場，危害酗酒者和兒童。」

圖表 4-5 個人特色的規則

氣勢		
規則 10 找到金句	沒有絕對固定的規矩，但金句通常精煉有力，能表達一個完整的思想，不冗長，具有原創性和理想性。	劣：「好公民不會索求無度，會盡一己之力做出貢獻。」 佳：「別問國家能為你做什麼，要問你能為國家做什麼。」

圖表 4-6 氣勢的規則

* 指法律明訂罪行的刑罰供法官遵循。

的概念，而是以故事與敘述作為主要論據。因此，依照辯論的標準來看，他們的演說沒有效益，但我不否定他們的魅力。我察覺到，他們如何運用個人特色發揮說服力，一次又一次地打動我（見圖表4-5）。

這些講者每一場個都講數分鐘，他們講的大部分內容幾乎聽過就忘了，但有些話和措辭卻會留在腦海中。這些語句像是想像力的產物，也是出於精心努力與設計的結果，講者用得恰到好處。在辯論中，也就是所謂的「金句」（applause lines）。

那天下午，我和約拿碰面。我告訴他這場集會帶給我的心得：觀眾似乎期待適度、有個人風格和魅力的演說，而每一項似乎都源自於我們生而為人的某種本能。我還提到，能夠同時駕馭這三項的講者說服別人的效果，跟只靠理性論點的講者不可同日而語。

約拿聽我說完後，擺出一臉他老早就明白這些道理的表情，聳了聳肩說：「光靠理念本身無法讓人感動。人，才能打動人心。」

蘇格拉底對高爾吉亞說，**修辭學不好，是因為修辭會利用人類的弱點，讓我們的容易受騙、不理性和善變。但反之亦然，正是因為人類的弱點，才需要修辭學。**

當我們努力說服他人時，不僅要跟對方的無知與非理性抗衡，還必須面對冷漠、嘲諷、漫不經心、自私和虛榮。這些障礙便形成一道「不動如山」的門檻，因此在這個世界上，要說服任何人做任何事，都得投注極高的精力。這道門檻，讓我們雖然有正確的觀點，卻沒有說服力，就算對手能夠理解（甚至承認）我們的觀點，卻依然拒絕改變想法或行為。

要對抗這種慣性，講者必須激發自己特別的力量。我在想，克服這種慣性力量最有勝算的作法，也許能靠修辭喚醒我們的美德，包括：同理心、慈悲心、憐憫和道德想像力。

繼亞當斯與喬瑟夫・麥基恩（Joseph McKean）之後，第三任博伊斯頓教授是二十八歲的雜誌編輯，名叫愛德華・泰瑞爾・錢寧（Edward Tyrrel Channing）。一八一九年，他就職時，錢寧表明古典修辭學已死。他認為，社會曾經「動盪不安且不規律」，現在則比較有組織且有受教育。[18]演說可以讓古代群眾陷入狂熱，但現代觀眾更具有辨識能力。

因此，個人演說的影響力大幅下降。錢寧說：「他們不再是那麼重要的角色了。如今，演說家本身只是眾人之一，跟眾人研議共同的利益。」

對我來說，這並非是一大損失。萬一現代修辭無法從古代灰燼找到復興所需的素材又如何？這就意味著我們必須開創新局：一種既不強迫人們行動，卻能夠打動人心的說話方式。

從自身的個人經驗出發

五月底，校園進入學年的尾聲。日照越長，天氣越悶熱，我跟三位室友從大一宿舍搬進大二的住宅區。約拿跟我選擇繼續合住一年，友人約翰也會來當我們的室友，他個性隨和，是飛盤爭奪賽（ultimate frisbee）冠軍，來自喬治亞州亞特蘭大。暑假前的最後幾天，我們忙著把全部的家當塞進箱子裡。

我們打包到一半，學校管理員在宿舍外的園區，掛上深紅色的大型橫布條，擺放大量的折疊椅。大部分時間，學校各單位都獨立運作，但到了畢業季，這種狀況會有短暫的改變，約有三萬兩千人會從世界各地前來哈佛，他們來這裡的目的是，為了領取畢業文憑，還有參加許多演講。

在畢業典禮上，演講是公認的莫大榮耀，想擔任講者的學生有兩次獲選機會。一次是由同儕推舉，在畢業聯歡會（Class Day）向畢業生致辭；另一次則是由教職員選拔，擔任畢業典禮的講者。這些活動都由哈佛行政單位謹慎安排。但我聽過一則十九世紀的故事，是關於一位名叫克萊蒙特．摩根（Clement Morgan）的人，他把這套作業程序搞得一團亂。

在哈佛大學的早期歷史中，篩選畢業聯歡會講者有一條不成文的規定是：「不能是西部人、南方人、猶太人，愛爾蘭人也不行，更別說黑人了。」[19]只有波士頓上流社會的子弟可以擔任講者。

但一八九〇年那屆的畢業班決定要反抗，他們以一票之差，推舉克萊蒙特．摩根成為講者，雖然他出身奴隸家庭，但學生時代便是一位令人印象深刻的演講者。[20]

全美國的報紙都報導了這件事，有些人譏諷說，「黑人洗衣婦」將在畢業典禮上取代波士頓社會的地位。然而，摩根並未就此罷休。一八九〇年五月，畢業前一個月，哈佛大學舉行了年度選拔，選出六位畢業典禮的講者。畢業班約十分之一的人，也就是四十四位學生接受了七位委員的甄選，甄選委員包括現任及下一任的兩位博伊斯頓修辭與演說教授。克萊蒙特．摩根以一篇關於蓋瑞森（Garrison）廢奴派的演說，再次贏得演講機會。然而這一次，他與另一位非裔美國學生杜波依斯（W. E. B. Du Bois）同列，甚至有五名評審把杜波依斯評為第一名。

有些教職員認為，推舉兩位黑人擔任畢業典禮的講者會引起爭議。於是，他們商議了一個週末，哈佛校長艾略特也參與其中（反對讓兩位講者都上台），委員會決定將摩根替換成白人學生。法學教授詹姆斯．泰勒（James Thayer）因為校方「錯失了一個偉大機會」，感到可悲而請辭，他說：「摩根是一個血統純正的黑人、奴隸子弟，他有資格為自己的種族發聲，極其動人、令人印象深刻的演說，這種機會以後不會再有了。」[21]

六月二十日週五早晨，畢業生在校園裡集合，然後步行到桑德斯劇院（Sanders Theatre）出席畢業聯歡會的活動。萬里無雲，清風劃破暑熱。但劇院裡卻顯得昏暗悶熱。一盞盞的吊燈，包括劇院中央那一盞重達四百七十二公斤的龐然大物，照亮了一排排的紅木長椅。

克萊蒙特・摩根以愛默生的一句話，當作畢業聯歡會演講的題目：「幫幫那些無法再幫的人」。[22]他以標準的畢業致辭展開演講，說起了求學的苦樂參半，讚揚母校。但說到一半時，摩根提出了這個令人深思的類比：

> 公眾演說家說，他們致力於讓最遠的聽眾都聽得見，確信如果最遠的人能聽見，其餘人必然都聽見了。那麼，在你與世界的關係中，在你為人類的服務時，你是否致力於接觸最底層的人，視之為己任？……我是指那些你有但他們卻沒有優勢的人、在逆境中奮鬥的人、深陷無知、無禮、悲慘的人，或許他們正在渴求、正在努力以不完美的方式，追求更高尚、更美好、更高貴、更真實的事物，去拉他一把吧。

摩根憑著這些話，從他的個人經驗談到了更廣泛的原則。他對畢業生最根本的懇求，是請摩根憑著這些話，從他的個人經驗延伸到了更普遍的原則。他對畢業生最終的懇求，是請他們盡一切努力，「讓民主不再有失敗的機會」。

五天後，杜波依斯在同一座劇院發表畢業演說。在這場演說中，他選擇的主題是前任聯盟國總統傑佛遜・戴維斯（Jefferson Davis），他說戴維斯：「為了自己民族的自由而戰，卻剝奪另一個民族的自由，他可說是數一數二。」[23]按照杜波依斯的描述，戴維斯不僅是一個人，更是國家矛盾的化身：

> 認為一個國家是文明的阻礙，本身就是自相矛盾，而以摧毀另一個民族為代價，讓自己種族崛起的文明體制，則是一場笑話和謊言。然而，這就是傑佛遜・戴維斯所代表的文明模式。

在這方面，杜波依斯採取的路線跟摩根相反。他具體闡述這位美利聯盟國（Confederate States of America）領袖生平中的抽象概念。這場演講獲得觀眾好評，一位教授在一份華盛頓的期刊寫道：「杜波依斯這位有色人種的講者，在畢業典禮的講台上，表現出色。我見到的每個人都一致認同，他是這場盛會的風雲人物。」[24]

選擇認真看待字詞和談吐

在陽光明媚的週五早晨，暑假結束前，我最後一次在哈佛園閒晃，當管理員在紀念教堂（Memorial Church）旁架設大舞台時，我不禁回想起這兩位講者在一八九〇年的殊榮。他們走上舞台時，可能沒有特別引人注目之地方。摩根身高約一六八公分，肩膀很寬；杜波依斯體型瘦小，蓄著整齊的小鬍子。站在劇院的後方觀看，每位講者看起來一定很迷你，不會比伸出的拇指大。然後，當他們開始演講時，他們遙遠的身影在觀眾的眼中必然會變大。

這兩位講者畢業後，都有開創出卓越的職涯。克萊蒙特・摩根在哈佛法學院接受培訓，之後成為一名民權律師與地方政治人物。杜波依斯後來成了首位在哈佛取得博士學位的黑人，協助成立全美有色人種協進會（National Association for the Advancement of Colored People）。

在他們畢業那一週，他們是即將展開職業生涯的年輕人，而他們剛剛證明一件事。摩根和杜波伊斯來到哈佛念書時，修辭學的光環正逐漸失色，全美大學的課程紛紛以寫作課取代修辭課。他們希望透過演講的口才影響世人，儘管演講術常常被當作蔑視與排斥的工具。在這樣的努力下，他們延續了修辭學的傳統，就算修辭學數千年來一直飽受批評與嘲諷，卻不曾被擊潰。

幾天前，我得知自己跟法內利將以哈佛大學頂尖隊伍的身分，參加十二月在馬來西亞吉隆坡舉行的世界大學辯論大賽（World Universities Debating Championship）。面對這個挑戰，讓我畏縮，害怕眼前七個月的艱辛訓練。然而，我也很欣慰，因為自己屬於認真看待字詞與談吐的族群，刻苦的準備必然會有所收穫。

在校園另一邊，約一百公尺外的地方，這一年的畢業典禮講者正在演說。大學部的講者身高約一六八公分，留著一頭濃密飄逸的頭髮，站在榆樹底下，旁邊就是紀念教堂高聳的柱子。當她以充滿活力的清亮聲音講述自己在中東的童年時，我覺得我們之間的距離變近了。

她的演講是向阿拉伯之春致敬，邀請觀眾將自己視為受環境雕琢但不受環境限制的人。[25]她引用美國作家朗達．婕拉爾（Randa Jarrar）的話，比喻生活就像在某個地方的經歷：「赤足奔跑，我們的腳底蒐集了沙子、石頭、仙人掌、種子、草葉，直到我們有了鞋，而我們奔跑時所採集的一切，就做成了這雙鞋。」然後，她請畢業生走出哈佛校門後，要為世界留下一個好的「足跡」。

她的比喻簡潔而優雅，在我心中繚繞許久，我看見了講者存在於世界之中，而世界也存在於她之中。

第 5 章

靜心

如何判斷提出異議的時機

為了參加世界辯論大賽，我們必須自行負擔旅費。跟其他活動相比，辯論所需的開支最少，只要紙筆和訂閱報紙而已，但比賽來回的交通費與住宿費會迅速攀升，因此我們辯論聯盟經常面臨資金短缺的問題。二〇一四年，為了十二月的世界大學辯論大賽，聯盟成員在波士頓的高中比賽，擔任教練、評審、行李員和陪同人員的工作。對我來說，這些賽事可以讓我一窺美國高中辯論的奇妙世界。

十月一個寒冷的週六清晨，我用力推開劍橋林吉與拉丁學校（Cambridge Rindge and Latin School）的沉重大門，從中間門縫鑽進去。在熱鬧的大樓內，一股巨大的喧鬧湧進我的耳朵，彷彿整個人沉到水底。在美國高中辯論大賽，第一件引人注目的是驚人的賽事規模。從理論上來說，我理解這些統計數字：全美演講與辯論協會（National Speech & Debate Association）每年服務超過十五萬名學生與教練，光是一場大賽就涉及全美各地數千位的參賽者，但站在一群活蹦亂跳、能言善道的群眾之間，這種體驗是獨一無二的：經歷了這一切，你才能真正體會到自己在世界中微不足道的地位。[1]

完成早上兩場比賽的評審工作後，在午餐前還有一點空閒時間，於是我決定到距離自助餐廳最近的教室看比賽。我走進狹窄又不通風的教室，有六七位觀眾在觀賽，其中一位辯手是來自加州的帥氣孩子，他站在講台前，亮出一個隨和的笑容，傾身問道：「大家準備好了嗎？」

在我還沒有機會點頭之前，這位辯手便按下他的碼錶，立刻以超人的速度開始發言，他以一種奇特的方式，一口氣完成這項壯舉，就是只動用嘴巴，身體卻保持靜止不動。

> 敘利亞戰爭是上個世紀最悲慘的人類悲劇之一所有的自由國家都應該義不容辭以一切必要的手段平息戰火讓犯下反人類罪的人負起責任本席主張集結有志一同的國家出兵介入敘利亞戰爭。

男孩上氣不接下氣，吸氣時，總是先喘兩口氣，彷彿溺水般猛力大口吸氣，發出「喝喝」聲。他臉部邊緣開始發青，我轉頭看看觀眾席上的其他人，他們沉默不語，我不禁思考著我們觀賽者的責任。

高速發言，存心壓制對手，而非說服

那天下午，我上網一陣猛查，發現我目睹的是「高速發言」（spreading），這是在「政策辯論」的辯論比賽中，很常見的特色。「高速發言」是指每分鐘以三百五十字至五百字的速度發言。[2]不過，這樣的語速還不是世界最快的，世界第一的榮耀屬於多倫多出生的西恩．湘農（Sean Shannon），他在一九九五年時，以每分鐘六百五十五字創下世界紀錄，[3]打破了一九九〇年電器業務員史提夫．伍德莫（Steve Woodmore）每分鐘六百三十六字的紀錄。[4]這比使出全力的拍賣師快兩倍，更是一般人平常對話的三倍。

只有少數人可以以自然的方式達到這種速度。如果志在成為高速發言者，就必須苦練，例如：大聲念出繞口令（抱著灰雞上飛機，飛機起飛，灰雞要飛）、說話時在每個詞中間插入一個隨機的字眼（「說謊香蕉在道德上香蕉是香蕉無法接受的香蕉」「我蘋果最喜歡的蘋果派蘋果是蘋果蘋果派蘋果」）或在發言時嘴裡咬著一枝筆（讓發音字正腔圓）。努力不懈的辯手採用世界上語速最快保持人的忠告：「練習憋氣……呼吸絕對會讓你每分鐘少講幾個字。」[5]

高速發言可能很危險，危險到普林斯頓大學政策辯論隊建議成員，口語練習時間不要超過三十分鐘：「你們會傷到聲音的，別覺得是開玩笑，就是有這種可能。」[6]有些傳聞中，有的辯手連平常講話的速度也慢不下來，有的辯手聲帶還長了息肉，有的辯手為了追求速度甚至染上古柯鹼。

有人研究高速發言的起源，可以追溯到一九六〇年代晚期的休士頓大學（University of

Houston），一支積極進取的辯論隊找到了簡單的獲勝密碼：更多論述、更多論點。[7]有人則認為是更早的時候，在別的地方開始流行。還有另一群人對於起源的議題抱持比較哲學的態度。一位活躍於一九六〇年代政策辯論圈的辯手，他在二〇一一年時向《高等教育紀事報》（*Chronicle of Higher Education*）說：「以前我還在辯論時，大家說話的速度比現在慢得多，但一九四〇年代、一九五〇年代的辯手指責很多人的發言速度太快……在這一點上，記憶常常錯亂。」[8]

政策辯論允許辯手在賽前先研究主題。這種賽制的特色搭配高速發言的威力，效果很驚人。由於一流的高速發言者每分鐘可以講完一整頁信紙的內容，八分鐘的發言時間給出的資訊量相當可觀，因此辯手蒐集的研究資料足以裝滿好幾個約二十公升的超大收納箱，得用推車才推得動。「我們常常遇到準備了四箱資料的對手，甚至是準備六箱資料的恐怖對手。」[9]一位來自德州北部的辯手在一九八六年寫道，他本人是準備兩箱資料的辯手。

高速發言成為美國政策辯論的主流特色，已經有數十年之久，不過之前出現過兩次抵制這種風氣的事件。[10]第一次是一九七九年，在俄亥俄州辛辛那提（Cincinnati）舉行的政策辯論全美決賽，當時全美法醫辯論聯盟（National Forensic League）祕書長丹尼斯·溫菲爾德（Dennis Winfield）意識到語速已經飆得太快：

十億秒前，珍珠港遭受襲擊。十億分鐘前，耶穌行走人間。十億小時前，人類尚未存在。十億美元之前，就在昨天下午的聯邦政府。聽了一九七九年的決賽後……我覺得自己在一個多小時裡，聽完一湧而出的十億句話。[11]

不只有溫菲爾德做出這種結論，當時全美法醫辯論聯盟的主要贊助商飛利浦石油公司（Phillips Petroleum）的一位高階主管，發現辯論速度快到可能讓人無法聽懂，將這個印象轉告了聯盟的領導階層。一位奉命報導這項辯論賽事的《辛辛那提詢問者報》（*Cincinnati Enquirer*）記者寫道：「有一件關於演說的事，你可能忙著說話，卻沒空聽。」[12]

那場比賽後的幾個月，溫菲爾德跟八名聯盟管理委員批准一種獨立的賽制，那就是林肯與道格拉斯的辯論形式。這種新賽制的一大特點是選手必須說服一位觀眾評審（lay judge）。他們必須避免「使用大量證據與縮短的辯論術語」，做到「慢條斯理、有說服力、盡可有趣。」[13]

結果證明高速發言很難受控。林道式辯論賽的選手開始飆速，塞進更多資訊，這種做法很快就變得非常普遍，大家開始質疑政策辯論何必有獨立的賽制。

二十多年後的二〇〇二年，一位最不可能干預的人出手了。CNN的億萬富豪創辦人、（營收不高的）布朗辯論聯盟（Brown Debating Union）前副會長泰德·透納（Ted Turner）成為一種新型辯論賽制的贊助者。[14]公共論壇式辯論（public forum debate）與林道式辯論的對應關係，就如同林道式辯論與政策辯論：一種對觀眾有說服力的說話形式。

另一項抵制高速發言的行動則是在二〇〇六年，兩位加州冠軍的失望，成為了辯論界轉變的起點。路易斯．布雷克威爾（Louis Blackwell）與理查．芬奇斯（Richard Funches）是在長灘（Long Beach）就讀低收入公立學校的非裔美國學生，他們開始認為辯論賽的偏頗專業的特質，讓已經處於劣勢的人更加邊緣化。他們批評的重點之一便是高速發言，他們說：「**辯論賽應該就像真正的辯論一樣。如果是政策辯論，那我們就來爭論。別讓比賽變成較量誰講得最快**。」[15]

根據政策辯論的奇特賽制，辯手可以利用發言抗議或「批判」（kritiks）對手在論述中植入的道德假設，比如「擬人化」，然後請評審評判比賽結果。在賽場上，布雷克威爾和芬奇斯沒有將批判的矛頭指向個別論點或論據，而是針對辯論本身。他們穿著寬鬆、休閒的服飾，在幾次引述巴西教育家保羅．弗雷勒（Paulo Freire）的《壓迫者教育學》（*Pedagogy of the Oppressed*）之間，不禁開始咒罵。

二〇〇六年的辯論賽季，布雷克威爾和芬奇斯獲得幾次引人注目的勝利，但最終沒能拿到冠軍錦標賽（Tournament of Champions）的參賽資格，也就是年年在肯塔基州（Kentucky）舉辦的美國冠軍賽。一部紀錄片《有待決議》（*Resolved*）講述他們兩人的故事，其中有一句話來自曾是普林斯頓大學辯手、美國最高法院大法官山繆・阿利托（Samuel Alito），總結一般人對這支長灘隊的反應：「我認為，辯論具備一些不應該改變的特質，要是改了，辯論的效益便會消失。」

有些辯論觀察家主張，語速變快和隨之而來的資訊過載，顯然是現代的現象。一九八〇年代，個人電腦興起，我們可以輕鬆取得無止境的事實與數據。接著行動科技興起、網速變快，資訊隨時隨地都能上傳與下載。二〇一二年，《連線》（*Wired*）一篇來自傑・卡斯皮安・姜（Jay Caspian Kang）的文章，描述政策型辯手是「高效、全方位的最佳資訊處理器」。[16]

那個週六深夜，當我準備隔天在劍橋林吉與拉丁學校的辯論評審工作時，又回想起下午見到的景象。高速發言不過是一種玩笑，一種在奇特賽制下的奇特現象。然而，我無法擺脫一種改覺，就是辯手發自喉嚨的喘息與不間斷的節奏，似乎聽見了某種隱晦動機：**一種存心要壓制對手，而不是說服的欲望**。

語速加快，是一種防衛姿態

我所屬的競賽流派，是傳統上的議會式辯論，簡稱「議辯」（parli）。政策型辯手往往認為自己是培訓有素的菁英辯手，議會型辯手則認為自己是市井小民的代表。議會辯論賽制鼓勵平易近人的發言，甚至要有一些表演成分。由於採取短時間、無預期的準備方式，注重「臨場發揮」，因此比賽比較不像蘇格拉底式的對話，而接近現實生活中的爭論。

雖然議會式辯論是仿效一三四一年成立的英國國會下議院，但這種活動是在喧鬧的倫敦酒吧和咖啡館被發揚光大的。從十七世紀開始，民眾會湊在一起討論當天的政事，隨著世代傳承而分化，形成更正式、更有階級意識的辯論社團。[17]這種喧鬧且競爭激烈的辯論文化，是十七和十八世紀啟蒙運動的特質，隨後這種文化在大學校園找到渾然天成的第二家園。在英國，聖安德魯斯（St. Andrews，一七九四年）、劍橋（一八一五年）、牛津（一八二三年）的學生成立了辯論社，讓一八八二年的議會式辯論社團總數增加到一百零五個。[18]在大西洋另一端，包括詹姆士・麥迪遜（James Madison）、亞隆・伯爾（Aaron Burr）在內的大學生則領先潮流，一七八五年，他們在普林斯頓大學成立辯論社。[19]

如今，大學辯論活動遍及全球，這一點在世界大學辯論大賽再明顯不過。世界大學辯論大賽從一九八〇年創辦以來，已發展成一年一度的大賽，吸引六十幾個國家約五百支隊伍參賽，曾經參加過比賽的人，無論是引以為傲或感到後悔，包括愛爾蘭小說家莎莉・魯尼（Sally Rooney）、美國參議員泰德・克魯茲（Ted Cruz）、麥肯錫（McKinsey）前首席執行長施南德（Kevin Sneader）。大賽裡，最好的辯論在網路上會有成千上萬人觀看，往往能夠帶動趨勢、開創潮流，並影響馬來西亞、南非、立陶宛的中學辯論聯賽。

在接下來的十月和十一月，波士頓進入陰冷的冬季，世界大賽的準備工作占據了我的生活。除了室友約拿和約翰，我幾乎沒有和其他人見面。我有好感的對象看見法內利拿著一疊《經濟學人》（*The Economist*）雜誌到我宿舍房間時，便逃之夭夭。我也退出校刊《緋紅報》（*The Crimson*）的工作，這是我在辯論以外的唯一課外活動，因此我放棄了當記者的夢想。於是，我的生活圈很快就變小了。

在邁向十二月世界大賽的漫長旅程中，法內利確實是非凡的夥伴。他修讀的哲學與經濟課程砥礪了他的思維，他能夠侃侃而談，範圍大到令人羨慕。在講究快活的大學住宿環境中，法內利堅持奉行《聖經》對正派、責任的觀念。他在校園裡高視闊步，是個才華洋溢的怪人，會說出自己的意見。最重要的是，我們能逗得彼此哈哈笑。

在杜拜與法內利一家人共度平安夜之後，我們繼續上路，前往世界上少數比杜拜更不在乎聖誕節的地方：馬來西亞的吉隆坡。我們在十二月二十五日上午抵達，太陽在一大清早升起後，便豔陽高照，汗水就像我們的第二層皮膚，讓我們在照片裡看起來泛出一層水光。我們搭計程車去飯店，在塵土飛揚的車程中，我脫掉帽T，捨棄靠打扮贏得比賽的所有心思。

鉑爾曼酒店（Pullman Hotel）是格局方正的建築，離雙子星塔（Petronas Twin Towers）不到一公里，看到一群剛成年的年輕人做出愚蠢和做作的行為。他們是穿著一身黑的馬克思主義者，站在旋轉門旁抽菸，幾個以法斯塔夫*自居的傢伙挺著啤酒肚，光著腳在大廳走來走去，尋找鬥嘴的機會。在安全的樓中樓上，穿著多功能背心的未來顧問們，帶著自命不凡的冷漠，觀察著一切。世界中學大賽的隊友情誼與崇高目標，在世界大學大賽裡，蕩然無存。這裡，只能套用競賽邏輯。

隔天早晨，在第一場比賽前幾小時，我跟法內利聽見鬧鐘聲，才從睡眠中驚醒。在刷牙後、熨燙襯衫時，我回想起在高中時的經歷，我會熬夜收看世界大學辯論大賽的網路直播。我會錄下那些賽事，重播好幾遍，看到我能憑著記憶複述整場比賽。那時，我還不曉得在鏡頭另一端的耀眼辯手們，其實有時差，也感到害怕。

---

* Falstaff，莎士比亞劇作中的喜劇人物，體型臃腫愛吹牛。

在空調強勁的巴士上，我跟法內利前往當地大學的途中，試圖壓低期盼。我這樣跟他說：「首次參加比賽的人很少能取得好成績，像我們二十、二十一歲的大二生就更不用說了。我們盡力就好，為明年做好準備。」但當我踏上地面時，我意識到自己感覺到的狀態，跟在巴士上的完全不一樣，那是我堅持不懈的心跳。

出乎意料的是，我們屢戰屢勝。我跟法內利順利贏得九場初賽，說服評審停用敘利亞的網路，以及鼓勵開發中國家進行都市化。然後我們打進十六強賽、八強賽和準決賽，辯題關乎種族「蒙混」（passing）*的道德議題、世俗的泛阿拉伯國家主義的衰退、設立女性特別經濟區。在那七天，我跟法內利鮮少回顧我們的進展，害怕要是冒出任何的難為情，便會打破勝利的魔咒。

我們無法忽視自己的健康正在惡化，由於壓力、伙食不佳、通風不良或缺乏運動，我們總會有一人在比賽時掛病號，唯一的問題是什麼時候會生病。對我跟法內利來說，每天早上七點在鉑爾曼酒店開始的一天，痛苦指數日益加劇。白天的喉嚨痛需要越來越長的時間才能消退。一月三日星期六是總決賽，這天我起床時，注意到床單上有汗水的痕跡。在離我不到兩公尺的地方，法內利在床上伸懶腰、翻來覆去，但並沒有比較好受。

傍晚五點，我們穿著西裝、打著領帶，到了飯店宴會廳的後台區，狹窄的後台宛如身處煉獄。通風良好的走廊串聯四間一模一樣的灰色會議室，我抬頭挺胸，憂慮又恐懼地打量著其他隊伍。

世界大學的賽制是英國議會式辯論賽，開場方式跟在美國一樣：兩人組成正方隊伍，跟兩人組成的反方隊伍，正反方又分別是政府與反對黨。英國議會賽制又在正反兩方，各增加一支兩人的隊伍，合計四支隊伍：上議院政府（opening government）、上議院反對黨（opening opposition）、下議院政府（closing government）、下議院反對黨（closing opposition）。每一隊同時與另外三隊比賽：你不但要打敗另一方，還要證明你的論點比同一方隊伍更好。準備時間十五分鐘，發言時間每人七分鐘。

在這一晚的辯論，我們抽到下議院反對黨。因此我們要待在反方的席位，坐在我們前面的是兩位年紀較大的英國辯手，為了取得參賽資格，他們還在就讀倫敦私立的 BPP 大學（BPP University）。正方的牛津隊，一位是澳洲籍的羅德獎學金得主，另一位是優秀、嗆辣的人學生，他們充當上議院政府，另一支隊伍來自雪梨大學，是以前我在高中聯賽的同期辯手，他們是下議院政府。

我們與另外三隊留在自己所屬的走廊區，閃避彼此的視線。將近十分鐘的時間，我只聽到

---

* 指某個種族的人讓人誤認為其他種族的人，以規避歧視或獲取利益，例如黑人被當作白人。

腳步聲。一位拘謹、散發拿破崙氣質的男評審前來公布辯題，他沒空跟我們親切打招呼，把辯題念了兩遍：

在符合接應弱勢平民的條件下，人道組織應該且應獲准，向非法武裝團體提供資金、資源或服務。

在距離舞台門口最近的綠色房間，我跟法內利陷入恐慌。我們倆都不了解這個辯題的脈絡，只想得到幾個論點，那就是關於資助非法武裝團體的道德議題，以及讓這些團體合法化的風險。然而，這些觀點都太普通，絕對會被上議院反對黨反駁。經過十分鐘的討論、看著空白的筆記紙，我們選定一個方向，也就是向武裝團體支付贖金，會讓慈善組織失去大眾的支持。我們認為這個論點的範圍夠小，其餘隊伍可能沒想到。

從我的座位望向舞台，一千名觀眾似乎成了背板，那黑暗如海洋的人海有些地方掀起漣漪、有些地方光芒閃爍，但依然神祕莫測，無法透過眼睛了解現場發生什麼事，只能透過聲音理解。人群間的嘆息和耳語此起彼落，帶著不同的期待。前兩位辯手發言時，我察覺自己很難聽見對手的論述，觀眾的聲音就像海妖的呼喚，勾住我的注意力，讓我嚴重分心。

對我來說，大事不妙的第一個徵兆發生在第二段的正方發言。這位牛津隊的辯手是聯賽中數一數二的選手，她將右臂半舉到頭上，彷彿在揮鞭，既沒有打招呼也沒有開場白，就已經開始她的立論。在三十秒內，她列出四個論點，先重新定義武裝團體，然後說明貧窮會延長衝突的原因，接著語速加快詳細論述。我開始為她的發言寫下流水筆記，覺得書寫的手部肌腱很緊繃，都快要斷了。

我匆忙思考著如何反駁，BPP 大學的二辯是一位聲音沉著、穿著別緻西裝的男人生，他走上講台，傾身向前。他提出他的論點說，如果通過這項決議，那麼這些非政府組織的支持者「就不再資助」，也就是說，這也是我們的立場。聽到這些話，我的心臟似乎停拍了一下。

在賽場中，法內利通常就像一座核子反應爐，就算對手的論點跟他自己的觀點一樣，也能激發出他無止境的想法，但今晚他卻默默無言。在耀眼的舞台燈光下，我從他的表情中看出了跟我如出一轍的慌張。

「你有什麼點子嗎？」

「沒有。你呢？」

「沒有。」

在那一段發言與下一段發言，我們只是坐在那裡，心煩意亂地等待我們上場。

在走到講台的短短距離中，整場的人注視著我的步伐和姿態，我開始有種靈不附體的感覺，等我開口時，彷彿另一個我正在從遠處看著自己。我的聲音聽起來高亢且尖銳，隨著音調起伏而做出的手勢，也讓我感到很陌生。然後，在講了差不多九十秒時，我開始加速：

> 對，這些武裝團體得另外尋找資金來源，但那是好事。首先，過程很花時間，因此需要國家的介入。第二，許多組織根本缺乏資源，無法去做占領鑽石礦場之類的事。第三……

在語速飆快中，我感受到一種扭曲的安慰。在語速與音量的掩護下，我覺得自己所向無敵。觀眾要理解我的論述一定很辛苦，但至少他們不會認為我茫然無措、能力不足或害怕。因此，我伸長脖子，大口呼吸持續我的發言。在這樣的防衛姿態中，我發現了高速發言的樂趣。

發言結束後，我的感官逐漸恢復。舞台上的燈光依然刺眼，汗珠在我的眉毛上抖動，然後從臉頰流下，彷彿淚水。我向雙腿發出一股力量，伸手拿起講台上的文件。然而，我沒有馬上聽到觀眾的鼓掌聲，在這短暫的寂靜中，讓我明白了一切：我們輸了。

判斷要不要爭論的四大條件

總決賽結束後的隔天早晨，我跟法內利悄悄離開飯店，搭機去菲律賓。隨後一週我們待在朋友阿克夏（Akshar）的家，大吃雞肉，輪流品嚐炸雞、醬燒雞，還長時間賴在床上。經過十天高分貝的辯論，日常對話的輕聲細語與靜默，包括以「嗯」表示同意的語助詞，聽起來都像音樂一樣美妙。

事實上，我精疲力盡，不是因為吉隆坡比賽的勞頓，而是十年來我狂熱的投入。我的每一件衣服總能在某處找到沾染的筆漬，或是在口袋裡找到散落的索引卡或便利貼。在每次比賽結束後，我的聲音都得花上幾天才能恢復，但要恢復到最佳狀態的時間卻越來越長。有天晚上，阿克夏問我：「何必把自己搞成這樣？」我張了張嘴，卻說不出半個字。

二〇一五年一月最後一個週日，我們回到學校，晚上雪花飄飄，安靜無聲。我跟法內利說，我得喘口氣，休息一下，因為我冷落太多朋友，錯過太多派對，還有長期忍受我的室友約翰和約拿，曾經請我照料的盆栽已經枯萎，而且我們的學業逐漸進入最艱難的部分；此外，我不確定自己付出的心力是否能夠實現我們的承諾。我們僵硬的對話，彷彿跟分手沒兩樣。法內利說，他能夠理解。看見他悶悶不樂的表情，我忍不住又說，他當然可以找別的辯論夥伴。

然而，我正在逐漸結束我的辯論生涯，整個校園卻對議題討論才正要熱絡。這一年年初，位於巴黎的政治諷刺雜誌《查理週刊》（*Charlie Hebdo*）發生一起凶殺案，辦公室十二名員工慘遭殺害，原因是他們刊登的漫畫諷刺了穆罕默德。隨後那幾個月，歐洲爆發「移民危機」，美國警方殺害非裔美國人的事件也變多，同時展開期中選舉。

哈佛不是最具有政治色彩的地方，雖然以前校園裡出現過反主流的文化，但早在數十年前，就已經消失了。學校裡，最嚴重的濫用藥物大概是利他能（Ritalin）*。最多人參與的課外活動團體是顧問類和銀行金融類，其中包括扮演各種白領的工作。多數人都表示他們自己忙到沒空關心政治。

這反而造成了反效果，使得校園裡爆發的任何政治爭議都顯得比實際上更兩極。我們只會聽到觀點最極端的人發表意見，如果這些爭論偶爾發生倒是還好，但隨著這些爭論占據了電子郵件和社群媒體的版面，然後滲透吃飯時的對話，大家覺得有必要參與爭論，因此往往會以更激烈的方式表達立場。

大多時候，我對這些騷動會視若無睹。從二月到三月，隨著天氣逐漸暖和，劍橋的居民擺脫了季節性的憂鬱，我跟一群約有八人的朋友關係越來越好，包括法內利、阿克夏、約翰、約拿。我們一起忍受課業的煎熬，有時通宵熬夜，還會去有三房宿舍參加派對。最快活的時光是，我們在學校餐廳或草坪挑一張最大的桌子坐下，一直聊到天亮或天黑。我們八人之間，大部分是講笑話、聊個人生活，但如果有其他朋友或鄰居加入，討論內容就會變得比較嚴肅。他們會提起新聞，像是最高法院對歐巴馬健保法的審判、巴黎氣候協定的準備工作，然後各抒己見。在這些對話中，大家都等著我跟法內利的看法。他們會問：「等等，你們不是專門辯論的嗎？」

法內利對這個問題給了一個答案：「見鬼，還真的是。」他似乎無法避免陷入爭論，只要在有必要糾正觀點或必須提出論述時。在大多數情況下，人人都能受益，但法內利不時會懊惱自己捲入了無止境的舌戰中。

我則跟他背道而馳，我從辯論學到的一個教訓是，**要跟人起爭執很容易，要結束爭論卻很難**。即使是在有起承轉合的比賽規則中，也很容易被競爭的情緒化牽著走，使得辯手經常犯錯，緊張焦慮，就算比賽已經結束一段時間，依然會憤恨難平。既然有這種風險，我們就得謹慎判斷什麼時候可以加入一場爭論。

* 過動症藥物，有提升專注力的效果，也被學生族群拿來溫書備考使用。

就在這個時後，我在內心建立了一份檢視清單，來決定要不要加入別人的論戰。這份清單涵蓋了四個條件，我認為符合這些條件的爭論最有可能順利進行，**爭論必須具有RISA特性，也就是「真實性」**（Real）、**「重要性」**（Important）、**「明確性」**（Specific），**以及「雙方對目標有共識」**（Aligned）。（見圖表5-1）

真實性：分辨雙方的意見是否有分歧

首先，**我們應該分辨雙方的意見是否真的有分歧**。有些會發生衝突，其實不存在真正的分歧，只是在藉題發揮，為了吵而吵。有時，只是對他人的行為產生誤解，或對某件事有不同的想法，因為雙方的用語或重視的地方不一樣。最棘手的情況是空有衝突，卻不存在真正的意見分歧，例如「我不喜歡你的堂兄」之類的看法或許會引起爭議，但這不適合當作爭論的主題，因為沒有對立的一方。

真實性	雙方意見確實不同。
重要性	分歧的意見夠重要，值得起爭議。
明確性	爭議的主題夠明確，讓雙方可以努力化解歧見，或是在有限的時間內改善情況。
共識性	雙方對開啟論戰的原因有共識。

圖表 5-1 爭議的四大條件

重要性：判斷不合的意見是否值得爭論

再來，**我們應該判斷分歧的意見是否重要到值得爭論**。在許多事情上，我們跟他人或許會意見不一致。這些意見不合絕大部分無傷大雅，甚至是好事。但其中有一小部分很重要，值得爭論一番。我不想規定大家應該要如何判斷，我想鼓勵大家自己思考。對我來說，最重要的爭論是涉及到我的基本價值觀，以及我喜愛和值得尊重的人。如果不衡量爭論的重要性，我們就會基於自尊心和自我防衛的本能，只要遭到挑釁就很容易發生爭執。

明確性：爭論的主題是否夠具體

第三，**我們應該確保爭論的議題是否夠具體，這樣雙方才能在有限的時間內，努力化解衝突**。這也是「金錢觀」或「家務事」不適合爭論的原因，這類爭論通常只會擴大，不會變小。美國導演諾亞．波拜克（Noah Baumbach）執導的電影《婚姻故事》（*Marriage Story*）或美國小說家理查．葉慈（Richard Yates）的著作《真愛旅程》（*Revolutionary Road*），這些作品裡驚天動地、史詩級的爭執。這些爭執不斷升級，到了無所不包的程度，當爭執涉及一切時，無論是發言者的動機或背景，都會變得沒有分寸。定義出明確的議題，可以防止爭執無限上綱的壓力。

共識性：判斷彼此爭論的點是否一致

最後，**我們應該檢查自己爭論的原因，是否跟對手一致**。人們起爭執的動機各有不同，例如：為了獲得資訊、理解不同的觀點、改變對方的想法、傷害對方的感情。我們參與爭執的原因不一定要跟對方一樣，但彼此的動機應該能夠接受，例如：如果我們爭論的目的是為了改變對方的看法，但對方只是從交流中藉此了解我們，我們大概能夠接受這樣的動機。如果另一方只想繼續爭論，以表達他們的憤怒或是傷害我們的感情，我們應該就該選擇離開。

然而，就算我認真套用RISA的架構，我依然發現自己會深陷入不良的爭執。

相對於秋季學期無情溜向寒冬，春季學期給了我們懷抱希望的理由。在三月下旬時，感受到空氣中帶來一絲暖意；到了四月，花草樹木充滿生機盎然的色彩。更重要的是，春季學期過後，就是燦爛的夏天與長達三個月的假期，暑假也是大學生唯一能長時間接觸現實世界的機會。然而，有一道門檻擋在我們與假期之間，就像日食一樣遮擋了太陽，那就是考試。

哈佛的考試會持續兩週，常常讓學生顯露出最糟糕的一面。任何有失社交禮儀或個人義務的作為，都能拿「考試」一詞當作擋箭牌。畢竟一個人的成績，確實會影響暑期工作與畢業後就職的機會，令人變得自私。學生會冷落朋友好幾個星期，而原本一起溫習課業的小組成員會彼此對立。法內利對這種荒涼的社交狀況，直搖頭說：「只有他們的父母幫得了他們，或是上帝。」

在五月初一個晴朗的週二下午，距離經濟學考試不到二十四小時，我跟約拿約好在學校餐廳共進午餐，但我已經遲到了。在陽光下，我的室友約拿看起來很生氣。早上時，他已經跟我說，這頓午餐時間會很趕，因為他下午要到校園的自行車修理店執班，而我卻忙著準備考試，沒放在心上。當我拉開椅子準備坐下時，約拿開始大吐苦水。他氣沖沖地說：「這已經變成一種常態了，我看你根本不在乎我的時間。最近有五次約好要幹麼，你都遲到了。今天早上，因為店裡的人手不夠，我才提醒過你。這會對我的工作造成很大的困擾。我什麼時候對你做過這種的事？」

約拿說我不在乎他的時間，讓我很不好受，但我還是做了個深呼吸，想了一下RISA的檢查清單。他的主張是真的（我真的在乎）、具有重要性（關乎人格）、很明確（爭論特定的疏忽），也有共識（我們都沒有質疑對方的動機）。於是，我開始回應：「我當然在乎你的時間，你也是我最要好的朋友。」

然而，當我一邊說時，約拿對我的指責，開始浮現在我的腦海中，我極力回他：「怎麼會是常態？上週五你讓我在科學中心等了將近半小時。」我觀察到他的表情，然後說：「況且，自行車店的老闆是嬉皮，看起來連蒼蠅都不忍心打。我覺得你對這份打工太過認真了。總之，我知道自己遲到了，但非得要拿這些事來評估我的人格嗎？」

我說的每一句話，都讓約拿的眉頭更深鎖，臉色也變得更紅。當他端著自己的餐盤離開，要去自行車店打工時，他的臉色看起來就像紅菜頭一樣紅。他怒氣沖沖地說：「這件事我們回家再談。」

我獨自坐在學校餐廳裡，面對一份已經出水的沙拉，試圖理解剛才是怎麼回事。我們的爭執一開始還站得住腳，可是後來爭論不斷擴大，變得難以控制。雖然我多少明白反駁對方的每一條說詞很愚蠢，不僅消耗幫自己說理的時間，還會把對方貼上無理的標籤，但我約拿不合理的言論，引發致命的爭執。

在我看來，這似乎是RISA檢視清單的限制，即使是有勝算的爭論，也可能慢慢陷入溝通無效的尷尬處境。約拿一開始就提出一連串的抱怨，而我也加入了自己的委屈。結果討論就變得難以控制，針鋒相對。

這讓我開始思考，如果要避免爭執擴大，我們不僅要問這件事是否值得爭論，還要挑哪些不分需要進行爭辯。對此，我認為有兩個好理由：

必要性：我們必須爭辯那個說法，才能化解衝突嗎？

進展性：先不管有沒有必要，爭辯那個說法是否讓我們更能化解整場衝突？

如果這兩個問題，有一個答案是「是」，那麼就有回應的好理由。

在約拿原本的怨言中，只有兩項說法符合這兩個問題。首先是他指出我最近五次的聚會中都遲到，這是他批評我不責任的主要證據，因此需要回應。另一個是，他說我今天下午特別不在意，雖然這一點不一定要回應，但這件事直接引起我們的爭執，因此回應這個說法可能有助於我們化解衝突。

至於其他的怨言，我可以不必太計較。那些事即使我們意見不合，還是能化解主要的衝突。**為了避免讓歧見變成全面開戰，我們必須有些空間，允許自己可以接受分歧的存在。**

那天下午，在回宿舍的路上，我去了麻州大道（Massachusetts Avenue）二十四小時營業的藥局，挑了一些零食當作和好的禮物。一路上，我都在排演要跟約拿說的話。快要二樓的房間時，我想到了好好爭論的智慧，也就是判斷何時要反擊、何時要放手，並思考自己可以從哪裡學到這種判斷力。當時我並不知道，那一年我將面臨到出乎意料的新挑戰，打擊我謝絕惡質爭執的決心。

敏感議題，不適合公開議論

六月十六日上午，在我暑假打工的辦公室，幾個街區外的地方，美國商人唐諾・川普（Donald Trump）走下川普大樓（Trump Tower）的金色階梯，他宣布自己要參選總統。他的演說從浮誇（我將會是上帝創造出最優秀的總統）[20]轉向荒謬（沒人比我更擅長築牆，相信我，而且我築的牆將非常經濟實惠）。[21]演說內容也夾雜著一些惡意（他們帶來毒品，他們帶來犯罪，他們是強姦犯，但我認為，他們有些是好人）。[22]

那天晚上，在一棟公寓頂樓上喝酒時，來自紐約的朋友安慰我這些都會過去。「這種話他已經講了好幾年。沒人把他當一回事。」隨後，我跟其他異國遊子聊起美國政治圈的怪現象，這些都已經是老生常談。我們把那一夜當作是漫長夏季裡的尋常夜晚。

然而，當我九月回到學校念大三時，我發現大家都在關注川普。最強烈的反對聲浪是來自女性、移民和邊緣化的人群，他們許多人覺得川普是在針對他們。在我們狹窄的二樓宿舍房間裡，研究地方社群和社會聯繫的約拿，提出了一連串令人擔憂的評論：製造業的崩潰讓人們對政治失望和對經濟絕望，網路上也充斥著未經查證的假新聞，還有在道貌岸然下，存在著排外主義與各種偏見。

我理解這些擔憂，但完全沒放在心上。我對他的分析深度，只有到他是《誰是接班人》（*Celebrity Apprentice*）*的主持人。然而，我看得出危險所在，一個惡意行為者受到言論自由的保障，卻大量散播仇恨。如何對待這種人才恰當？是限制他們的言論？還是接受這是民主自由的必要代價？在大家爭論這些事情時，我發現之前學校也有發生過類似的爭議。

過去一年的大部分時間裡，在美國與英國的大學，對於頒獎給爭議性人物或邀請他們公開演講，掀起不少爭議。四月時，離我的宿舍不到十六公里的地方，麻州沃瑟（Waltham）布蘭戴斯大學（Brandeis University）原本要頒發榮譽學位阿雅安・希爾西・阿里（Ayaan Hirsi Ali），但由於她曾經對伊斯蘭教的批評而取消資格。阿里在《時代》（*Time*）雜誌發表一篇廣為流傳的聲明，其中寫道：「原本的光榮，如今淪為羞辱……他們就是要我噤聲。」[23]

從歷史來看，政治右派一向擅長封殺抱持棘手觀點的人，讓他們失去傳播資訊的平台，例如，保守派的大學行政單位曾經禁止革命分子進入校園，像是非裔美籍伊斯蘭教教士與非裔美國人民權運動人士麥爾坎・X（Malcolm X）。如今，右翼政治人物與媒體人物要求校園繼續維

＊一個真人實境節目，參加者要完成節目交付的任務，冠軍可在川普的公司工作一年。

護「安全空間」，作為抵禦文化戰爭的武器。他們說，那些人的願景毒害自由、高等教育和西方文明，這是一次令人印象深刻的戰線擴大，讓每個人對少數學生族群的決策都產生了利害關係。

在許多方面，封殺言論的棘手爭議，是來自對過去的反應。一九六八年，英國保守黨政治人物以諾·鮑威爾（Enoch Powell）發表煽動性的演說，呼籲抵制移民大舉進入英國，他說：「當我展望未來時，我充滿著不祥的預感。就像羅馬人一樣，我似乎看見『台伯河（Tiber River）冒出大量鮮血的泡沫』。」[24]這場「血河」的演說促使英國政壇釋出有害的元素。一九六九年的地方選舉，極右派法西斯主義的國民陣線黨（National Front）推出四十五位候選人，平均得票率為八%。[25]鮑威爾對自己演說的預測成真了，他說：「我要在週末演說，就像發射火箭一樣『咻』地往上衝，但跟其他會墜地的火箭不同，唯獨這一枚會待在天上。」[26]

正如澳洲歷史學者伊凡·史密斯（Evan Smith）在《封殺》（*No Platform*）一書中所述，為了壓制極右派的崛起，左派團體往往會採取一種常見的策略，那就是拒絕讓他們的領袖在公開場合發言。[27]國際馬克思主義集團（International Marxist Group）發行的報紙《紅色臥底》（*Red Mole*），在一九七二年九月的頭版上要求「封殺種族主義者」，並呼籲成員強力防堵國民陣線黨等組織集會，或是向公眾宣揚他們的主張。國際社會主義者組織（International Socialists）增加一項重大禁令：禁止與法西斯分子公開辯論。「每個跟他們辯論的自由主義者，都在幫法西斯分子，這完全違反原本的意願。」

干預演說活動的游擊行動，短暫奏效，但一九七四年四月，這些左翼團體的學生代表取得了更持久的成就。在全國學生會大會（National Union of Students Conference）上，這些激進分子協助帶動一項投票活動的風向，以二十萬四千六百一十九票贊成、十八萬兩千七百六十一票反對的微幅差距，讓大專院校的學生會聯盟採取「封殺」政策。[28]這項決議呼籲成員不惜一切必要的手段（包括打斷集會）阻止種族主義或法西斯團體公開宣揚他們的觀點或個人在大專院校演講。[29]《衛報》（*The Guardian*）嚴厲批評：「學生應該切記，為了讓人挫敗，而否定某部分人的權利，這並非新鮮事。那是法西斯主義的典型模式。」

在接下來的四十年中，全國學生會的政策與公眾對「封殺」概念的看法，持續演變，例如：一九八〇年代，柴契爾政府透過法令，要求大學不可因為一個人的信念或政策目標，而「拒絕他人使用任何校內場地」。[30]如今，全國學生會將這項政策的適用範圍，限縮到六個「法西斯與種族主義組織」。[31]

在英國爭論要不要「封殺」的許多典型論點，也出現在美國校園對封殺的討論中。二〇一五年一月，芝加哥大學（University of Chicago）發表了對表達自由的聲明，結語指出：「不能因為某些人或大部分人認為某些觀點……令人不快、不明智、不道德、剛愎自用，而打壓相關的辯論或協商。」[32]到了九月，美國總統歐巴馬發表了自己的看法：「任何與你意見不合的人跟你對話，而你不認同他們的說法，你應該跟他們辯論。但你不能要求他們噤聲，然後說因為你是個很敏感的人，聽不得他們的說法，所以不要對話。」[33]

關於封殺的話題，無法打動我投入激烈地爭論。別人討論時，我就只是嚴肅點點頭，肯定這項議題很複雜，我會用笑話或分享相關的聯想來轉移話題。然後，在九月最後一週的平靜夜晚，這項爭議不請自來，逼我做出回應。

在每個秋季學期，我們辯論聯盟舉辦一場比賽，邀請其他大學的隊伍參加，以換取我們大部分的營運預算。雖然我對聯盟平日的業務敬而遠之，但聯盟的管委會請我幫忙，投入最具爭議的賽事籌備工作，那就是挑選辯題。接近晚餐時間，我推開昆西樓（Quincy House）的大門，上樓到食堂。樓梯走到一半時，我才意識到自己一直在憋氣。

在昆西樓的食堂，靠近後方的位置，是聯盟管委會的開會地點。我們團隊裡最資深的十位辯手，圍坐在狹長的橢圓桌。我們肩並肩吃著雞肉和沙拉，手肘不時撞在一起。不到十五分鐘，我們開始第一次的爭論。「如果不突破辯題的界線，我們的活動怎麼會進步？」提姆（Tim）出擊，他是認真的擂台詩人，來自夏威夷。「話是沒錯，但在週六早上進行跟火星有關的辯題，好像又有點誇張。」茱麗雅（Julia）回應道，她是在救護車志願服務的醫學院預科學生。在爭論來得這麼快的場子，使得在場的其他人也壯大了膽子，傾身向前，擺出理論的姿態。

我們最相持不下的辯題，都是圍繞有爭議性的主題：

歐洲應該將「否認納粹大屠殺」（Holocaust denial）* 合法化

政府不應該為變性手術買單

上帝不存在

以RISA檢查清單來看，這似乎是很棘手的狀況。我們許多各執一詞的爭論都具備真實性、重要性、明確性，而且意圖也一致，但這樣就能據理力爭嗎？還是有些爭論最好能避免就避免？

十七世紀中葉，英國哲學家湯瑪斯・霍布斯（Thomas Hobbes）提供了一個明確的答案。他認為，辯論必然會釀成劇烈的衝突，因為「光是鬧意見的行為，本身就是一種冒犯……相當於

---

* 主張第二次世界大戰時納粹不曾屠殺猶太人。

說某人愚蠢。」[34]在具有爭議性的議題上，像是宗教，這個觀點更加真實。遇到這一類的議題，人們有責任克制自己不要公開議論，保持美國政治理論學者泰瑞莎．貝揚（Teresa Bejan）所說的「公民沉默」（civil silence）。[35]

儘管我不認同「公民沉默」的主張，但我相信**辯論的對立形式不適合某些敏感的議題**。在辯論聯賽中，最糟糕的惡霸是以為自己很懂得逆勢操作，他們把言論自由的權利，誤認為是毒舌的免死金牌。他們認為，追求真理應該毫不留情，否則就是「溺愛」，這種立場會讓大多數的人遠離思想交流的市場。

在辯題會議上，儘管這些思緒在我心裡打轉，我脫口而出的問題，卻無法傳達出這些細膩的考量：「我們……呃……能不能避免製造不必要的麻煩？」全場都靜下來。坐在我附近的自由派們準備出招，但第一個出聲的人則是在桌子的另一端。

黛爾（Dale）是辯論隊的資深成員，專攻「平權」議題——這是一個包羅萬象的全方位術語，用來描述一系列的措施，從代名詞的引介到騷擾政策一應俱全，為的是辯論社群的安全與包容性。儘管黛爾退役了，而且言語溫和，但她仍帶著具備道德的嚴肅態度。她以故事的形式回答我的問題。

黛爾在保守的城鎮長大，她發現辯論給了她探索的空間，能夠討論在其他場合裡會被視為禁忌的觀點，像是性別、政治、道德。她說：「我見過一些很糟糕的比賽。但至少在辯論中，是以論據為依歸，大家必須切題，不能拐彎進行人身攻擊。如果我們不能在辯論時討論這些東西，又能在哪裡討論？」

在我看來，黛爾說的是另一種安全空間，**不是杜絕異議的安全空間，而是提供了安全的環境進行不同意見的交流**。她說：「與其避開敏感的議題，我們應該針對那些議題討論，怎樣才能好好公開辯論。有人指望著我們可以做到。」

因此，我們開始著手研究如何為具有爭議性的議題，策辦出優質的公開辯論。

首先，我們訂立一條嚴格的規則：**每個人的道德立場是平等的，辯論不能加以質疑**。這不**只是繁文縟節的問題，而是自我保護的問題。辯論的基本觀點是人人都有表達的權利，而且他們表達的內容必須得到應有的平等**。如果你忽視這樣的前提，辯論就變成了作戲，所以我們無法容忍關於「北歐的人傷風敗俗」或「穆斯林對社會構成威脅」的辯論，因為抵觸了辯論活動的基本精神。

接著，我們小組思考了舉辦公開辯論的象徵意義。舉辦或參與公開辯論的決定具有政治價值，也有個人價值。不論是在有線電視、市政廳或大學校園，正式的辯論都具備一定涵義，表示有一個議題值得我們關注，而這個議題有兩個合理的立場。辯論平台所賦予的合理性，似乎在說明異議具有真實性、重要性、明確性和共識性！這讓我覺得自己的RISA檢查清單，不只是方便的創舉，更是在我們的期許中，明確表達了對於良性異議應具備的條件。如果為一個不符合這些標準的議題賦予可信度，那麼就會降低人們對辯論活動本身的信心。

最後，我們提醒自己，論據的責任是由人們承擔。在辯論中，表達自己的觀點並遭到質疑的經驗，對於任何人來說都可能造成困擾，但對於那些覺得辯論內容觸及敏感或個人的人來說，這種困擾的影響更為嚴重。身為辯手，我們得照應這些人，不是因為他們被戲稱是「玻璃心」，而是因為他們是人類，容易受傷且疲疲不堪。**我們不只是滿腦子想著爭論的自由，而是關注在好好爭論的責任**。

這些檢查清單感覺很累贅，像是個人爭論的RISA和公眾爭論的政治考量。在脣槍舌戰中，就在迫切需要回應之際，檢查清單會要求我們慢下來，並仔細思考當下的情況。

在大學期間，塑造人格對我影響最大的精神導師之一，是美國文學學者伊蓮．斯卡利（Elaine Scarry），她認為，**需要取得共識的情況下，「緩衝」反而會帶來好處，也就是拖慢事情發展的阻礙與關卡，使人反覆確認他們的意願**，例如：婚禮儀式提供了許多機會讓雙方退出（包括漫長的走道）、非必要的醫療程序通常也有數週或數個月的冷靜期。

斯卡利教授認為，在衝突情況下，緩衝特別重要。如果共同生活的目的之一是抵擋傷害並維持和平，對一個國家與國民來說，極少會做出比蓄意傷人更嚴重的決定。由於這種決定必須審慎，所以在判決有罪、施行懲戒之前，會設立許多上訴的機會。歷史上，制定一對一決鬥的規範，例如：歐洲文藝復興時期的《決鬥守則》（*Codes Duello*），在繁文縟節中安插了許多「中場休息」和可以讓決鬥者退出的機會。對斯卡利教授來說，在衝突中，最迫切需要取得共識的是核子武器，因為核武巨大的破壞力封殺了理性討論的可能。

對於斯卡利教授的觀點，我在小地方看到了應用之處。在日常生活中，我們最嚴重的爭論大概是口角。口角的衝突消耗我們的精力，對我們造成傷害。然而，我們的爭執缺乏喘息的空間，也就是沒有機會詢問我們是否同意參與爭論；反之，衝突觸發我們的腦神經，隨即口出惡言。只有事後反省時，才會思考爭論是否值得的問題。

對我來說，RISA檢查清單與設定辯題的考量清單，這兩份清單為我們的爭論提供必要的緩衝。**我們的目標不是要杜絕每一項爭議，而是排除不好的爭議，以便專注在最值得處理的分歧上。**在一個有太多爭論機會的世界上，我們得選擇戰場。此外，我很快就明白，暫時離開不斷辯論的日子，對我來說非常有益。

贏家不會為了芝麻綠豆傷腦筋

在辯題會議結束後的幾週，隨著秋天的寒意漸漸籠罩校園，我察覺到自己又在想著辯論。一開始只是上網搜尋最新的聯賽成績與比賽影片，然後演變成跟法內利大談特談我們以前的辯論經歷。到了十月第二週，哥倫布日（Columbus Day）的週末，我在上下課途中，開始默念各式觀點跟修辭的金句。

在離開辯論的九個月裡，我過得很不錯。我留了長髮，開始規律運動。由於大家知道我不會每個週末都去辯論，因此朋友比較會跟我分享他們的生活，就連跟曖昧對象維持關係的時間都變長了。自從二〇〇五年開始辯論的十年以來，我第一次沒有贏得任何比賽，但我心滿意足。

然而，不辯論的生活，讓我懷念起辯論的某些特質。對於辯論活動的各種批評，其中一項我也認同，那就是辯論太過膚淺：怎麼可以將商業代理孕母或稅收政策等複雜議題，化簡為兩小時的言語交流？對我來說，在辯論之外的世界，不容許這樣的時間概念。在日常生活中，我通常當機立斷，對那些冒犯他人的觀點和具有煽動性的專欄文章做出回應，而這些對話中往往交織多種議題。相較之下，辯論強迫我做好準備、聆聽對立的觀點，並專注在手上的主題。當然，辯論活動不像學術研究那麼嚴謹，也沒那麼令人難受。

在我宿舍房間布滿灰塵的書架上，我把辯論獎盃放在最上層，平時視線是看不到的。這些廉價獎盃的造型很普通：一或兩個人像站在底座上或獎盃上，人像都站在講台上，正在發表論點。以前，我眼裡只有獎盃的顏色，不是金色就是銀色，以及標示排名的數字。現在，我看見的是人，那些努力讓人聽見心聲的人。

幾天後，我去法內利的房間，請他跟我去參加十二月的世界大賽。我很害怕向他提議這件事，但有點安慰兩年前我們剛進哈佛的時候，他鼓起勇氣做過一樣的事。法內利在把我拉過去擁抱之前，他說他知道我會回來。於是，我們展開準備工作，剩不到兩個月就要開始比賽了。我們在好幾個漫漫長夜研究時事議題，分析過去的辯論影片。我上課根本沒在聽，思索著各種論述與措辭，有失也有得，但我是心甘情願的。

十二月底時，在亞特蘭大跟法內利的家人共度聖誕節之後，我們兩人搭機前往希臘的塞薩洛尼基（Thessalonнki）。班機準備降落時，法內利告訴我，他覺得這一回比賽結束，他大概沒辦法再參賽了。他說：「我累了，兄弟。不管怎樣，這就是終點了。」

對於追尋預兆的人來說，勝利的希望無處不在。塞薩洛尼基是希臘第二大城，曾經是整個拜占庭帝國的首都，這座城市與亞歷山大大帝同父異母的妹妹同名。她的名字是指塞薩利（Thessaly）的勝利（nike），就是古希臘史上，馬其頓人打贏過最血腥的一場勝戰。但也有警訊，這座城市的守護聖人是一位英勇的士兵，名叫德米特里（Demetrius），他被長矛刺殺。這位聖人的雕像是年輕男子，閃閃發亮卻面露悲傷。

法內利跟我穩健贏得前十二場比賽。名聲與經驗的力量給了我們輕鬆前進的動能，但我們知道光靠這兩點，絕對無法讓我們贏到最後。面對龐大的觀眾與鐵面無私的評審，正反方的論述可是沒有藏身之處。在辯論比賽中，你得一次又一次證明自己。

到了比賽第八天，大多數的隊伍已經出局。這時，只剩下四隊：一隊是有兩位雪梨大學的友善學生，是我以前學校的舊識；一隊來自PEP學院（Visoka škola PEP），兩位成員以前是牛橋（Oxbridge）的資深辯手，他們為了參賽而就讀這所西伯利亞的學校；一隊來自多倫多大學（University of Toronto）的難纏對手，我們曾在北美聯賽跟他們交鋒；還有一隊是我們。當我們坐上前往總決賽會場的巴士，大家用簡單的一個字打了招呼。細雨從天而降，令一切聲音模模糊糊。

路上車不多，目的地很近。腎上腺素尚未發威，所以我不敢閉眼。巴士外，古老的拜占庭式建築飛掠而過，夾雜著速食餐廳和手機店的街景。我一直抖腿，以抵擋疲勞。其中一位籌辦人員是亞里斯多德大學（Aristotle University）哲學系的學生，他喊道：「再過兩條街就到了。」

巴士停在塞薩羅尼基音樂廳（Thessaloniki Concert Hall）外面。口門上掛的橫布條寫著今年大賽的官方標語：「辯論回娘家」。當我們走進空調強勁的會館時，熱情的導引人員提醒著我們禁止飲食。一想到吃喝，就讓我腸胃開始蠕動。

大廳後台的區域很寬闊，有著黑色的牆壁、地板和天花板，四支隊伍從一個沒有任何記號的箱子裡，抽出各自所屬的立場。我手上的紙條寫著：「上議院政府」。緊接著公布辯題：「本院相信，世界的貧困人口致力於完成馬克思主義的革命是合理的。」

當法內利跟我趕去準備室時，我聽到一位辯手說：「這到底是什麼意思？」這場比賽可能淪為定義之爭，因此我們決定要先保持簡單的立場，那就是馬克思主義的革命目標是廢除私有財產。然後，我們思考的方向是，既然這合乎情理，那現實的情況會是如何，於是我們決定把這場辯論定調為原則之爭。我們會在論述中簡單解釋我們認為這場革命行得通的原因，但我們認為私有財產是對人類尊嚴的嚴重侮辱，因此不管實際結果如何，消滅私有財產的行為都是天經地義的。

這是一個冒險的策略，如果不能說服觀眾從相同的角度看待這場辯論，我們會全面潰敗。既然我們只聚焦在幾個論點，而不是飆速提出大量論點，我們的結辯更有隨機應變的操作空間。但在那一刻，我想起三年前世界中學大賽的決賽，澳洲隊教練布魯斯跟我分享的建議：

每一場辯論都有一百個分歧。你得決定要針對哪些分歧提出爭論，哪些要忽視。決賽時更要如此，贏家不會為了芝麻綠豆傷腦筋，他們懂得在辯論中找出真正的爭論。

我向法內利轉述這個建議，他哈哈大笑，低沉地說：「所以這是我們在辯論中的辯論，我們能有什麼損失？」

在傍晚六點半，音樂廳的燈光變得比較暗，一千四百名觀眾充滿期待，盡情閒聊，但是當我們走上舞台時，他們的心情從亢奮變得比較安靜且專注。一黑一藍的兩枝簽字筆，筆蓋已經打開放在桌上，筆記紙也擺好了。我走到講台開始說道：

主席女士，貧民遍及全世界，不論他們居住在哪一個國家，目前都在獨裁制度下討生活，也就是他們生活在「沒有選擇」的獨裁制度下。

人數眾多的觀眾就如同北極的冰原，剛開始一動也不動，然後有一瞬間，某處裂開了，一大塊冰原開始移動。有什麼問題？或許那一刻，不會出現在某人的發言中。於是，我深吸一口氣，再接再厲：

> 全球貧民承受著不義之財的枷鎖，被唯利是圖的地主束縛，為了存活而掙扎，得不到自由與自主權，那些我們身而為人的條件。

觀眾之間，開始竊竊私語。我知道自己高談闊論的發言內容很激進，言詞很狂熱，是徹徹底底的馬克思主義。這些字句從我喉嚨中說出，帶著奇異的電流。然而，我對這樣的辯論策略充滿信心：如果要讓觀眾認同這是一場偉大且文明的辯論，我們就得以身作則。

> 請發揮你們的想像力。人們曾經生活在共享經濟的體制下，他們不會把自己定義成只是勞動力與生產力。那就是我們支持的世界。

在八分鐘的發言時間裡，我將大部分的時間花在一個論點上，那就是私有財產有害尊嚴。這個論點主張，財富來自奴隸制度與殖民主義，概述了導致問題深根柢固的失敗政策，然後說明競爭與所有權本身的缺陷。

發言時，辯手很少會感受到絞盡腦汁對身體帶來的負擔。腎上腺素會麻痺人的感官，讓人無法清晰體驗當下的痛苦。當然，這不代表壓力不存在或沒有影響。當我努力提高音量大過現場的吵雜聲，讓觀眾聽見我的聲音，準備說出結論時，我覺得自己的雙腿在發抖、聲音緊繃：

我們需要反方就財產問題提供一個全面的說明，論述為什麼財產是公正的，但同時也得解釋為什麼不公正，畢竟有史以來，私有財產一直侵犯人類的尊嚴。我們非常榮幸提出這項提議。

下一位辯手來自雪梨，他是一絲不苟、有條不紊的人，但我卻有聽沒有懂。他告誡說，革命將引發腥風血雨，改革運動會被剷除，烏托邦尚未成立前就會瓦解。他宣稱說：「結果很重要。」雖然他言之成理，甚至有說服力，但對我個人的發言效果卻無法撼動。我徹底從比賽中抽離，幾乎沒注意到法內利離開我身邊，他已經站到講台上。

我從恍惚中突然回神，是在法內利反駁的時候。當他停頓下來、平緩他的發言時，已經花了幾分鐘的時間試圖將辯論的走向，重新拉回原則的範疇。他前額上的汗水在舞台燈光的照射下，閃閃發亮。我跟他四目相交，看出他心裡有腹案了。

他論述的案例，以華沙猶太人起義為中心。法內利說，許多人明知自己將面臨必死的命運，卻仍然選擇協助猶太人反抗納粹軍隊。他豎起一根手指，謹慎而堅定地說：

自我防衛是正當的，即使注定會失敗……因為抵抗邪惡本身，便是一種善。

當法內利在熱烈的掌聲中坐下時，我伸手搭著他的肩膀。我們的比賽還剩下大半場，距離勝利仍舊遙遠，但我們找到了自己想要的辯論。

四小時後，法內利跟我並排坐在餐廳裡，心情焦躁等待比賽結果。閉幕典禮正在餐廳前方的舞台上進行。大學與當地政府官員先發表了長篇的演說，然後交換儀式鑰匙，接著有人唱歌。我食不下嚥，但又為了紓壓，大吃葡萄葉卷飯。後來，四支決賽隊伍被叫到會場前方，準備公布結果。有人點點頭，有人相互擁抱。大家都清楚比賽難分軒輊，評審討論花了差不多三小時，意味著每支隊伍都有可能勝出。

公布比賽結果的聲音，帶著鮮明的輕快感：「上議院政府。」我們贏了！

Part 2

在生活四大場景，落實辯論技巧

第 6 章

日常溝通

如何應付不講理的人

一場眾神雲集的婚禮，在皮立翁山（Mount Pelion）舉行，靠近半人馬智者凱隆（Chiron）的洞穴。由於宴席上的酒菜非常豐盛，在人類心目中，這場宴席成為了神聖富裕的象徵。繆思女神的歌聲餘音繚繞，太陽神阿波羅（Apollo）以七絃豎琴伴奏。獻給英雄佩琉斯（Peleus）與海洋女神忒提斯（Thetis）的結婚禮物，從木矛到聖鹽，無所不有。

大多數的狂歡賓客都沒發現有一顆小小的金蘋果被扔進人群中，但有三位女神希拉（Hera）、雅典娜（Athena）和阿芙蘿黛蒂（Aphrodite）注意到了這顆蘋果，她們看到刻在蘋果上面的字樣：「獻給最美的女神。」她們都覺得自己有資格收下蘋果。隨之而來的爭吵，由一位名叫帕里斯（Paris）的凡人進行裁決，結果卻引發了一連串事件，最終導致特洛伊戰爭。這場災難背後鮮為人知的角色是厄莉絲（Eris），相當於羅馬神話的狄斯科蒂亞（Discordia），是爭鬥、不和、異議的女神。

這則故事廣為流傳的版本是，將厄莉斯描繪成嫉妒的女神，因為沒受邀出席婚禮而憤怒。據說，她的報復行動所造成的傷害，甚至超乎她的想像：特洛伊戰爭導致佩琉斯與忒提斯之子阿基里斯（Achilles）因而喪命。

在其他版本的故事中，厄莉絲找了宙斯和明智的謀士泰美斯（Themis）一起合作，為了拯救世界免於環境破壞的災難。根據有些學者認為，《塞普里亞》（*The Cypria*）是《伊里亞德》（*The*

Iliad）的前篇史詩，其中有一段觀點在現今的二十一世紀別具新意：「數不清的人類族群遍布大地，造成大地的沉重負擔。宙斯見狀，心生憐憫，決定引發伊里亞德戰爭，雖然這可能導致更多人死亡，卻能讓滋養萬民的大地再生。」[1]

這兩個版本的神話都有相同的連結，那就是衝突與分歧最終導致死亡。眾神摧毀城市、消滅居民，不需要降下煉獄之火，只要製造一些紛爭就行了。

古希臘人從這位女神身上獲得啟發，將這種爭論形式描述為不追求真理，而是為了不計一切手段擊敗對手。邏輯辯證忠於事實真相與邏輯，但詭辯只在表面上遵守這些美德。詭辯者就是騙子、吹毛求疵的人、愛吵架的人，他們犧牲辯論的誠信來擊倒別人。

蘇格拉底曾數次講述詭辯之道，但在《理想國》（*The Republic*）一書中，他採取了比較謙遜的作法。在跟柏拉圖兄長格勞康（Glaucon）辯論時，蘇格拉底評論大家似乎「會不白覺陷入（詭辯），即使違反了他們的意願。」[2]格勞康詢問這句話是否也適用於他們的對話。蘇格拉底說：「當然。無論如何，恐怕我們不知不覺中已經陷入爭吵了。」

這裡透露的訊息非常清楚：詭辯是無可避免的，因為那是我們的天性。任何人都可能成為糟糕的辯手，或是碰到那種人，卻沒有意識到這種爭吵所帶來的衝突，就像燃燒的灰燼一樣，若是在適當的條件下，可能會演變成熊熊烈火。

恫嚇對手、抹殺道理的人

二〇一六年九月二十六日週一下午，在塞薩洛尼基的辯論總決賽九個月後，我在當地超市的零食區走道停下腳步，思考著我的人生步調緩慢許多。我在年僅二十一歲就從辯論賽退役，開始享受週末和放鬆思緒。當時，二十二歲的我漸漸適應了悠閒的節奏。之前，波士頓的秋天似乎總是一瞬即逝，而現在我卻注意到了波士頓的秋天有無數令人驚豔的事物。

這學期是我大四的秋季學期，主要是專心撰寫我的大四論文，約三萬字的原創研究專題。我選擇的主題是多元文化主義及其對政治認同的需求，目標是將高深的理論與實際生活狀況相連結。然而，在積灰的圖書館和簡樸的研討室做研究時，現實世界似乎漸漸讓我無法掌握，因為我所剩下的只有抽象的概念。週末時，我會前往佛蒙特（Vermont）到我的指導教授牙買加・金凱德（Jamaica Kincaid）的花園或是去找我住在紐約公寓的朋友們，這個時候，世界的感官刺激，豐富到我招架不住。

學術工作的超然離群，讓我對自己在世界上的定位充滿焦慮。拜昂貴教育之賜，多年來，我一直承受著別人對我的高度期待，他們認為我會功成名就。然而，當我瀏覽徵才廣告和就業指南時，卻很少看到能讓我真正有所作為的職位。我開始意識到，我不想一直待在學術圈。一位法學院的教授告訴我：「劍橋是一座花園。你得趁走得了的時候離開。」我得找到逃脫學術圈的出路。

因此，在希拉蕊・柯林頓（Hillary Clinton）和唐諾・川普（Donald Trump）的首場總統大選辯論之前，美國新聞網《石英》（*Quartz*）的編輯邀請我跟法內利寫一篇專欄文章，我把握了這個可以脫離校園禁錮的機會，即使只是在虛擬世界，也能接觸到更廣大的群眾。那篇文章主打我們在辯論賽成功的「頂尖要訣」，得到了讀者的正向回響，於是編輯委託我們撰寫後續的文章，評論兩位候選人在首場辯論的表現。

我邀請朋友到我房間一起觀看辯論，其中很多人是辯手。儘管我們這群人一致認為，這場辯論將是讓人意興闌珊的混亂，但我仍然抱持一線希望。在自己設計的環境中，業務人員可以如魚得水，但辯論是一個嚴肅的場合，辯手必須即時回答棘手的問題，同時對手與主持人都會對他們的回答進行追問與評論。確實，川普在初選辯論中，具有主場優勢，但那是綜藝節目，十幾個搞笑的競爭者只是為了博取眾人的關注。那不是真正的辯論，遑論總統大選辯論。至少我在挑選零食和酒品時，我是這樣安慰自己的。

晚上八點左右，朋友們陸續到了我們的住處。我們寬敞的客廳裡，擺放了沙發和椅子，我倒好飲料，接通網路的直播。有人說自己很緊張，然而大夥窩在一塊，互動就是很愉快、很熟悉。法內利帶著筆記型電腦，坐在客廳裡最靠近螢幕的角落，神態冷靜而專注。雖然辯論預定在一小時後開始，有線電視的名嘴已經臉紅脖子粗了。在靜音的狀態下，他們侃侃而談的模樣就像一再重複的激動默劇。

我們房間裡沒有時鐘，但大家感覺到是時候坐下了。電視台正在篩選可用的內容，播放辯論主持人的花絮影片。在初選期間的片段中，CNN主播傑克・塔珀（Jake Tapper）說：「我們今晚的目標是辯論。一場真正的辯論，兩位候選人將在彼此不同的立場上進行交流，針對政策、政治和領導力等議題，他們在這些領域中都有著不同的觀點。」[3]然後畫面切換到紐約州亨普斯提德（Hempstead），在霍夫斯特大學（Hofstra University）的校園現場直播。

這場辯論一開始，兩人展現融洽的關係。「川普，你好嗎？」[4]民主黨候選人希拉蕊與川普握手，並微笑著向觀眾問候。辯論主持人鄭重開場，講述了未來的展望、價值觀，以及對美國人民的承諾。在辯論的第一部分，兩位候選人針對一個關於工作與經濟的問題，進行犀利且理性的回答。法內利跟我討論起他們辯論策略的細節，包括避重就輕和修辭招術，直到一位朋友用手肘戳了我一下說：「閉嘴，辯手們。」

然後狀況發生了變化，他們的笑容漸漸消失，每句話都改成第二人稱，原本「你」（You）這個字沒有罵人的涵義，但兩位候選人講起來就像在罵人。川普開始大呼小叫、不斷插嘴，將辯論的內容變成了一首黑暗的詩篇。有時，字幕員會放棄他們交錯在一起的對話。

川普：三十年來，妳都是這麼做的，現在妳才開始思考解決方法。

希拉蕊：呃，其實……

川普：我要保障——不好意思，我要保障工作機會。妳沒辦法創造工作機會。

希拉蕊：這個嘛，其實，我對工作機會這方面想了很多。

川普：是啊，一想就是三十年。

希拉蕊：我——呃，沒那麼久。我認為我先生在一九九〇年代做得很不錯。我常常想著以前是怎麼做到的，以及要怎樣才能再次做到……

川普：噢，他批准了北美自由貿易協定（NAFTA）……[5]

我們客廳的氣氛變得緊繃。起初，大家當下就大聲反駁或查核事實資料，搖了搖頭，嘴裡喃喃自語「可恥」和「不可思議」，甚至難以置信地大笑。但現在大家沉默了。客廳裡，只剩下大家在座位上挪動身體的聲音。這些絕對是在調侃，但調侃的原因一點都不幽默：

希拉蕊：我覺得今晚結束時，所有的事情都會歸咎於我。

川普：有何不可？

希拉蕊：有何不可？是啊，有何不可？（笑）不就是加入辯論，說更多瘋話嘛。好，讓我把話說完，這狀況絕對是……

川普：不讓我們的企業把他們的錢帶回他們的國家，一點也不瘋狂。

當辯論進入尾聲時，朋友們吵著尋找好的一面。約拿說：「這是在翻舊帳。亂七八糟，嘴臉難看，任何理智的觀眾都不會認為川普贏了這場辯論。」另一位朋友提到，川普猶豫之後，同意接受選舉的結果，無論誰勝選：「我要讓美國再次偉大。我有能力做得到。我不認為希拉蕊有這種能力。要是結果是她贏了，我絕對會支持她。」

然而，這場辯論讓我感到非常不安。在我參加辯論賽的歲月中，我經歷跟惡霸一起比賽，他們會說謊、咆哮、插嘴、誹謗，然後宣稱整場辯論都是作戲。這些人會做出你意想不到的事，但他們很難被打倒。這些人可以打敗一流的辯手贏得勝利。

這場總統大選辯論也讓我明白一件事，那就是**惡霸贏得辯論，不是因為他們很會鑽漏洞，而是劫持辯論。惡霸利用對立的賽制恫嚇對手，打斷對手發言，並運用修辭手法抹殺道理，而不是提升論點的層次。他們利用辯論中包容各種觀點的特點，信口雌黃、混淆視聽。**

糟糕的辯論，似乎暴露了辯論活動本身的弱點，我們從這樣的辯論可以看見，一旦辯論遭到劫持，這種情況可能會對世界帶來不利影響。

當朋友們在客廳裡各自活動，音樂取代了電視的聲音，法內利跟我仍然坐在沙發上。我們為了撰寫評論文章，做了一大堆無關緊要的筆記。把那九十分鐘的對談視為正規的辯論感覺不太誠實，但我們卻無法解釋這場辯論所要凸顯的意義，這超出了我們的理解範圍，後來我們沒有交稿。

以敵人的招數打倒敵人

一八三一年，年屆四十二歲的德國哲學家阿圖爾・叔本華（Arthur Schopenhauer），完成了他的著作中最奇特的一部作品。這部作品沒有在他有生之年出版，是一本辯論手冊。

叔本華的脾氣反覆無常，動不動就跟同事、出版商、鄰居和路人起口角。身為柏林大學（University of Berlin）的青年教師，他揁上了才智出眾的黑格爾（G. W. F. Hegel）。後來，他描述黑格爾是一個「平庸、無趣、噁心、無知的騙子」。[6] 叔本華將這種強悍的態度寫進了他的辯論專著《論爭辯證法》（*Eristische Dialektik*），英文書名為《永遠正確之道》（*The Art of Always Being Right*）。

這本著作首先提出一個定義：爭辯證法，是贏得爭論的藝術，「無論對錯，也不管正當或不正當的手段（拉丁文即 *per fas et nefas*）」。[7]然後列出不擇手段的辯論三十八計，從巧妙轉移主題到挑釁對方，只求在爭辯中取勝。最絕的一條是「就算輸了，也要說自己贏了。如果對手個性害羞或愚蠢，而你本人的臉皮夠厚且音色悅耳，這一招或許能夠輕鬆得逞」。

叔本華抱持相當悲觀的世界觀，也將這種思想帶進了書中。十七歲時，這位德國青年把自己比喻成初次見識到病痛與死亡的佛陀。他得出的結論是：「這個世界不可能由至善的存有所創造，而更像是魔鬼創造了生靈，只為了幸災樂禍地看著他們受苦。」[8]當時是一八〇五年，他的父親在他們漢堡老家附近的運河不幸溺斃。

這種悲觀延伸到叔本華對別人的觀點。他在《論爭辯證法》中寫道，惡劣的辯論來自「人類卑鄙的天性」[9]。如果人類正直高尚，辯論的目的只會是追求事實真相。但實際上，人們自負不凡，正是在這些卑劣的時刻，我們很容易「長舌多話且口是心非」。[10]即使雙方一開始帶著善意辯論，但那種狀態也不會持久。

通常，《論爭辯證法》被視為一種戲謔的諷刺文。叔本華以卑鄙教師的語氣，諷刺了多數人在爭辯時的卑劣手段。他督促人們說：「拋開客觀事實。」[11]然後以劍術比喻詭辯。雙方為何決鬥並不重要，「反正出招與擋招就對了。」[12]

然而，關於諷刺文的永恆謎團在於，其動機有多少是出於憤世嫉俗或理想主義。叔本華是否相信我們有可能好好跟人爭論，並試圖用他的諷刺之作引導我們走向良性的辯論嗎？還是他認為，人在本質就是好辯呢？

有一些證據顯示，叔本華仍然懷抱著希望。他在書的開頭寫道，**了解詭辯者的技巧，有助於抵擋他們的攻擊，捍衛事實真相：「即使一個人與道理站在同一邊，也需要（詭）辯證來防禦、維護道理。他必須知道有哪些詭計，才能夠應付；甚至他自己有時也必須使用這些手段，以敵人的招數打倒敵人。」**[13]

事實上，叔本華認為，如果大家都能了解劣質的論點，或許可以阻止詭辯者的不當行為，讓爭論不致於惡化。叔本華建議讀者，當對手漸漸領先自己，你就得粗魯無禮，然後叔本華提出警語。辯論者必須問自己：「對方會使出什麼反擊的詭計？如果他跟我一樣同一套方法，那就會向我出招、跟我對決或是採取誹謗的策略。」[14]只有當雙方都精通詭辯，雙方都不會草率行動，或許就能另闢蹊徑，開啟另一種異議的方式。

問題在於，要了解劣質爭論的門道，就得走進詭辯的天地。

詭辯方式百百種，略分四種人格

四年前，我在澳洲辯論隊時，布魯斯教練會邀請一些惡霸參與練習。他們是他的朋友，也是當時一流的大學辯手，其中有些人是我們非常敬佩的人物。布魯斯之所以會這麼做，是因為他在橄欖球場上的經驗：「想變強，就要讓聯賽中最強壯、最凶猛的球員撞擊。」

透過準備室的窗戶，可以看到這些外來者在玩鬧。一小時的準備時間，根本不夠讓我們平息緊張，更別說策劃出必勝的論點。我們的對手大部分的時間是在觀看搞笑影片，他們的笑聲在走廊上迴盪，也在我們腦海中迴響。

等我們進到辯論室，他們已經就位，如同槍手站在射擊牆前一樣，冷酷不眨眼。這些人只是普通的大學生，一個穿著素色寬鬆長褲的蒼白傢伙，一個沒穿鞋且藝術家氣質的人，還有一個是嗓音沙啞的女人。「大家感覺如何？」「希望你們準備好了。」挑釁的水準差強人意。然而，憑著他們是一流辯手，就算他們做出失望的事情，我們都可以裝作沒那回事。

他們的言論，就是存心要嚇人。我們提出的每個論點，都很顯得薄弱、愚蠢和離譜，而我們有不同的意見，不是被說傻，就是糟糕。他們的態度狂妄，耀武揚威，有時說話嘻皮笑臉，卻不曾放慢速度。辯手們曲解我們的論點，扭曲我們的言論。他們在我們發言時，大聲嚷著「說謊」

跟「才怪」。

辯論結束時，我們跟形象崩壞的偶像握手，閒聊氣氛很尷尬。我們都認同，用這種方式初次見面很奇怪。其中一人說：「抱歉，各位，你們的教練交代我們那樣做的。」

教練對我們的抱怨無動於衷，他把最後一個字的音節都拉得很長說：「你們曉得昆士蘭隊的其中一位教練，都怎麼跟她的隊伍說嗎？『攻擊要害。』好啦，你們都是優秀、正直的辯手。但有的隊伍會耍手段，抹黑。當然，你們可以看不起他們。但你們知道嗎？你們也會輸給他們，除非你們懂得如何應付。」

他繼續說：「優秀的辯手被惡劣辯手的計謀牽著走，就會輸。」

在接下來的幾次訓練中，我們分析了對手的策略。我們學到，惡質的辯論有成千上萬種的表現方式，但基本的特質一目了然，惡霸通常會採取四種人格特質的其中一種（見圖表6-1）。

閃避的人：招牌技倆是轉移焦點

閃避者絕對不直接回應論點，但他們明白必須保持微妙的閃避手段。他們的招牌技倆是轉移焦點，但他們不會忽略關鍵要點，否則就太明顯了，而是會擴大範圍，挑出某些層面來評論，可是不會涉及他們需要回應的議題：

「火力發電廠有害環境，加劇了氣候變遷。」

「氣候變遷代表我們需要可靠的電力來源，例如火力發電廠。」

有時，轉移焦點是一種攻擊手段，像是目標可以針對提出論點的人進行人身攻擊，而不是論點（例如：對環境有害？但你開休旅車耶）。另一個例子是「你也一樣」攻擊法（例如：對環境有害？風力發電也是啊）。

最好的回應是，堅持原本的論點，繼續探討原本的爭議。當對方的攻擊是針對你個人或不符合事實，在這種狀況下，或許很難不受影響。然而，當我們放棄他們希望忽視的爭議點時，閃避者就能夠逃脫嚴格的檢驗。要是對方站不住腳，我們不必低頭，可以跟他們交鋒，並更正他們的說法，同時堅持把討論帶回原本的主題。

指鹿為馬的人：建構出一個曲解的版本

指鹿為馬的人會扭曲對方的論點，他們無法或不願回應對方原本的論點，於是建構出一個曲解的版本（稻草人），再大張旗鼓地推翻。

「持有私人槍械，是公民應有的權利。」

「你意思是我們應該為了個人的自由，犧牲公共的安全？這是自由主義者的典型論點。」

稻草人論點，往往會擴大對手的辯護範圍，進而強迫要求對手承擔更多的舉證責任（強加責任）。這種作法是，將一個明確的主張擴展成範圍更大的原則（例如：從「持有私人槍械的權利」變成「公共的安全應該被犧牲」），以同類型的案例進行類推（例如：既然你喜歡槍，難道就不喜歡其他武器了嗎？）或是給對方的論點貼上分類的標籤（例如：自由主義者的典型論點）。**最好的對策是撥亂反正，包括明確指出他們如何將鹿說成馬，也就是原始的論點及曲解之處**。如果有必要，解釋對方哪裡誤會了，然後將討論重回原本的主張。

唱反調的人：擅長反駁，從不堅守立場

唱反調的人擅長反駁，但自己永遠不會提出正面論點。對他們來說，沒有任何事物可以配不上他們。他們的基本策略是，時時刻刻都在全面反擊。

唱反調的概念可以追溯到西元前六世紀左右的梵文經書《正理經》（*Nyaya Sutras*）。[15]這本

經書區分了三種不同類型的異議：論議（vada），這是一種條理分明、邏輯嚴謹的辯論；詭論議（jalpa）涉及了各種不正當的辯論手法；還有壞義（vitanda），是指一個人只會批評而說不出自己反駁的論證。

由於唱反調的人從不堅守立場，他們要求對手的標準也會一變再變。美國非洲裔女性作家童妮．摩里森曾寫道：「種族歧視一個很嚴重的作用，就是分散注意力……有人說，你沒有藝術細胞，於是你不敢再多說一句。有人說，你沒有國家，你就不敢再多說一句……永遠都會有下一項你沒有的東西。」[16]

唱反調的人之所以得逞，有時是因為他們影射了一個立場，而這個立場在事後又能貌似合理地否認，像是「吹狗哨」（dog-whistling）指的是，使用含糊的言語，向某些人傳達更明確的訊息（例如：說「法治」代替「在低收入地區加強警力維持治安」）。

最好的回應方式是，揪出唱反調者的立場。這可能需要提問：「那你到底相信什麼？」「我要怎麼證明，才能說服你？」或「你那樣說是什麼意思？」然後，緊咬他們的回答不放。

說謊的人：為了誤導別人

騙子會說謊、信口雌黃，他們故意說出自己心知肚明的假話，就為了誤導別人。

在回應騙子時，我們會犯的一個錯，那就是以為拆穿他們「你是騙子！」或「那是謊話！」就足以打敗他們。事實上，這正是騙子能夠搶得先機的方式。他們挑動我們的情緒，刺激我們進行人身攻擊。

然而，我們需要做的是，證明騙子的說法不實。辯論時，可以使用一種稱為「置入與取代」的方法，共有兩步驟：

1. **將謊言置入格局較大的世界觀中，然後說明會出現哪些問題：**

「想像一下，移民都是暴力分子。那你要怎麼解釋，移民在暴力犯罪中被定罪的比例，實際上低於土生土長的公民？」

2. **以事實取代謊言，說明為什麼事實更可能符合現況：**

「事實上，移民沒有比其他人更暴力。他們居住在困苦的地區，警察特別多，犯罪率照樣比較低。」

這並不能證明對方在說謊，卻能證明對方堅持那些主張不合理也不誠實。在秩序良好的社會中，對這種如此固執枉顧事實的人，一定要予以譴責，這一點後文會再提到。

騙子會造成另外兩種危險：

1. 他們虛張聲勢，發表不誠實的言論，又說他們不是那個意思。當騙子說「每個新聞媒體都很腐敗」而你對此提出質疑，那他們就會回答：「我不是要表達字面上的意思。」最好的對策，就是我們已經用來對付唱反調的人：不斷詢問騙子他們真正的意圖，直到他們無法辯駁自己的立場為止。
2. 我們應該小心不被大量的謊言壓垮。由於查核事實需要花時間，因此騙子利用這一點，以氾濫的虛假資訊使對手分心，讓對方無法專注在自己的論述。英國作者喬治・蒙比奧特（George Monbiot）拒絕與一位懷疑氣候變遷的人辯論時，他說：「提出一個會讓人誤解的科學說法只需要三十秒，但反駁得花三十分鐘。」[17]

最好的對策是，聚焦在兩三個具有代表性的謊言，舉例說明騙子的扭曲。一旦我們證明了這些主張的虛假之處，或許能夠歸納出一種模式。

在這些訓練課程結束時，我們覺得自己做好更充分的準備，可以面對即將到來的激烈辯論。而且，我們對那些折磨我們的人已經沒有任何怨恨，因為我們內心明白，他們只是扮演惡霸的正派人士。在辯論活動中，那些閃躲、曲解、唱反調、說謊的人將受到懲罰，因此無論他們如何耍詐，程度終究如此。就像世界上的多數人一樣，他們會顏面盡失。

吵架的人目標不是以理服眾

第二場總統大選辯論在十月九日週日舉行，那天的氣溫一整天都維持在攝氏十三度左右。風吹了一整天，直到傍晚才漸漸平息，帶來一種詭

人格特質	採取的策略	應付的對策
閃避的人	轉移焦點 人身攻擊 你也一樣	堅守原本的論點
指鹿為馬的人	稻草人 強加舉證責任	撥亂反正
唱反調的人	標準一變再變 狗哨	揪出他們的立場
騙子	謊言 虛張聲勢 氾濫的不實訊息	置入與取代 反駁斥代表性的謊言

圖表 6-1 惡霸的四種人格特質

異的寧靜感。然而，在哈佛大學普福茲海默樓（Pforzheimer House）的餐廳裡，擺滿了一張張的長桌，人們熱烈的聊天聲，迴盪在這個雙層樓高的空間。有幾夥人試圖模仿ESPN體育台的播報風格，進行賽前分析，有些人在互相打賭，堅稱他們支持的一方會勝出。晚餐是牛肉炒飯，但牛肉炒得很柴，導致消化不良的風險極高。

這一次，我們沒在宿舍一起聚會，因為我在偉德納圖書館（Widener Library）的書堆裡，度過漫長的一天，然後到餐廳外帶一盒亞洲風味的食物，拿回宿舍房間。約拿和約翰，他們最近都有了新的約會對象，所以都不在宿舍裡。我開了一瓶啤酒，坐到沙發上，然後我打開電腦，觀看網路直播頻道和社群媒體的動態消息。

晚上九點之前，直播的畫面切換到了密蘇里州聖路易斯（St. Louis）的華盛頓大學（Washington University）。舞台的布景跟兩週前的首場辯論一樣，有著禿鷹、憲法和星星，但講台換成了高腳椅，選民們坐在半圓形的觀眾席，面向候選人。這一回，候選人沒有握手，他們保持距離，只有點頭微笑。不知道為什麼，在某種程度上，我覺得他們違背了基本規則，因為辯論就像決鬥，是一種充滿尊嚴的爭鬥。

頭十分鐘，候選人發表了相當於開場白的發言，討論非常客氣。希拉蕊以一段鼓舞人心的話開場：「如果我們設定目標，共同努力實現，我認為，沒有美國做不到的事。」[18]川普以和解的手勢回應：「嗯，其實我也同意這一點。我認同她說的每一句話。」然後，有一個問題提到一段川普的錄音檔，在錄音中，他評論了未經女性同意就亂摸、強吻對方的行為，於是辯論的走向完全變調。一旦開始下滑，就再也找不到底線：

看看比爾．柯林頓（Bill Clinton）吧，他更糟糕。我就只是耍耍嘴皮，他則是毛手毛腳。他對女人做了那些事。在這個國家的政治史上，從來沒有人對女性這麼差勁……希拉蕊抨擊那些女性，攻勢還很猛烈。今晚她們有四人來到現場。

原本希拉蕊想要採取一本正經的風格，然而辯論的形式似乎阻礙了她。兩人在台上的距離相當近，加上他們連環炮的對答，讓她幾乎無法喘息。

希拉蕊：謝天謝地，還好沒有像川普這種性格的人來掌管我們國家的法律。

川普：不然妳就得吃牢飯了。

希拉蕊：請讓她本人回答。你發言的時候，她可沒有說話。

川普：對，確實。我沒有。

希拉蕊：因為你無話可說。

辯論結束後，至少有一小時，我都無法離開螢幕。醜陋的精華片段在有線電視頻道裡，循環播放，在社群媒體上的動態貼圖和迷因哏圖迅速流傳。「你還好嗎？」約翰邊問邊脫鞋，掛起外套。這個問題，讓我無法回答。

如果要說那天晚上唯一的亮點，可以表明事情有好轉的的徵兆，那就是幾乎每一場辯論後的民調，似乎都在懲罰川普的行為。民調顯示，認為川普贏得辯論的受訪者比認為希拉蕊贏的人少了至少兩位數的百分比。[19]我一邊刷牙，一邊瀏覽著民調數字。這是有意義的數據，調查結果一致且明顯。那為什麼我會感到心寒呢？

我就讀小學時，小孩面對惡霸有不同的應對方式，有人會逃離現場，有人則是通報老師。最害怕的孩子會投靠黑勢力。我自己的作法是跟惡霸談條件，勸他們「用談判來解決問題」。在那些交流中，我通常會先思考應對的方式，例如：「不對，事實上，我穿的衣服不過分。」「我沒有特別在看什麼，只有四處看看。」

但惡霸擁有許多惡劣的手段，像是飆罵髒話、人身攻擊、顛倒是非。只要有人開始問候「你老母」*，我們的互動模式就會改變，從辯論變吵架，有理說不清，因為遊戲規則變了。朋友和家人安慰我：「你辯得贏他們，因為他們無話可說，所以他們只能用辱罵和拳頭來反擊。」確實如此，但道德的勝利怎麼能夠治療瘀青的手臂？

儘管賽場辯論的文雅規則，能夠防範許多霸凌的手段，但保護並非完善。我參加雪梨的中學辯論聯賽時，我跟貝克學院的隊友特別害怕一支隊伍，他們來自雪梨富裕的下北岸一所男子私立學校，雖然體格瘦小，卻有著橄欖球員的動作與姿態。在比賽空檔，那三個男孩帶著澳洲腔飆罵髒話；在上場比賽時，他們又是嘲弄又是狂笑，擺出威脅的姿態，怒瞪評審和觀眾。多數情況下，他們的風格根本是玩火自焚，一無所獲，但有時卻會得逞。缺乏經驗的評審要是被他們的篤定與強勢唬住，評審就會判他們勝出。

有時，辯論比賽會獎勵恃強凌弱的隊伍，原因跟評審的一項特質有關。乍看之下，在辯論中取勝似乎很簡單，那就是只要有一方說服評審投票贊成他們的立場。但是，如果在一場關於「支持入侵伊拉克」的辯論中，要是說服了評審，那究竟意味著什麼？顯然，我們不會認為評審當下一定認同入侵是好事，說不定評審本身是和平主義者。因此，所謂的勝利指的是，獲勝隊伍讓評

---

* 拿別人的母親作文章，藉此羞辱對方的笑話。例如你媽超胖。

審相信，他們是更有說服力的一方。

許多惡霸擅長利用說服和被說服的認知落差，一個與眼前議題的決策有關，而另一個則是利用當下的討論作為資訊，以評估相關能力，像是口才與才智。如果說服力是指一場比賽的結果，那麼說服力就是一個人在許多情境下展現的社會威望。在一個將篤定與強勢當作是勝者風範的文化中，我們對說服力的認知往往容易受到扭曲。

在大多數的辯論中，辯手都希望說服群眾，並展現自己的說服力。因此，辯論一直具備雙重特性，結合了表演與思辯、虛假與追求真理、競爭與合作。辯論中的表演成分本身並不是壞事，反而會激發大家對政治的關注、做出社會判斷，並將觀點擴散得更廣。但是，當表演元素違背辯論的價值時，我們必須認真看待這一點。

那麼，回頭來談民意調查。每一份調查會用各種方式提出同一個簡單的問題：「誰贏了辯論？」但對於辯論結果的看法，這不是辯論唯一可以提出的問題。

在論述上，或許川普輸掉這次辯論，但我們不見得只能從這個角度評論。他在辯論舞台上跟人激烈爭執，試圖讓我們相信，我們所看到的就是一場吵架。我懷疑這樣做是否行得通。然而，在他的表演過程中，有那麼一瞬間，我感受到了野獸般的興奮，那種想要跟惡霸站在一起的本能，讓我覺得他或許成功了。

這場辯論，讓我想起第五種惡霸，那就是「愛吵架的人」，跟前述四種惡霸不一樣，他們從沒打算從辯論的邏輯論述中，追求不公平的優勢。他們試圖全面粉碎邏輯，讓論戰變成向所有人開放的大亂鬥，唯一的勝利方式是讓人認為你稱霸全場。**愛吵架的人目標不是以理服眾，而是讓對手沉默、邊緣化，甚至摧毀對手的意志**。

正式的辯論可以針對這種惡霸建立防範的機制。當惡霸在不該發言的時候開口、干擾查核事實資訊或出現不良行為時，評審可以有權關掉麥克風或制止他的行為。然而，在我們日常生活中，大部分的爭執情境，像是職場、家庭、公共場合，並沒有這些防範機制。

在日常生活中遇到愛吵架的人，我們唯一的希望是：重建爭論的結構。但就像總統大選辯論出現的情況一樣，是一項極為困難的任務，即使有專業的主持人在場。那麼，當我們孤軍奮戰，獨自面對惡霸時，我們還有什麼希望呢？

避免爭論變吵架的三大對策

一九五九年夏天，正值冷戰的高峰期，一支美國官員的代表團抵達莫斯科索克尼基公園（Sokolniki Park），他們要舉辦一場展覽會，目的是讓蘇維埃的民眾見識美國民眾令人羨慕的生活。

在成千上萬的圖像與各種展示中，最引人注目的是一間漂亮的樣品屋，售價是一萬四千美元，對於美國一般煉鋼工人來說可以負擔得起。樣品屋是長島康馬克（Commack）一棟住宅的複製品，內部劃分成幾個區塊，以便容納最多的參觀人數。由於樣品屋的分割設計，以及美方希望凸顯的魅力，將這間樣品屋取名為「分割尼克」（Splitnik）*。

六月二十四日，是這場展覽的開幕儀式，由美國副總統理查·尼克森（Richard Nixon）主持，他主動帶著蘇維埃領導人尼基塔·赫魯雪夫（Nikita Khrushchev）參觀。但是好戰的赫魯雪夫逛得並不高興，基於私人及戰略因素，於是決定故意找麻煩。他鎖定了樣品屋廚房裡的自動檸檬榨汁機說：「你們為什麼要給我們看這個？你們想要展示不切實際的東西，讓我們走上歪路嗎？」[20]

赫魯雪夫身高約一六〇公分，身材矮胖，體態像一顆藍莓，非常引人注目。他以全身的動作表達自己，一個招牌動作是用手指指著談話者的胸口，然後以體重施壓。他的笑聲非常宏亮，但他的愉快心情可以在一瞬間轉為憤怒，從他笑紋的變化能看出他即將翻臉的徵兆。

隱藏在這張豐富表情的臉孔背後，是不折不扣的政壇老狐狸。赫魯雪夫生於一八九四年，父母是卡利諾夫卡（Kalinovka）的貧窮農民，那是一座靠近烏克蘭邊界的村莊。他憑著聰穎的天資，在共產黨步步高升，更重要的是一直位居高位。他參與執行史達林下令的肅清行動，而且沒讓自己被整肅，靠著狡猾的手段擊敗競爭對手。在史達林逝世時，他拿下領導權，然後譴責前任總書記留下「個人崇拜」的遺毒。

在水門案尚未爆發之前，尼克森是貴格派教徒的子弟。他在四十六歲造訪莫斯科時，開始展露出自己的政治手腕，將他送上總統職位，也導致他下台。然而，相較於年長二十歲的赫魯雪夫，尼克森還只是新手。這位加州前參議員晉升為副總統的那一年，赫魯雪夫成為蘇聯的領導人。

兩人一起參觀展覽時，他們的體態差異鮮明。赫魯雪夫身穿灰色西裝、戴白帽，個性奔放，行動不按牌理出牌，一下拐彎找上這個人，一下後退找上別人。相形之下，尼克森身材細長，雖然他個子比較高，但他的影響力遠不如對手強大，有可能被搶鏡頭，陷入對手的陰影之中。

這時，在樣品廚房裡，兩人之間潛藏的緊繃氣氛爆發成爭論。尼克森即將與世界上最難纏

---

* 雙關語，蘇聯搶在美國前面，於一九五七年發射史普尼克（Sputnik）衛星，震撼國際。

的吵架高手鬥嘴：

尼克森：請看看這間廚房。加州住宅的廚房就是這個樣子。

赫魯雪夫：我們有廚房。

尼克森：這是最新的款式，是許多住宅內建的配備，可以直接安裝在家裡。我們美國喜歡讓女人的日子過得更輕鬆。

赫魯雪夫：共產主義不會像你們用資本主義的態度對待女人。

尼克森：我認為，對待女人的態度應該是世界共通的。我們的目標是想讓家庭主婦的生活更輕鬆。

譏諷來得又多又快，他們渾身帶刺，存心打斷別人的言語節奏。場外的相機飛快按下快門捕捉畫面，記者快速做記錄。

尼克森一開始採取的策略是，佯裝這是一場辯論。也就是說，他一直裝作他有權繼續提出他的論點，並得到公正的評判。當然，尼克森在高中時成為冠軍辯手的經驗派上了用場。他的演說教練常告訴他：「演說，是一種對話。如果有觀眾，你可以提高音量，但不要用吼的，要對他們說話。」[21]

如果對方動不動就插嘴，最糟糕的做法就是停止論述，或是飆速把話說完，但結果對方就控制了談話的時間分配。次要糟糕的做法是抓住對方的譏諷（特別是機會絕佳的時候），卻不是完成我們的論述，因為這樣反而會讓對方主導議題走向。

我們也一定要控制情緒，別在霸凌的策略裡以牙還牙。事實上，我們沒幾個人能夠不顧一切跟人大吵大鬧。即使以牙還牙能夠拿下一兩分，我們不太可能比得過真正的霸凌。

最好的做法是繼續進行論述，穩住步調。如果對方插嘴，我們可以暫停，稍後再補回被占用的時間。你可能會覺得雙方似乎不是在討論同一件事，這正是關鍵：吵架不是辯論，我們不會允許對手單方面改變規則。

那麼，**避免辯論變吵架的第一步是什麼？就是假裝那是一場辯論**。

此舉讓尼克森爭取到一點時間。兩人不是你一句、我一句地互相反駁，而是提出論述，較量起在各自的國家，國民購買住宅的負擔能力與住宅的壽命。然而，一旦讓蘇聯領導人占了上風，就很難遏阻他。

赫魯雪夫：美國人對蘇聯人有自己的想像。但蘇聯人跟你們想的不一樣。你們以為俄羅斯人看到這些東西會目瞪口呆，但事實上，現在俄羅斯新蓋的房子就有這些東西。

尼克森：是的，但……

赫魯雪夫：在俄羅斯，你只要一出生就能得到一間房子。你有權享受住宅……在美國，如果你身無分文，你可以選擇去睡收容所或是睡在路邊。然後你們卻說我們被共產主義的奴隸。

（……）

尼克森：要是你在參議院，我們會說你阻撓議事！你……（赫魯雪夫插嘴）……話都是你在說，你不讓別人發言。這場展覽的目的不是要人目瞪口呆，而是激發興趣。多元化、選擇的權利，以及我們有一千家建設公司建造一千種款式的住宅，這些才最重要的事。我們不希望政府官員替我們做出單一決策。這就是差別。

為了阻止赫魯雪夫主導辯論，尼克森用了第二個策略：停下來並命名。也就是暫停對話，明確指出導致辯論開始瓦解的行為——「阻撓議事」。

鬥嘴的人在混亂中如魚得水，他們一副沒有預先排練過的樣子，發揮的成效最好，侵蝕辯論的作用會掩藏在誇張的言行底下。指出破壞的行徑，就像揭發魔術師的伎倆，能夠幫助我們抵禦那些招數，重新設定討論的方向。

這種策略的風險是，可能會變得近乎人身攻擊，使得分歧更加棘手。尼克森差一點就淪落到那種境地，因此我們應該專注於行為，而不是做出那些行為的人。

兩位領袖一邊對話，一邊從廚房展場走去隔壁的電視攝影棚。在媒體面前，赫魯雪夫大表現得比較自然。蘇維埃領導人發表了宣言式的陳述，手勢張揚，偶爾會把他的白色帽子當成道具。攝影機的燈光激發出他的表演欲：

> 赫魯雪夫：（插嘴）不，在火箭方面，我們已經比你們領先，還有科技領域……
>
> 尼克森：（繼續發言）你看，你從不讓步。
>
> 赫魯雪夫：我們一直都知道美國人聰明。笨蛋無法像他們那樣提高經濟水準。但你也知道，「不能用鼻孔打死蒼蠅！」這四十二年來，我們進步了。
>
> 尼克森：你們千萬不能害怕創意。
>
> 赫魯雪夫：我們是在說，不應該害怕創意的是你們才對。我們什麼都不怕……
>
> 尼克森：那我們多多交流創意吧。這是我們都同意的吧？

赫魯雪夫：很好。（赫魯雪夫轉向口譯詢問）我剛剛同意了什麼？

在對談即將結束時，尼克森決定推遲這一回合的辯論。儘管他盡力了，這場辯論依然變成了吵架，他沒有堅持下去，而是贏得複賽的承諾。

辯手所能做出的決定中，最重要的是決定結束辯論。當我們做出該下策的原因不是躲避分歧，而是為了下次優質的異議保留力氣，那就是為了良好的對話在鋪路。

前述三種對策——佯裝那是辯論、停下並命名、推遲辯論—看起來像是我們在辯論練習中對付惡霸的對策，但目標比這個更有野心，不僅事要擊敗當下令人不快的爭執，更要降低爭吵威力的環境。

在莫斯科的言語衝突一年後，尼克森在辯論舞台上遇到一位截然不同的敵人，那就是來自麻州參議員約翰．甘迺迪（John F. Kennedy）。首場辯論在芝加哥舉行，時間是九月下旬的週一，那是美國總統候選人們首次在電視轉播的辯論中面對面，約六千六百四十萬人收看。

隨後，尼克森面臨了一場政治災難。在刺眼的舞台燈光下，他看來蒼白、緊張、冒冷汗（當時，他膝蓋感染，還在恢復期）。同時，年輕的參議員有黝黑的膚色，舉止得體，表現出色。那一夜之後，尼克森的民調就此落後，於是辯論會成為美國民主的重頭戲。

從一九六〇年總統週期（presidential cycle）中出現的說法是，尼克森在辯論中與電視上的失常表現，多少決定了他的命運。但一年前，他在蘇聯領導人面前，成功守住了自己的立場，讓原本可能淪為吵架的對話，成為世人記憶中的「廚房辯論」。

對我們辯手來說，尼克森得勢與失勢的教訓實在太熟悉了：成也辯論，敗也辯論。

以說服力解決糾紛，而非暴力

二〇一六年十一月七日週一，總統大選前夕，我搭乘清晨的班機從波士頓飛往紐約，去參加來自中國北京一個碩士獎學金蘇世民獎學金（Schwarzman Scholarship）的面試。該創辦人是美國億萬富豪兼私募股權巨頭黑石集團（Blackstone）共同創辦人蘇世民（Steve

＊隨著總統選舉週期而出現的潮流趨勢變化，例如選完後，股市便因為利多出盡而下跌。

Schwarzman）設立，承諾資助清華大學一年制碩士學位課程。我沒有特別明確的原因想要生活在中國，但我對一個如此快速蛻變的國家特別有興趣見識。

面試地點是在歷史悠久的華爾道夫酒店（Waldorf Astoria Hotel）三十一樓舉行。享譽盛名的獎學金靠的就是一種由上而下締造改變的特殊理論，那就是一群受過昂貴教育的人進修碩士課程，與同儕往來，藉此充實自己，為世界做出更好的貢獻。蘇世民獎學金是新設立的獎學金項目，雖然尚未來得及證明這種假說，但面試官們的陣容卻展現出一種典範。在金碧輝煌的酒店裡，前任世界領袖、業界龍頭、媒體人物構成了名符其實的名人錄，而他們與二十多歲的人交流。我從這群人身上看見高級俱樂部的那種冷靜沉著。午餐時，吃著蔬菜沙拉，與眾人一起討論政治。我右側一位氣質出眾的男士說：「希拉蕊的得票率應該會很不錯。」

隔天，我在城裡四處購物、拜訪朋友，幾乎沒關注新聞。在公共場所，各種支持者和動員選民的人都在大聲呼籲參與民主選舉，但我聽見他們的聲音充滿疲憊和無奈。到了傍晚，我準時抵達拉瓜地亞機場（LaGuardia Airport），搭乘晚間七點五十九分的班機回波士頓，當我在排隊登機的時候，看到了第一次的預測結果——印第安納州和肯德基州是川普勝出、佛蒙特則是希拉蕊勝出。起飛的過程非常平順，一旦進入斷網路的區域，我覺得自己彷彿掉進了時間漩渦。

晚上十點左右，我下了飛機、領了行李、準備好迎接夜晚時，我在手機看到《紐約時報》

預測川普當選的機率是九五％。[22]我搭上返回波士頓下城的銀線（Silver Line）巴士，車程緩慢又不平穩，一切變得不再穩定了。

在選後那段日子，三場總統大選辯論會為媒體提供了大量的素材，暴露出現代政治的兩極化（與隨之而來的醜陋）：

「壞傢伙」

「你是傀儡」

「真是惡毒的女人」[23]

在競選期間，政治名嘴都在批評辯論會的形式。一位記者描述了辯論會的奇觀：「作秀和牢騷，硬拗和鬼扯的綜合體。」[24]一位政治學的學者甚至提議乾脆完全廢除辯論的形式，改成電視轉播的「危機模擬」[25]。

我從不認為辯論會會被取消，但現在，在這場具有嚴重分裂的選舉中，我察覺另一種危險，就是人們會放棄追求理想的辯論，不只在國家政治的層面，也在個人生活中，那是出於絕望，而非憤怒，是出於疲憊，而非怒氣，這樣的損失，確實不可估量。

與朋友談話時，我試圖說明辯論具有雙重特性的語境，辯論者的談吐可以優雅且周道，坦率且熱忱。我帶著滿腔的信心提出這樣的主張，但在我的內心，我納悶我們能不能從自己的內在找到另一種聲音，予以提升並放大。在這些懷疑時刻，我從最不可能的管道獲得了慰藉。

叔本華寫完《論爭辯證法》之後過了約二十年，他似乎不指望世界上會有優質的辯論。一八五一年，他在最後一部重要著作《附錄與補遺》（*Appendices and Omissions*）寫道，他曾經試圖為劣質辯論的形式結構進行「俐落的解剖標本」，也就是他所說的「傻子的最後手段」（*Ultima ratio Stultorum*）。[26]

老年的叔本華更加堅信，議論不只暴露人們「智識不足，而且……道德淪喪」。他表示不再回顧這份實例，但他要更殷切地督促「別跟平庸的人起爭執」，因為「結果總是令人厭惡」。叔本華說，我們可以嘗試辯論，「**但只要我們從他的反駁察覺任何一絲的固執，就該立刻停下**」。[27]

然而，在這位哲學家的深憤世嫉俗下，他忍不住留下一絲餘地。他寫道：「凡是不承認對手的論述有道理的人，不是直接暴露了他們的智識薄弱，便是間接顯示出他們沒有駕馭個人意志的能力。因此，我們應該只基於必要的責任與義務，才跟這種人打交道。」

在我看來，這正是關鍵。**身為公民，我們確實有妥善提出異議的責任，以說服力解決糾紛，而非暴力；仔細討論雙方都關心的事務；告訴當事人為什麼我們不認同他們，並且給他們回應的**

機會。對於跟我們同住的人、在同一個職場的人、在同一個鄰里的人、在同一個國家的人，這些義務更加重要，而逃避辯論則是在推卸這些責任。

古希臘人喜歡讓他們的神祇湊成對立的一對。宙斯是天空之神，他的兄長黑帝斯（Hades）是冥界之神。阿波羅是太陽神，他姐姐阿提米絲（Artemis）是月亮女神。

根據神話，厄莉絲女神也有一位姐妹。她是和諧（harmony）與協調（concord）的女神，因此希臘人稱她為哈摩妮亞（Harmonia），而羅馬人稱她為康珂蒂亞（Concordia）。關於她的故事寥寥無幾，這些故事顯示她的權柄始終無法媲美厄莉絲。

古希臘詩人海希奧德（Hesiod），名字的意思是「直言的人」，他則有不同的看法。他說，其實名為厄莉絲的女神有兩位。一位帶來戰爭與毀滅，另一位對人類比較仁慈，只製造分歧與衝突。她讓懶惰的人透過跟鄰居較勁，也能激發他們的工作熱情。他寫道：「這樣的不和對人類有益。」[28]

神話告訴我們，劣質異議的對立面不是沒有異議，而是優質的異議。目前，黑暗的厄莉絲似乎君臨天下。但從數千年來的教訓，優質與劣質議論之間的競爭，以及各方要讓人選邊站的衝動，從未徹底解決。就像任何一場精采的辯論，爭鬥將會持續進行。

第7章

教育學習

如何成為
有素養的公民

七年級結束時，麥爾坎・利托（Malcolm Little）開始扭轉局面。過去幾年，對他來說，生活非常難熬。他失去了父親，親眼見到母親飽受精神崩潰之苦。由於他捲入未成年犯罪事件，因此密西根洲蘭辛（Lansing）普萊森葛羅夫學校（Pleasant Grove School）將他勒令退學。然而，一九四〇年代初，此時利托正在就讀梅森國中（Mason Junior High School），他開始找到立足之地。他的監護人是州政府，在同年級中，他是唯一的非裔美國人。此外，他還當選為班長，學業成績優秀，在班級中名列前茅。然後，一年過去了，情況卻逐漸惡化。利托最拿手的科目是歷史和英文。他回憶說：「數學沒有爭論的餘地，錯了就是錯了。」[1]但問題卻開始出現在這兩門課。利托對歷史老師威廉斯先生（Mr. Williams）已經感到厭惡，因為這位老師經常在課堂上講種族歧視的笑話，但他信任英文老師奧斯特洛斯基先生（Mr. Ostrowski）。因此，當這位年長的男性開始提供建議時，這位少年耿耿於懷：

奧斯特洛斯基：麥爾坎，你該想想就業的事了。你想過了嗎？

麥爾坎：想過了，老師，我一直想成為一名律師。

奧斯特洛斯基：麥爾坎，人生的首要需求就是務實。你可別誤會我的意思。我們都喜歡你，你知道的。但對一個黑人來說，當律師不是一個務實的目標……要不要考慮去當木工？[2]

利托無法忘記，他一次又一次地在腦海中重現那個時刻，提醒自己同一位奧斯特洛斯基先生是如何支持其他小孩的志向。利托後來說：「我比那些白人小孩還聰明，但在他們眼中，顯然我還不夠聰明，無法成為自己想要的那個人。」[3]從那以後，這位少年自我封閉，他拒絕解釋自己發生了什麼事。

念完八年級那一週，利托搭上灰狗巴士前往波士頓，跟同父異母的姐姐艾拉（Ella）一起生活，隨後幾年打了幾份零工，同時陷入犯罪和詐騙之中，他再也沒有回到學校。

一九四六年二月，二十歲的利托進了麻州查爾斯頓（Charlestown）的州立監獄，因為竊盜罪及相關罪行開始服刑，刑期為十年。他的囚犯編號是二二八四三，但由於他對宗教充滿敵意，不久就得到「撒旦」的綽號。

在查爾斯頓的監獄，利托受到另一名囚犯的影響。約翰·艾爾頓·賓布里（John Elton Bembry），又叫「賓比」（Bimbi），跟利托一樣高（約一八八公分），膚色也一樣紅潤，但在其他方面，兩人完全不像。利托滿嘴惡言相向、大呼小叫，賓比則相當健談，從商業到美國作家梭羅（Henry David Thoreau）的著作等各種主題。賓比提高音量時，連獄警都會注意聆聽。

利托評論道：「相比之下，我的說話風格就顯得軟弱無力，他還從來不說髒話。」[4]

一九四八年，利托被送去了諾福克流放地（Norfolk Prison Colony），那邊是一位改革派典獄長設計的模範監獄社區。賓比在博學、口才方面，成為了利托的模範和榜樣。利托在那裡奮發向學，參加教育課程、經常跑去藏書豐富的圖書館。他從字典上的第一個單字「aardvark」（土豚）開始抄寫。他閱讀的領域從歷史（古埃及、衣索比亞、中國）到哲學（蘇格拉底、叔本華、康德、尼采），再到以利亞・穆罕默德（Elijah Muhammad）*的政治神學。利托回憶說：「閱讀讓我的腦袋充滿了壓力，就像壓力鍋一樣。」[5]在這個時候，利托需要一個紓壓的出口，一個可以表達觀點的途徑，而他找到的出口就是辯論比賽。

諾福克辯論社培訓的隊伍與當地大學的辯論隊進行比賽，每週還會舉行囚犯之間的辯論比賽。辯題範圍涵蓋政治（例如：是否應該強制軍事訓練？）、歷史（例如：莎士比亞的真實身分為何？），甚至營養學（例如：應該給嬰兒餵食牛奶嗎？），這些比賽吸引了數百人的觀眾。利托說他在辯論的啟蒙宛如「洗禮」：

> 但我要告訴你，在監獄裡辯論、對人群說話，就跟我以前從閱讀發掘知識一樣令人振奮。站在台上，一張張的臉孔仰望著我，我腦袋裡的想法透過我口中表達出來，同

時我的頭腦在搜尋下一個最棒的觀點，緊接著我正所說的內容，如果我能運用得當，就能說服別人認同我的說法，那麼我就贏得了辯論，親身體驗過後，我就迷上辯論了。[6]

利托的辯論能力與隊友們共同成長。一九五一年十二月，諾福克舉行他們的第一屆國際辯論賽，對手是牛津大學的隊伍。囚犯們與大學隊伍對打的戰績相當不錯：三十四勝、十四敗。諾福克是這些英國人的最後一站，之前已在美國各大學比賽長達兩個半月不曾落敗，絕對不會輕易放棄。此時，利托又移監到查爾斯頓，因此在全民保健服務的辯題中，就由劫匪莫多（Murdo）與開空頭支票的比爾（Bill）擔任反方辯手。評審們的評分是三比零，由諾福克獲得壓倒性勝出。牛津大學的辯手威廉・芮斯—莫格（William Rees-Mogg）[†]說：「他們非常厲害。」[7]

在牛津辯論賽八個月後，利托假釋出獄。這時，他已經改了新名字：麥爾坎・X。

在身為牧師的傳道工作與社運人士的職涯中，麥爾坎・X先是為伊斯蘭國度（Nation of Islam）效勞，後來以自由人的身分推動理念，幾乎都是靠著他的辯論技巧。為了支持種族分離

＊ 黑人穆斯林的政治宗教團體伊斯蘭國度的教主，主張黑人至上，崇尚暴力。

† 後來成為《時代》雜誌編輯，是英國保守黨政治人物雅各・芮斯—莫格（Jacob Rees-Mogg）的父親。

主義、抵制非暴力，說明當中的道理，他會找上了反對他的人。他在校園、廣播、電視向他們發戰帖。一位傳記作者評論道：「麥爾坎幾乎每次跟人議論都會贏，至少是贏過出席了那些場合的人。他用一種冷酷的道德狂怒來辯護自己的立場。」[8]

當有人問他怎麼學會如此強勁有力的說話方式時，麥爾坎．X歸功於在監獄服刑的歲月，特別是一個人的影響，他說：「其實是從查爾斯頓監獄開始的，當賓比第一次讓我對他的知識感到羨慕時。」但有時，當他回顧峰迴路轉的人生，他會想起更早時期與另一位導師的事：「我常常想，要是奧斯特洛斯基先生鼓勵我當律師，我今天大概會在某個城市裡，跟中產階級的黑人專業人士在一起，啜飲雞尾酒，假裝自己是地方上的發言人。」[9]

諾福克辯論社也蓬勃發展。在一九六六年停辦之前，這支隊伍與各大學的隊伍競賽，拿下一百四十四勝，只有八敗，包括贏過由音樂人李歐納．柯恩（Leonard Cohen）帶領的加拿大隊伍。二〇一六年，一群囚犯重振辯論社，又一次開始培訓競賽隊伍。在諾福克辯論社停辦五十年後的首場公開辯論活動中，前辯手詹姆斯．基翁（James Keown）表示：「這對我來說，是很有人情味的事……你知道我意思吧，這關乎我們在這個世界上有一席之地，我們有發言權，而我們有話要說。」[10]於是，我繼續受教育。

辯論活動，是菁英教育的重頭戲

二〇一七年五月最後一週，在豔陽與暴雨交織的不穩定天氣中，我的教育生涯的一個篇章結束了。我的父母從雪梨飛來參觀畢業典禮，在哈佛與許多美國大學，稱為「人生下一階段的開始」（commencement）。對我疼愛有加的阿姨也從西雅圖飛來參加我的畢業典禮。那一整週，我提議去波士頓周圍的景點遊玩：芬威球場（Fenway Park）、伊莎貝拉・史都華・嘉德納博物館（Isabella Stewart Gardner Museum）、唐人街。但我的父母似乎情願待在我房間，跟我的朋友們聊天，挖掘我過去四年的生活概況。

那一週晚上，我跟朋友一起去著名的地下酒吧「格倫戴爾的窩」（Grendel's Den）消磨時光，那是一個氛圍獨特的地方，我們在那邊聊了許多主題，酒反而喝不多。在我們畢業班上，最多人要前往紐約和舊金山等大城市，但我的朋友們打算去的地方就比較分散。畢業後，我將在八月憑著蘇世民獎學金搬到北京；法內利將在亞特蘭大擔任顧問；約拿會念完剩下的一學期，然後搬到西班牙馬德里。我們人生方向開始分道揚鑣，這提醒著我：人與人之間，分離才是常態，而不是團聚。

在那些深夜的交談中，我跟朋友們討論著我們在過去四年真正學到了什麼。在面對現實世界中乏味的責任時，我們從人文教育所學到的內容，似乎是一連串不相關的事物：從政治理論到性史，再到湯瑪斯・哈代（Thomas Hardy）的小說，彷彿缺乏脈絡與意義。

五月二十五日週四的畢業典禮，加深了我的擔憂。儘管下著傾盆大雨，畢業典禮的場面仍然壯觀，吸引了三萬五千名觀眾，有隆重的盛裝表演、拉丁語演講和歌曲，讓人驚豔。而獲得榮譽學位的英國演員茱蒂・丹契（Judi Dench）與美國演員詹姆斯・厄爾・瓊斯（James Earl Jones），他們跟哈佛大學高層與化學家們同台，這一幕讓觀眾又驚又喜。下午，臉書創辦人馬克・祖克伯（Mark Zuckerberg）談論了科技與民主的未來。

這場畢業典禮清楚表明了我們的學位具有市場價值，因此我們躋身名流之間，並得到了一個談論科技與民主的未來舞台。在茫茫人海中，我思考著這種外在價值與實際教育情況之間的差距：理解不足的學問、困惑的時刻、在圖書館熬過漫漫長夜卻沒有得到滿意的成就感。

然而，我安慰自己還有一小段路可走，在搬到中國之前，我在熟悉的領域還有未竟之事：再過兩個月，我即將擔任澳洲國家隊的教練，指導他們參加印尼峇里島的世界中學辯論賽。同時，法內利是美國國家隊的教練，這將是我們暫別的最後一次相聚。

大多數辯手會有兩次退役，首先是停止參賽，然後過了一段時間後，完全退出辯論活動，包括擔任評審、志工與教練。由於大多數比賽要求參賽者必須是學生，所以大多數人在二十五歲左右第一次退役。第二次退役的時間因而而異，有些人會一直延遲退役，直到人生盡頭。

在峇里島的比賽，將是我第二次也是最後一次從辯論退役。雖然賽事委員會邀請繼續擔任澳洲隊的教練，但我堅持立場。過去十二年來，我沒體驗過與辯論比賽完全無關的生活。其中五年的時間，我擔任新生代辯手的教練，包括我以前的高中、哈佛、世界各地的學校及夏令營。我仍然喜愛教練的工作，但現在我認為，早點退役的潛在成本比晚離開，根本微不足道。我覺得時候到了。

因此，窩在家裡清閒幾週後，我在七月第三個週三，搭機前往印尼，最後一次為辯論啟程。從雪梨到峇里島的航班，接近傍晚時起飛，在播放機上安全影片之前，好幾排旅客點了酒，可以感受到他們的興奮，他們也渴望充分利用即將結束的假期。我原本打算檢查下一週的訓練時間表，最後決定加入他們的派對。

我們的班機開始降落，穿過厚重的雲層，在當地時間晚上十點左右著陸。我向海關申報入境的原因是「研討會」，這是辯手逃避痛苦對話的老把戲，避免跟海關聊到「辯論，有點像吵架，但是一項運動」。出關後，我跟著在練習說「色拉馬．馬藍」（Selamat Malam）*的觀光客一

---

* 印尼語，晚安。

起等計程車。機場的網路連線撐到我跟辯論隊傳完簡訊，他們的班機比我早，我們約定好一小時後集合開會。

在顛簸車程中，我思考著要跟隊員們說什麼。這種訓練營的傳統是先來一次精神喊話，一場激勵人心，穿插著愛國情懷的勵志演說。然而，這一年發生了惡意的辯論事件及其政治後果，如此狹隘地聚焦在勝負似乎並不妥當。我要傳授的辯論價值，似乎不再那麼不言而喻。

就我所知，**辯論是一種強大的教育工具**。以我來說，我覺得辯論不僅教導了我許多道理，還教導我如何學習，並且讓我真心渴望學習。對於這一點，有時我會用一個簡單的公式向別人解釋：資訊∧技能∧動機。

辯論讓孩童接觸到了非常廣泛的資訊，無論是題材廣博（政治、歷史、科學、文化），還是資訊來源多元（新聞、研究調查、數據資料、理論）。此外，孩童必須對資訊有足夠的理解，才有辦法當場跟人辯論。

然而，不僅僅是學習內容，真正的學習發生在更高的層次上。**辯論是一種綜合型的活動，涉及的技能包括研究**、**團隊合作**、**邏輯思維**、**作文**、**公開演說**，**這些技能形成了讓學生可以應用在許多情境的工具箱**。最重要的是，辯論讓孩子有了關注學習的動機。相較於許多課業活動是上對下的管控且被動，辯論則鼓勵時時刻刻參與，並把最基本的衝動變成一種運動，那就是有人會聽你說話，並在辯論中捍衛自己的立場。

根據實證顯示，**辯論可以促進社會平等與擴展**。儘管辯論活動長久以來都是菁英教育的重頭戲，但近年來社會上讓更多人接觸到辯論的努力，已經取得非常好的成果，例如：針對芝加哥城市辯論聯盟（Chicago Urban Debate League），美國有二十多個同類型的組織，進行了長期十年的研究，發現在剔除了自我選樣因素（self-selection）*後，處境困難的高中生參與辯論活動的畢業率是沒有參與的三．一倍。[11]

辯論也相對容易籌辦。從二〇一三年起，佛羅里達州布羅沃郡（Broward County）已成功在郡裡的每一所國中及高中推廣辯論活動。[12]世界各地都有人正在努力將辯論原則引進正規的課堂上，從而將課程內容轉化為辯論式教學。

我支持前述每一項主張，但我不禁思考這是否就是辯論的全貌：一種能夠促進某些個人優勢的教學工具，像是知識、技能、積極向上、人際關係和名聲，卻沒有產生社會效益。這本身沒有什麼問題，但這種想法卻讓我莫名感到心寒。

計程車右轉，開在一條沒有鋪設柏油的道路上。當初我選擇這一間出租房，就是因為位於

---

* 避免自己對號入座的受訪者，影響調查的公正性。

遠離塵囂的地點，但看不到其他住家，讓我感到驚訝，放眼望去幾乎都是稻田。助理教練詹姆斯（James）到門口迎接我，他帶著一抹歉意說：「孩子們都睡了。但他們都很期待見到你。」

當晚，我獨自一人在房間裡，思考著自己來峇里島當教練的瘋狂之舉。擔任辯論隊教練的體驗，主要都是心碎的回憶。教練擬訂計畫，而辯手總是打亂這些計畫。當比賽失利時，便每況愈下。然而，我們仍然願意接受這種挑戰，將希望寄託在青少年身上，要是運氣好的話，過去的心碎就會翻轉。

為未來要面對的爭戰做好準備

辯論教練的工作沒有腳本，只有能夠效法的對象。史上最強的教練或許是一位來自德州馬歇爾（Marshall）傳統黑人院校威利學院（Wiley College）的英文老師。一九三四年，當時十四歲的詹姆斯．法莫（James Farmer）剛成為跳級的大一新生，對於這一切他還一無所知。

當時，法莫身為一個青少年，身處滿是年輕成年人的校園，他所經歷的卻是孤單。他的父親是威利學院的宗教與哲學教授，因此法莫對校園相當熟悉，有覆蓋著長春藤的牆壁，還有滿是水仙、百日草、矢車菊的花園。但他年紀還輕，因此不可能有談戀愛的機會，大部分的學生跟他保持距離，以欣賞神童的態度對待他。

然而，有一個人對這個害羞的人展現出興趣。秋天時，年近四十的英文教授在校園裡注意到法莫，決定向他接近。他從數百公尺外向男孩喊話，問他在看什麼書。「托爾斯泰（Leo Tolstoy）的《戰爭與和平》（*War and Peace*）。」教授聽了很滿意，又大聲回應：「很高興知道你正陶醉在知識的世界裡，但為何不直接追尋其中的真義呢？」[13]

後來，這位英文教授向法莫發出邀請，並附帶威脅。某天早上下課後，他指責法莫不夠認真，命令他在閱讀書單上添加幾本書。「之後，我們一起來辯論。我會扮演反方，而你則要捍衛你的觀點。這就是透過對立觀點的碰撞，磨練你思考能力的方式。」如果做不到的話，成績就會不及格。法莫無言以對，於是那位教授便趁機解釋，學校的辯論隊每週二和週四晚上都在他家受訓。他說：「你也來吧。說好了，法莫，今晚見。」就這樣，這位大一新生落入馬文．托爾森（Melvin Tolson）的手中，他是一位教育家和詩人，也是威利學院辯論社的教練。

美國大學辯論社的誕生，可以追溯到開國元勛的時代。但從一八九〇年代至一九二〇年代的進步時代（Progressive Era），賽場辯論才成為社會各界的競爭，激發了對民主改革的強烈需求，包括女性投票權、參議員直選、打擊貪腐與壟斷。[14]這種風氣流傳到傳統的黑人大專院校，未來的非裔美國人領袖，包括就讀莫爾豪斯學院（Morehouse）的小馬丁·路德·金恩（Martin Luther King Jr.）、就讀林肯大學（Lincoln University）的最高法院大法官瑟古德·馬歇爾（Thurgood Marshall）、就讀德州南部大學（Texas Southern University）的州參議員芭芭拉·喬丹（Barbara Jordan），他們都接受過辯論的薰陶。

另一位這樣的畢業生是馬文·托爾森。在一九二三年畢業前，他與夥伴赫勒斯·曼恩·邦德（Horace Mann Bond）代表林肯大學出賽。隔年，托爾森到威利學院教英文與演說，展開了成立辯論社的初步行動。當法莫就讀威利學院時，托爾森教練已經花了十年的時間不斷精進「托爾森辯論絕招」（mighty Tolson method）。

法莫很快就發現這些訓練過程非常辛苦。托爾森是行動的核心，扮演對手、教育班長和教授的角色。他對每一位辯手進行一小時的交叉詰問，評論每個手勢、每個停頓。然後，他會準備大量的閱讀題材，讓大家帶回家做功課。有時，托爾森的態度也會有點殘酷，表現出「自己非常厭惡任何無能、無知、不關心如何改善自身處境的人」。但他激發了每個人的強烈忠誠。對法莫來說，「在托爾森家的夜晚是忙了一天之後的享受」。[15]

採取嚴格的訓練計畫，有一個原因是在美國南方施行「吉姆·克勞法」（Jim Crow）*期間，黑人辯手必須具備極大的毅力。法莫的隊友霍巴特·賈瑞特（Hobart Jarrett）回憶說，有一回在雜貨店外面，有個白人至上主義者用步槍向他們開槍，還有一次他們開車經過阿肯色州比柏（Beebe）時遇到一群暴民，讓膚色較黑的隊友蹲下躲藏才逃過一劫。一位歷史學家寫道：「那個時期的辯手幾乎都目睹過私刑，或是受過私刑的威脅。」[16]

托爾森認為，辯論能讓他的學生，為即將到來的爭戰做好準備。他告訴法莫：「孩子，教授通常會跟學生說，這個世界會張開手臂迎接他們，但那都是騙人的。的確有人在等著你們，但手裡拿著武器，學會如何閃躲，然後還擊吧。」[17]這不只是個人存亡之戰，也是政治進步之戰。托爾森曾對一位名叫海麗葉塔．貝爾．威爾斯（Henrietta Bell Wells）的辯手說：「**你得拿得出真材實料，才能喚醒別人。**」[18]

法莫就讀威利學院的第一年，辯論隊有一個目標，那就是他們計畫在一九三五年初橫跨美國西南部，跋涉約八千公里，前往加州、新墨西哥州，迎戰各支隊伍。但這趟巡迴比賽中，有一場讓他們摩拳擦掌：與當時美國冠軍南加州大學（University of Southern California）對戰。

週二晚上，這場辯論在南加大校園的波瓦德演講廳（Bovard Auditorium）舉行。據說托爾

＊一八七六至一九六五年間，美國南部各州實行種族隔離的法律。

森在比賽前夕把隊員們關在房間裡，以確保他們不會一看到強大的對手就驚慌失措。在超過兩千人的觀眾面前，霍巴特．賈瑞特、詹姆斯．法莫與亨利．海斯（Henry Heights）三個人身穿整套西裝，代表正方辯手，辯題是「禁止軍火與軍需品的國際運輸」。[19]

在這場比賽的五年前，一九三〇年，托爾森帶領的威利隊是第一支與白人隊伍比賽的非裔美國人辯論隊。然而，因為南加大的聲望或威利學院的日益備受矚目，這場比賽具有一種開創歷史的意義。觀眾對此非常激動，正如托爾森所描述的「在超越種族現象的背後，看見值得欽佩的特質」。[20]

威利隊最終贏得這場辯論比賽，他們獲勝的消息很快傳遍美國各地。當時，霍巴特．賈瑞特撰寫的文章，讓我們一窺協助這支隊伍勝出的勇氣與認真：

> 許多人問我，站在跨種族的辯論台上有什麼感覺。很多人問我怕不怕。這實在很有趣。當一位辯手經過好幾個月的充分準備，評估了正反方的利弊，掌握演說與反駁的技巧之後，就沒有什麼好怕的。[21]

托爾森教練在擊敗南加大後，取得非凡的成績，在他的指揮下，威利隊的辯手們在七十五場辯論中贏得了四十四場。[22]後來，法莫成為這支大學辯論隊隊長，並成為他那個世代裡，最重要的民權領袖之一。在後者的身分上，他利用他的辯論技巧，達成了驚人的成果。只有一個人能在辯論中與他並駕齊驅，那就是麥爾坎・X。

以優雅的身段回應輸贏

在稻田邊的屋子裡，我對澳洲隊進行了相當刻苦的訓練，可能有些過分。阿瑟（Arth）、喬伊（Zoe）、傑克（Jack）、依希（Isy）、丹尼爾（Daniel）這些孩子每天早上八點起床，九點開始第一次的準備。他們下午進行辯論，晚上又一次。在兩場辯論之間，我會進行策略分析，評量他們的研究。其實，世界中學大賽的競爭強度一年比一年高。以前比賽是幾個富裕的英語系國家之間的循環賽，但現在參賽隊伍更加多元。我提醒隊員，像印度、中國等不斷努力向上的國家，他們的辯手經常通宵苦練。

但就在訓練營倒數第二天，當我察覺到自己的聲音帶著真正的憤怒，指責他們的主要論點薄弱時，我提前結束訓練，讓大家早點休息。那天下午，孩子們投票決定去參觀聖猴森林保護區（Mandala Suci Wenara Wana），那是峇里島長尾猴的庇護所。大部分的時間，我都跟在隊員們後方，觀察著他們與靈長類動物的互動，當我看到其中兩個孩子在長滿青苔的神龕下，祈求世界大賽能獲得好運時，我差點流淚。

身為教練，比賽的節奏與辯手不同。辯手一天的比賽行程是一連串的短跑衝刺，早上一場，下午一場。教練則必須放眼大局，承受著長時間的思考，看待整個比賽。一旦比賽開始，教練能做的事不多。因此，我們對於少數能夠掌控的事情會極度謹慎。我們會仔細評估每一則回饋、苦思人員的排兵布陣（誰應該上場、順序的安排），並排練我們這一我方的點頭微笑和對對手的怒視。即使如此，我們還是可以感受到，大勢已定。

我跟法內利在比賽飯店共住一間房間。在比賽頭幾天，我們之間隔著心照不宣的距離。我們兩隊會在第五場初賽交手。直到那場比賽結束，澳洲隊勝出，我跟法內利的關係才逐漸回溫，聊天恢復原本的逗趣。我對自己的肚量如此狹隘，感到有些羞愧，但很高興自己跟最要好的朋友重新熱絡。

每一屆辯論大賽都有一場關鍵的預賽，這場比賽預示著一支隊伍能否獲勝的機會。以我們來說，那是第八場初賽，對手是南非。南非隊令人敬畏，他們辯論乾淨俐落，跟我們一樣有著澳洲式幽默，但也有能力透過展現才華和認真的表現來吸引觀眾。我在會場旁的露台上跟隊員們說：「把這當成決賽。別讓他們縮小跟你們的差距，連一分鐘都不行。把握這個機會，讓大家看見你們的目標。」

辯題是「本院認為國家應優先考量與國民文化相似的尋求政治庇護者」，我們是反方。前一天晚上，我安排了出賽陣容。阿瑟主導攻勢，以他天生的威嚴震懾對手；接著是風度翩翩的丹尼爾，彙整我們的論點；傑克則運用他的機智與遊說的技巧，展示我們最好的結論，並反駁對手。隊員們將這套計畫執行得滴水不漏，他們的發言慷慨激昂且即時，讓印尼學童驚嘆不已，大張嘴巴。最終。澳洲隊以三比零獲勝。

在隔天的十六強賽，我們的隊伍以四比一擊敗希臘，我開始允許自己編織美夢。我對這支隊伍的野心，有一部分的虛榮心。在我們辯論界中，先以高中及大學的辯手身分，再以教練身分，贏得三次世界冠軍，相當於演藝圈的大滿貫（艾美獎、葛萊美獎、奧斯卡獎、東尼獎）。我擔任教練時，曾經帶領阿拉伯聯合大公國隊打進八強賽，前一年更是讓澳洲隊進入準決賽，這樣漸入佳境的進展似乎很有希望。當主辦單位宣布我們在八強賽的對手是南非隊時，我告誡隊員們不要自滿，但沒有掩飾好我的喜悅，我對他們說：「我們已經摸透他們了。在台上的樣子要犀利，享受比賽。」

在八強賽開始之前，出現了第一個警訊。依希大聲說：「我們準備得爛死了！」我一頭霧水，但評審們聽得到我們交談，我便故意回說：「我相信你們的準備沒問題。你每次都這麼說。」另一位候補辯選喬伊幫腔道：「對啊，其實準備得還不錯！」演完這齣可悲的鬧劇，我望向會場前方。我們的三位辯手臉色蒼白，在筆記紙上寫著無法辨識的潦草字跡。

辯題是「我們應該向使用自動化設備取代人力的雇主，課徵額外的稅收」，我們代表反方，出賽陣容跟上一場一樣。然而，所有能出狀況的地方都出了狀況，隊員們花了太多時間在反駁上，沒能充分建立具體的主要論點。隨著辯論失控，他們的態度在傲慢與懊悔之間擺盪，還講了一個不恰當的笑話，讓整場辯論顯得不太得體。沒想到我們居然說服了一位評審，但我們沒能打動另外四位，最終以四比一的決議將我們淘汰。

在返回飯店的巴士上，我設法保持微笑，連我安慰他們的話都快講完了，像是「反正明年可以再來」、「打進八強可不簡單」。事實上，這些孩子消化失敗的能力似乎比我強很多，而這讓我更加難受。到了飯店，我再次安慰隊員，然後短暫離開一會兒。我打開房門，爬上床，躺著不動，我以前當參賽辯手都沒有這麼難受過。

下午，法內利沒有回房，因為他指導的美國國家隊晉級到準決賽。然而即使他不在，我依然聽得見他有所謀略、若有所思的聲音。法內利常跟我說，辯論是對於失敗的教育，每一位辯手輸掉的比賽都比贏的多。大部分人每一週都會眼睜睜看著自己的觀點，在現場觀眾面前被摧毀。他用「悶悶不樂」一詞形容輸掉比賽後，無能為力、自憐的感覺，會持續幾小時、有時幾大。

這些年下來，法內利跟我已經明白了，即使輸掉比賽的悶悶不樂真的很不爽快，卻有其效用，讓人記住慘痛的教訓，強化我們上進的決心，讓隊友關係更親密。不僅如此，反覆嘗到犯錯的滋味，讓我們更謙卑。對辯手來說，關於自己可能會犯錯的想法，甚至連我們最寶貴的觀點都可能有瑕疵，這不僅僅是抽象的概念，而是我們的親身經歷。

我相信悶悶不樂有其價值，但仍然感到如釋重負，還好法內利不在房間裡提醒我，因為他帶領的隊伍仍在比賽中，而我的隊伍卻沒有。

當我醒來時，太陽已經下山。我穿著八強賽的同一件襯衫，然後換下扔到房間地上。隊員傳來訊息：「去游泳了。」我從飯店房間，看見隊員們跟一群人玩在一起，其中幾個是下午賽場上的對手南非人。我問了一位隊員：「心裡沒有疙瘩嗎？真的假的？」他回答：「比分是二比一。」

常常會有人批評辯論太過敵對。美國語言學家黛博拉．泰南（Deborah Tannen）曾經譴責這種所謂的「爭論文化」，該文化重視辯論而不是對話，讓社會營造出一種「爭論不休的氛圍」。她認為，這是一種「爭鬥文化」，就算沒有在戰爭的情境中，也傾向採取「戰爭一樣的態度」。[23]這一點讓我感同身受。身為辯手，甚至是身為教練，我在重要的比賽前，為了激發熱情，有時會不自覺使用戰鬥的言語，例如：「打爆他們」、「摧毀他們的論點」。在那些時刻，我發現自己跟煽動人心的政客與有線電視主持人，其實沒有太大的差異。

但是，在我們落敗的那天晚上，看著這些孩子，我看見了辯論的另一個面向。辯論教會我們，或許可以打倒對手，但他們絕不會被征服，他們不但會在幾天或幾週後回來，繼續爭論另一個問題，而且他們還會在該死的游泳池等你。**身為競爭者，目標是爭取名次，但為了求名次，以摧毀對手的戰爭思維是無法持久的**。長遠來看，我們需要對方的善意，也需要完善的規則來維護比賽，讓比賽能夠順利進行。雖然辯論教了我們這些道理，但在日常的政治、交易和人際爭執時，卻很容易忘記這些道理。

「*Agonism*」（爭勝）一詞源自於古希臘文「*agon*」，意指鬥爭與衝突，但主要是指運動競賽（例如：Olympiakoi agones 就是奧林匹克競賽）。對我來說，這似乎是一種更好的理解辯論的方式，不是把辯論視為戰爭，而是視為一場不斷發生的競賽或遊戲，失敗是不可避免的，勝利也只是暫時的，智慧則在於以優雅的身段回應輸贏。

精益求精，向彼此學習

詹姆斯・法莫一向不太談論他跟麥爾坎・X的第一次辯論，當時是一九六一年，法莫四十一歲、麥爾坎三十六歲，他們在貝利・蓋瑞（Barry Gray）的廣播節目進行一小時的辯論。法莫在回憶錄寫道：「我低估他了。也許是他那雄渾的嗓音和快節奏的講話速度救了我們，但我必須承認，他的反駁能力出乎我的意料，令我驚訝。」[24]這場辯論讓這一位威利學院的前任辯手有了嶄新的決心：絕對不再錯估他的對手。

隔年，兩人在康乃爾大學（Cornell University）重逢，法莫自認為很了解這位對手。法莫想在麥爾坎之後發言，以便壓軸留下最後一句話，但主辦單位不肯（麥爾坎贏了辯論之前的發言順序之爭），於是法莫想到了另一個對策。法莫認為，他的對手擅長診斷問題，而非提出解決方案。他一開場就嚴厲譴責種族主義，然後轉向對手說：「麥爾坎兄弟，別再跟我們說這個毛病了，那個我們心裡都清楚。現在，醫生，告訴我們，你有什麼解藥？」[25]

莫法的策略發揮了預期的效果。麥爾坎・X慢慢舉起麥克風，給人一種「在想該說什麼」的印象。[26]但在反駁時，他重新站穩腳步，主張儘管「有參議院、國會、總統與最高法院的支持」[27]，主張種族融合的人仍未成功實現國家種族融合。然而，已經太遲了，法莫已經成功讓觀眾的注意力放在麥爾坎的提議上。「X先生，在您的觀點中，您並未告訴我們解決方案是什麼，除了分離。您尚未將其詳細說明清楚。」[28]

在接下來的四年內，兩人又辯論了幾次。其中最精采的一場可能是一九六三年，在美國公共電視網（PBS）《開闊胸襟》（*The Open Mind*）節目上進行專題對談。[29]在昏暗的攝影棚裡，他們相對坐在一張狹窄的桌子對面，兩人都有自己獨特的風姿。麥爾坎．X不斷變換充滿戲劇張力的姿勢，法莫則是維持完美的姿勢。

他們辯論了將近九十分鐘，雙方的表現都有好有壞，但大部分的交流勢均力敵，很難說誰贏。顯然兩人對彼此都有足夠的認識，才能夠反駁、修正、採用對方的觀點與言詞：

麥爾坎．X：在這個國家，黑人取得進步的唯一時刻是戰爭時期。當白人背水一戰時，他才讓黑人稍微前進一點……黑人要繼續朝著正確的方向邁進，還需要爆發另一場戰爭。

法莫：麥爾坎牧師。

麥爾坎．X：你講了十五分鐘，我可沒有打斷你。

法莫：你試過了。

麥爾坎．X：主持人不讓我講。

法莫：你說只有在戰爭中才能進步。我們現在就在開戰。戰爭就在伯明罕的街頭開打，在格林斯伯勒的街頭開打……如果你不喜歡這場戰爭，沒關係。但不要否認這是一場戰爭。

（……）

麥爾坎．X：對一個沒有工作的人來說，去電影院看電影有什麼好處？

法莫：……好處不在於電影院本身，也不在速食店的一杯咖啡，而是一個人所獲得的尊嚴。……如果我們不是公眾的一員，那我們又是什麼？

麥爾坎．X：如果我們是公眾的一員，為什麼國家還存在著種族問題？……一間廢除種族隔離的戲院是無法消除（種族歧視）的。

在公開活動之外，兩位對手的關係開始轉變。在美國公共電視網的辯論之後幾週，法莫和麥爾坎．X協議以後兩人不再公開辯論。他們同意在彼此家裡化解歧見。在那些會面中，兩位對手所展露的情誼，會給人一種「互相欣賞友伴」的印象。例如，兩人都承認，自己的妻子認為另一位才是更優秀的辯手，但他們的關係不曾失去競爭的一面。有一回法莫說，在那些爭執中他會想：「算了吧，麥爾坎，你贏不了的，你又沒有受過托爾森的指導。」[30]

這些辯論不只出現在法莫與麥爾坎・X相遇的場合中，其他地方也常常遇見抱持對立觀點的人。主流民權運動與黑人民族主義之間的衝突，推動了那個時代的政治樣貌。然而，回顧這兩位對手的立場如何隨著他們持續的對話而演變，實在令人印象深刻。

一九六四年三月，麥爾坎・X脫離伊斯蘭國度。第二個月，他聲明自己會持續信仰黑人民族主義，相信暴力是自我防衛的原則。但他也敦促非裔美國人在策略上要參與選舉活動，他說：「現在，你我也該有點政治素養，意識到選票有什麼作用了。」[31]同時，法莫依然堅定地為種族融合盡心盡力，但也試圖容納一些民族主義的思維。例如，他在一九六五年倡導「兼容並蓄」（bothand）路線，主張直接的行動要更注重地方組織的結合。[32]

談論這些改變時，法莫與麥爾坎・X在上一次聚會中開了個玩笑，說他們快要交換政治立場了。法莫寫道：「而且我們的玩笑很有可能是對的。」[33]

然而，交換立場的想法，或只是在兩個極端之間移動，無法讓我們有太大的進步。根據我的經驗，好的辯論很少能夠使一方「征服」另一方。最普遍的情況是，雙方的信念都會有稍微的調整。這些新的觀點不一定符合過去的二元對立，比如某人少了種族融合，而多了民族主義的思維，更像一種綜合體，既是也不是。

二〇〇六年，美國組織行為學教授克麗絲汀娜・婷・方（Christina Ting Fong）提出情緒矛盾（同時感受到正面與負面的情緒）與創造力（辨識不同概念之間獨特關係的能力）之間的連結。她在討論兩項實驗的結果時指出，情緒矛盾或許是一個訊號，讓人知道「他們遇到了不尋常的情況，敏銳度因而提高，容易出現不尋常的聯想」。她的結論是？由於目前的證據不夠充分，無法證明主管應該在職場積極促進情緒矛盾，但是有足夠的理由「更全面地看待混合情緒的潛在結果」。[34]

辯論和思想上的矛盾經驗，通常會產生類似的效果。**當我們的觀點面臨真正的挑戰時，我們的選擇不只是堅持或放棄，也可以重新思考，進而找到第三條路**。這是辯論作為教育工具的另一個層面。**辯論教導人們如何精益求精並向彼此學習，但前提是他們能夠持續對話**。

學會文化雙融，在分歧的環境裡自處

在峇里島辯論大賽結束兩週後的八月二十七日，也是夏天的最後幾天，我抵達北京，搭了一輛計程車前往清華大學。坐在老舊的現代汽車 Elantra 乘客座上，我感受到四面八方的異國氣氛：霧霾、高聳的灰色建築、計程車司機帶著濃厚的北京腔，還有其他事物的陌生魅力。當計程車停在廣闊且綠意盎然的校園時，我從周遭的景象中意識到，我的新家就在附近。

蘇世民書院（Schwarzman College）是我們課程的宿舍與教學設施，建築設計靈感來自中國傳統的四合院，然而，那座高聳的建築牆壁上，配上紅豔的木造裝飾，讓我聯想到一座堡壘。我們的課程中，有五十位美國人、二十五位中國人、四十五位來自他國的學生，目標是成為中國、美國與其他國家的橋梁。校方的辦學理念從模糊（促進跨文化理解）到宏大（克服修西得底斯陷阱*），涵蓋範圍很廣。當我拉著行李箱穿過大廳到三樓的房間時，我想著這場社會實驗的結果會如何。

剛開課的那幾個月，我們這些二十幾歲的學生，以拘謹的專業態度進行跨文化交流。在課堂中的討論，大家以外交保守的態度發言：「身為中國人，我會說……」「大部分的美國人會說……」課程中，比較重視實務的科目，包括公共政策與商業管理的結合，將一個人在社會與意識形態分歧的環境裡，是否有自處的能力，視為一種專業技能：我們有一門課的名稱是「跨文化戰略管理」（Ambicultural Strategic Management）。這壓抑了對話的品質。

對我來說，這樣倒是很好，因為我打算利用這十個月，遠離我在教育中所遭受到的那些事情，包括：競爭、自我表現、不請自來爭奪公共平台。週末時，我通常與兩位朋友結伴旅遊，一位是中國的藝術家，一位是巴基斯坦的詩人，我們盡量不找口譯，才能豐富我們的體驗。我們三人帶著輕便的行李，走過了很長的路程，從蘇州的運河到新疆的山區，全程都用我們自己熟悉的語言交談。

我在清華大學的一年期間，世界的變化快得令人頭暈目眩。開課三個月後，當我跟同學們準備聖誕節大餐，美國宣稱中國是「修正主義強權」（revisionist power），企圖挑戰美國的影響力、價值與財富。北京當局回應那是「惡意中傷」。二〇一八年二月，是我們為了碩士論文焦頭爛額的月分，中國總書記廢除了任期的限制。隔了數週後的三月，美國對中國的鋼、鋁課徵進口關稅，引發一連串的報復行動，被稱為「貿易戰」。

同時，蘇世民書院裡的人際關係也發生了變化。在共用的客廳和城市的酒吧裡，人們結交友誼，踏入浪漫關係時，既謹慎又盡情。他們獲得了親密關係的複雜回報。

隨著我們內在與外在世界的轉變，我們同學間開始以不熟悉的語氣說話。之前，我們在教室和公共空間不是充滿熱情洋溢的陳述，就是拖著沉重的腳步在走路；現在，那些地方的話語聲

* Thucydides Trap，也就是新興的強權與現有的霸權起衝突時，往往會引發戰爭的說法。

變得比較安靜。人們開始用自己的聲音講話，而不是代表某個群體。他們的言語中充滿了疑問和開放式的問題。有時，沉默的時間占據整句話，甚至整段對話。

在那些時刻，我覺得他們在接受真正的教育，而我在聆聽他們的聲音。這聲音不再是自吹自擂和防守的噪音，而是一種柔和的接納之音，一種充滿著開放態度，帶來豐富對話的聲音。辯論，以及在輸掉辯論中所學到的教訓，可以幫助我們發現那種聲音，但辯論活動本身，也一定能從中受益。

從我抵達中國的那一刻起，當地的辯手就一直邀請我參加辯論比賽和培訓課程。但我婉拒道歉，附上信件說明我的辯論歲月已經結束了。然而，到了學年末的四月，我接受了其中幾個邀約，一部分是回應他們的毅力，一部分是出於好奇。

在一個晴朗的週六午後，我騎著單車前往一所當地的大學，準備為一場國高中生的小型比賽擔任評審，我很好奇會見識到怎樣的比賽。

在辯論界，中國參與國際競賽多年的成績不是特別突出。大部分亞洲國家皆是如此，只有新加坡、馬來西亞等國家是少數例外，主要是因為語言障礙與西方英語系國家的權勢。我認為還有另一個原因，那就是亞洲的教育制度比較刻板，採用上對下的教育體系，我小時候在首爾、後來在北京都親身領教過。

在這場比賽，我目睹的情況完全出乎意料，我相信必然有一套教育人才的優秀流程發揮作用。這些十五至十八歲的孩子，使用了流暢的辯論語言。他們熱情地捍衛己方的辯題立場，營造出難得的氛圍，彷彿真的有某件事情岌岌可危。更重要的是，這些學生似乎具有一種天生的意識，意識到他們的觀點並不是唯一的觀點，他們懂得自己必須排除疑慮與反對，才能贏得觀眾的認同。見到他們考量如此周全，我不禁思考，我們作為成年人是否需要摒棄爭論中的執著之弊。

我很欣賞這些孩子，他們的立足點跟十三年前的我一樣，正處於一個陡峭的學習曲線的邊緣，前方還有許多未知的事物等著他們。在黃昏時分，我騎著單車回清華，穿梭在北京車流之間的窄縫，我心中想著這些學生日後會遇到怎樣的機遇，他們的思維是多麼有趣。有些孩子立志出國發展，但大部分的人說要留在自己的國家。

當我把單車停在蘇世民書院大門附近，我希望這些孩子能有機會運用他們的辯論技巧，運用他們的知識、技巧和決心去說服他人，優雅面對輸贏，也能文化雙融。同時，我也希望為了我們的未來，民主社會能夠推動辯論教育，以後當我們必須登上國際舞台捍衛自己的價值觀，我們將有更大的成功機會。

第 8 章

人際關係

如何溝通，避免決裂

位於澳洲接吻岸路（Kissing Point Road）的漂亮紅磚聯棟住宅，由於前任屋主離婚，因此在二〇〇九年四月求售。當我的父母跟我在秋高氣爽的早晨去參觀這間房子時，房仲告訴我們，我們碰上一個「機會」了。看屋時，屋內的空氣陳腐嗆鼻。一位年長的女性坐在紫色牆壁的陰暗客廳裡，看著電視。我看了臥房四周，發現裡面仍然擺放著兩人份的物品，不曉得這個家裡經歷過什麼悲慘的事。那天晚上，媽媽打電話給仲介，按屋主的開價出價了。不到一個月的時間，我們一家三口開始忙著把這棟房子變成我們的家。

二〇一八年八月，經過一年在中國和五年在國外的歲月，我回到了位於接吻岸路的家，重新與父母同住，但發現屋狀有些老舊。屋外的花園叢生茂密，好幾個房間的燈光也變得暗淡。我住在宿舍那些年裡，打掃和維護都由管理人員負責，現在我回到家中，面臨著這些責任和挑戰，使我望而生畏，還得忍受家裡不盡完美的地方。

爸媽也漸漸變得年邁。現在快到六十歲了，他們在晚餐時坦率地討論退休的前景。爸爸已經不再使用染髮劑，他的銀髮讓我想起了祖父。他們告訴我，當我在二〇一三年剛上大學時，他們哭了好幾個月。我們一家人圍坐在餐桌前，爸媽臉上帶著一絲歡欣，而我心中卻思考著在這些年裡我們失去了什麼。

儘管我對回家和家庭責任的感受越來越強烈，但我感到自己幾乎無能為力。我曾經將在家中逗留視為年輕職業生活的一個中途站，一段短暫的時光，家人在回憶這段日子時，會充滿著寵愛。然而現實卻是，我找不到合適的工作，城市的租金不斷飆漲，獨立搬出去住變得不切實際。在我的童年臥室裡，一個散發著久未使用氣味的舒適房間，我醒來時，眼前是灰塵覆蓋著學校獎狀和辯論獎盃的陳列。這些東西，以及最近引發我憂心的青春期經歷，像是實習、獎學金，本應給我未來的人生提供一些線索。然而，這些物品所擔保的美好願景，似乎一日日地泛黃。

在北京的最後那段時間，我下定決心要當記者。這不是精打細算的決定，而是因為我在中國認識了一群駐外記者，對他們著迷不已。從小受到尊重權威和追求認同的教育影響下，先是以移民的身分，後來以菁英身分，而這些記者們展現了一種秉持異議的精神。駐外記者的穿搭很簡單，四處挖新聞。以職業選擇來說，這很傷腦筋。我缺乏新聞編輯的工作經驗；而且這是一個不斷萎縮的產業，雇用人手的待遇不會慷慨大方。然而，當我一旦下定決心，就很難改變。

爸媽不曾要我重新考慮出路。當周圍親友開始高聲指責時，他們一直堅定地支持我。「輔賢最近在忙什麼？」如果不是爸媽撐腰，我可能會崩潰，但即使有他們，我卻暗自沉溺在疑慮中。我曾經嫌棄撇下了人生抱負的同儕，看不起他們為了豐厚的收入，從事顧問類與金融類的工作。現在我懷疑自己的理想主義能夠堅持多久，以及是否從一開始就走錯路。

在那幾個月，我渴望遇見戲劇性的事件，分散我對求職節奏的注意力。我的願望在十一月實現了，但來的不是事件，而是事件後的餘震。

一年前的二〇一七年八月，澳洲政府向每位註冊選民提出了一個問題：「是否應該修法，允許同性伴侶結婚？」儘管這次調查是自願的且沒有約束力，政府承諾尊重人民的選擇。我們只需要在九月至十一月之間填寫並寄回選票，郵資由政府支付。

民間不太認同這項郵寄調查。LGBT*擁護者認為公開的行動會激發民間潛在的仇恨情緒，他們情願直接立法實現婚姻平權。宗教保守派擔心調查過程會激起反對宗教的情緒，分裂建立在宗教信仰之上的群體。

但支持同性婚姻的保守派總理麥爾康・騰博爾（Malcolm Turnbull）依然堅決要尊重民眾的意願，並接受他們可能存在的分歧：

> 我們是否低估澳洲同胞，看不起我們有辯論重大公眾利益的能力，以至於要說出：「你們無法就婚姻定義進行尊重的討論？」這在我們的法律和文化中，是非常重要且基本的。」澳洲人有這種能力，也證明他們可以進行尊重的討論。[1]

最後，投票結果顯示支持同性婚姻的得票率是六二・六%。這次的調查活動展現了國民最好與最壞的一面。在私領域，許多家庭與群體找到良性的異議方式，但公領域的對話普遍充滿敵意，常常惡言相向。隨著立法在十二月通過，逐漸淡出新聞頭條之後，大多數人都很高興將這段時期歸入歷史。

事隔一年後，新的爭端出現了。法律沒有強制要求宗教團體為同性伴侶舉行婚禮。然而建立在信仰基礎上的某些群體，越來越認同他們應該主動這麼做。七月時，澳洲聯合教會（Uniting Church in Australia）的衛理公會與長老教會，對兩種婚姻的定義都予承認，牧師可以替同性婚姻背書。有些教會竭力反對此事，包括我父母所屬的教會。

目前教友準備推翻這項決議，各區教會也正在公開討論退出聯合教會的可能性。為了了解社群的意見，我家教會的牧師決定開會討論，時間預定在十一月的第二個禮拜天。

以我的經驗，一般人對教會的認知通常很兩極。一派認為宗教組織內部的爭端太多，高度緊繃，隨時可能爆發衝突。另一派則說教會裡面的異議聲音太少，教條與教化的力量粉碎了內部的異議。

＊代表女同性戀、男同性戀、雙性戀、跨性別者的縮寫字。

然而，兩派說法都無法描述我成長的教會。在主日學校，我第一次學會提出倫理問題，並進行辯論——「撒謊一定不對嗎？」「等一下，上帝為什麼要淹死所有人？」這些問題在教會中常常引發辯論。有時候，聖經本身也描述了這樣的爭論。亞伯拉罕向造物主替所多瑪和蛾摩拉的無辜之人求情；約伯跟朋友們爭論受苦的問題。我們小孩子對這些《聖經》故事的看法不一致，會為了各自的結論互相爭辯。在那些時刻，教會就像厲害的讀書會。

移民澳洲的韓國教會團體，還有一項特別之處。他們向一間英語教堂租借場地，在教堂閉門時才舉行禮拜儀式。只從宗教的角度描述這群人，會給人錯誤的印象。教會為各種形式的關懷提供了一站式服務，包括新鮮食物、免費托兒所、情感支持、財務建議，而且彼此之間的教友也是朋友、同事和鄰居。

關係如此緊密是有風險的，太過親近可能會互相傷害、背叛，八卦也可能無止無境擴散。但在大多數情況下，這個社群蓬勃發展。儘管我在高中和大學時與宗教疏遠了，但教會對我來說仍然是社群的典範。

因此，對即將舉行的同性婚姻論壇，我有樂見其成的充分理由。教會成員懂得如何向彼此提出不同的意見。他們有許多共通的特質，那裡沒有流氓，沒有壞人。由於其他教會進行了類似的辯論，一種良性的異議神學已經進入主流。坎特伯里（Canterbury）大主教賈斯丁・威爾比

（Justin Welby）在二〇一五年告訴他的教會：「準繩*不會批判異議。準繩不會追究我、追究我們每個人如何表達異議……人際關係有混亂之處是正常的，恐懼才不正常：這代表我們的本質是豐富多元的。」[2]若說良好的異議有唾手可得的時候，那就是現在。

但為什麼我的心在往下沉？

跟親友爭執，別只套用辯論技巧

在教堂舉行討論會的前一週，我跟父母沒怎麼說話。在家裡，爭執日漸頻繁。有些爭吵的主題是大事。例如，我一直催促父母更換小一點的住所，搬到離市區近一些的公寓，但這兩個選項都讓他們感到不悅。然而，最糟糕、最累人的爭吵似乎都圍繞著微不足道的事：家事、隨口的話語、失誤的情況。這些爭執事情本來很小，但當我們加以放大時，就會變得越來越嚴重。

* 指上帝公正的評斷標準。

值得贊許的是，我父母從不讓步。我父親以前是韓國軍官，他的許多特質，像是傲氣、慷慨、紀律，似乎都有相同的根源，那就是一種他稱為「尊嚴」的堅定信念。媽媽是由支持女性主義的父親養大的，外公會念翻譯版的《第二性》（*The Second Sex*）給她聽，敦促她事業比婚姻重要。他們兩人不會放任他們的獨子做任何無聊之事。

我跟朋友們的互動也大致如此。他們大多數早已進入職場一兩年，住在舒適的租房裡，還有穩定的伴侶。在他們身邊，我覺得自己像個超齡的小朋友。我在海外待了五年，幾乎都埋首書堆，但是這樣做究竟有什麼意義呢？因此，我對於朋友間戲謔間的諷刺和不經意的評論非常敏感，逮住任何可以拿來作文章的問題掀起論戰，從政治一路爭辯到芝麻綠豆大的個人不滿。朋友們不會給我虛假的安慰或縱容，我們清楚彼此的底線，我們的口舌一向不留情。

亮碟（Finish）洗碗機洗滌劑的廠商曾經做過一項研究，調查美國人的洗碗狀態。調查發現，每十位受訪者就有六位覺得洗碗有壓力，其中四分之三的人會先沖洗碗盤。但最耐人尋味的發現是家庭失和，平均每個家庭一年有兩百一十七次與洗碗有關的爭執，每個月約吵十八次。他們主要在吵誰應該清空洗碗機，也會為了把洗碗盤泡在水槽中而吵。[3]

這些結果似乎強調了人們對爭執的兩個隱含理解：

1. 我們最常遇到的意見不合，有些發生在我們與最親近的人之間。
2. 這些爭吵是因為芝麻小事而爆發的。

這兩種現象都很奇怪。在談判的著作中，最常出現「找出共同點」的建議。即使雙方的共同點很微不足道，像是「嘿，我們都是人類」或「你我的文化都吃鷹嘴豆泥」，一旦找出彼此的共同點，雙方就可以重新調整處理意見不合的方式，至少專家是這麼說的。另一個建議是將嚴重的分歧拆解成幾個小部分。這樣可以降低討論時的利害關係，確保每一個爭議的規模都是我們可以處裡的範圍。

但這些招式似乎無法套用在私人領域。我們不需要找出自己與朋友、家人、情人之間的共同點或在個人層面上建立連結，因為原本就有關係的基礎。將家事糾紛拆解成更小的單位，似乎也沒有太大的用處，因為有比家事更單純的議題嗎？事實上，緊密的關係加上低度的風險，經常導致意見不合更難解。

當我為了小事跟父母吵架，我可以不顧一切，因此我肆無忌憚。家給了我底氣，讓我安心地將十年的辯論訓練拋諸腦後，而且沒有認真思考自己說了什麼話，又是怎麼說出口的。這通常對大家的精神健康有益，但也會造成錯誤與誤解，沒有好好待人。在這樣的爭吵裡，我也自信滿滿，認定我可以迅速解決分歧，得到對我有利的結果。於是，我變得欠缺考慮，別人不肯讓步我就會發脾氣。這樣的狀況怎麼可能不導致大聲爭吵呢？

洗碗之爭的悲劇在於，要是一個人沒那麼愛另一個人，或是對更急迫的事有歧見，爭執或許不會那麼痛苦。

要了解個人分歧的特殊難處，可以從RISA檢查清單來切入。建構優質異議的背景條件並不容易，尤其是在最重要的人際關係中（有違常理）：

- **不真實**：在私人關係中，誤解非常普遍。傾聽很困難，擅自揣測比較簡單。這有一部分是因為我們認識另一方，有把握自己不會猜錯，但也是出於一個浪漫的想法，覺得我們應該對自己的親密對象瞭若指掌，甚至認為比他們本人更了解他們。結果呢？我們為了誤會吵架，吵到真的意見不合。
- **不重要**：在親密關係中，小小的意見不和會被放大。我們期望我們所愛的人能夠與我們一致，甚至與我們相似，當這些期望破滅時，我們會感到沮喪。我們也會從微不足道的爭執中賦予各種意義，包括相互的契合度、關係的穩固性和我們在對方心中的地位。所以，小問題開始像大問題一樣看待。

- **不明確：**個人的分歧通常沒有明確的界限。我們與對方的關係如此糾纏不清，以至於任何一個爭論總是跟其他問題混為一談，例如：你的伴侶之前也曾做過類似的事情。一旦我們開始擴大爭論的範圍，就有可能讓爭論變得無法解決。
- **不具共識：**我們跟心愛的人吵架的原因錯綜複雜。有些原因與眼前的事情並不相干。我們吵架是為了令對方痛苦、暗示我們不快樂、測試另一個人是否仍然在乎我們。因此，更難確保雙方的動機是一致的。

很明顯，辯論技巧救不了我。事實上，每次我在這些爭論占了上風，會輸給殺傷力強大的「別跟我辯論」。問題不在於我對自己利益辯護的能力有多強，而是我始終達不到預期的效果。我認為問題很迫切。洗碗之爭的不良互動不只會發生在親友關係上，也適用於與愛人的爭吵、鄰居的爭吵，以及團體內部的衝突（如運動俱樂部、學校董事會和宗教團體）。在這些場景下，分歧變得極為醜惡且後果嚴重。

童年時，媽媽會念伊索寓言給我聽。有個故事是有兩隻山羊來到橫跨山谷的窄橋兩端。牠們小心翼翼地走在橋面上，明白摔下去會沒命。然而，當牠們在橋中央狹路相逢，卻都太過驕傲，不肯讓道。於是，牠們用角對峙，最後雙雙摔死。在這個故事的不同版本中，這兩隻山羊有的是朋友，有的是親人。

模糊的交流，造成溝通不良

那個禮拜天，教會的午餐是海帶湯，裡面有蒜頭和牛肉片，還有米飯和超大盤的泡菜，一盤一盤按照固定的間距排放在長桌上。負責這週餐點的家庭按照慣例都會做大分量，並將剩下的食物打包給年輕的家庭和學生帶回家。眾人談笑風生，熱湯讓大家發出「啊！」的滿足。

下午兩點左右，大家開始回到主禮堂。他們臉上的表情跟原先一樣；有的人笑瞇瞇，有的人在深思。家長們吩咐小孩去玩一會兒。牧師已經就座，他是個安靜的人，具有農夫的工作道德。在會議開始之前，他帶領大家祈求智慧。

起初，對話感覺有些生硬。資深教友列舉了這個「艱難處境」的事實資訊。會場的氣氛倒不是不愉快，但讓人感到精力透支，彷彿涉水而行。預定一小時的會議完全沒有進展，就這麼平淡無奇地結束，淪為一場失敗但無害的實驗。

然後一位坐在會場前方的年長女性舉起了手。她是社群中一位安靜而盡責的教友，她的信仰是經過不為人知的苦難培養起來的。這時，大部分人已經心不在焉，錯過了她隱晦的表態與暗示的目的。

她說：「《聖經》對這件事寫得很清楚。為什麼我們還要討論？」

她的聲音有些顫抖。雖然聽得見她的話，但句子的意義卻模糊不清，懸而未決，介於開玩笑、控訴和懇求之間。然而，當她繼續發言時，她似乎發現了一種新的決心。一旦形成了這個意圖，就像一根鐵棍穿越她接下來的講話，使每個音節變得穩固，並斬釘截鐵。

「教會的宗旨是維護信仰，就表示接受正確的事，拒絕錯誤。要是我們迎合流行，我們就失去正直了。」

全場一片靜默，那位女性坐回椅子上，瞬間看起來脆弱無助。原本等著要發言的人遲疑了；一位年輕的家長溜出會場，查看小孩的狀況。然後有了突破，接下來的幾段發言夾雜著不理性的憤怒與殷切，眼淚都快掉出來了。每一位發言者之間的間隔時間縮短了，每一句話語之間的間隔也縮短了。不久，全場充滿了各種聲音。

教友提出的論點不一，不一定有交集。爸爸主張支持教會認同同性婚姻，他的論述很官腔，沒怎麼談論《聖經》和道德，主要是談策略與程序，如何與主教維持良好的關係。但對於在保守戰後家庭中長大的農村孩子來說，這樣的發言算很激進了。在他後面發言的人提出了截然不同的觀點，接著又有其他人發言。就這樣，懸而未決的歧見越積越多。

即使是實質的交流時刻，交流也成了問題。一位教友說公眾認為教會是跟不上時代的組織，反對同婚會讓公眾認為他們的看法是正確的，另一位回應：「荒謬。」但什麼是荒謬？是結論？還是邏輯？還是關切的重點？還是提出那個論點的人？以上皆是？以上皆非？這樣的模糊不清，溝通不會成功。

有同理心的交換立場，能避免誤解

二〇一〇年，法國認知科學家雨果．梅西耶（Hugo Mercier）與丹．斯珀博（Dan Sperber）對「人類為什麼進行邏輯思考？」[4]這個問題提出一個反常的答案，引起軒然大波。他們主張我們演化出推理邏輯，並不是為了辨識真相、做出更好的判斷，而是為了吵架能吵贏別人。梅西耶告訴《紐約時報》：「（邏輯推理）純屬社交現象。我們演化出這種能力來說服別人，並在別人試圖說服我們的時候保持戒備。」[5]以這個觀點，在我們的推理邏輯中免不了的瑕疵，例如：確認偏誤（confirmation bias）*，就不是缺陷而是特質。邏輯思維或許不能帶我們走向事實真相，卻能幫助我們提出論述。梅西耶與斯珀博的論文名稱是什麼？那就是《推理邏輯的爭辯理論》（*The Argumentative Theory of Reasoning*）。

我不清楚這是不是正確的演化心理學理論，但我在教會看見辯贏別人的欲望可能吞噬一切，超越尋求事實真相的衝動，失去惻隱之心。這種競爭的動力很危險，在私人爭執中更是如此。**當我們在跟心愛之人爭吵時，忘記最重要的目標，那就是相爭並相守**。

在教會裡的討論，經過一個多小時後才結束，並沒有做出任何決議，但這還可以等待。下一週同一時段要再召開一次討論大會。在討論過程中一直保持沉默的牧師，以祈禱結束會議，並請求說：「謝謝各位今天下午的意見。我要請各位回家以後，想一想你們的教友。在我們下次開會前，試著從他們的觀點思考看看。」

他的指示讓我想起一個辯論比賽的技巧：交換立場。

辯論主要是基於確定的推理。從拿到辯題的那一刻起，我們的心態就會轉變成是一個打心底相信那個觀點的人。我們將全心投入並仰賴這種堅定的信念來提出論點、反駁異議，並展現熱

* 人類偏好接受與個人觀點、猜測一致的資訊，不管那是否符合事實。

情。但從準備結束到比賽開始前會有一個時刻，我們會容許不確定的因素介入：

交換立場

在辯論開始前的最後五分鐘，執行下列事項，最少一項：

1. **腦力激盪**：拿出一張新的紙。想像你現在的立場屬於辯題的另一方。腦力激盪出四個支持那個立場的最佳論點。
2. **壓力測試**：從對手的角度檢視你的論點。為你的每一個論點想出最強的反駁，寫在旁邊。
3. **失分的地方**：想像你以相反的立場贏得辯論。寫下你贏的原因，包括另一方犯的錯。

接下來的步驟因人而異。你可以修改論點來回應可能的反駁，或是你計畫要怎麼對抗對手的反駁，可以制定策略來阻止對方取得勝利的途徑。但基本的概念都一樣：**放下堅定不移的確信，換一個思考事情的角度，一切都是為了提升贏得辯論的機會**。

談判專家也提供他們交換立場的方式。《哈佛這樣教談判力》（*Getting to Yes*）共同作者威廉・尤瑞（William Ury）從中世紀挖出這條規則：「唯有複述另一方的說法，說到那個人滿意以後，你才可以發言。」[6]美國衝突學者阿納托・拉普伯特（Anatol Rapoport）極力主張，在攻擊對立的論點之前，先說出對立論點的「正確範圍」，也就是說，在哪些情況下，對立的論點可能成立。[7]對於一個堅持「黑即為白」的人，可以回應道：「如果你是在解釋一張底片，那確實就是這樣。」

然而，這些手段的問題在於，嚴格劃分我們與我們的對手。即使在我們最寬容大度的時刻，比如絞盡腦汁找出黑可能會是白的情況，我們依然與敵對的立場保持距離，就像（善意的）批評者。

交換立場不同的地方在於，我們實際上採納了對方的觀點。我們親身體會另一種信念的主觀合理性。我們暫時感受到了，相信與我們意見相反的觀點是什麼情況。我們追溯一個講理的人（我們）如何一步步做出原本覺得怪異的結論。

從交換立場出發，我們也從另一種角度看見自己。我們開始思考自己或許犯錯的可能性，我們可能是錯誤的那一方，我們的信念是基於某些選擇和假設，而不是其他選擇和假設；我們可能是那些需要容忍、遷就或制止的人；也許別人對我們的抵制是自然且合理的。蘇格蘭小說家羅伯特．路易斯．史蒂文森（Robert Louis Stevenson）描述他在一八六〇年代大學時期的辯論活動，用更加熱情洋溢的方式表達了同樣的看法：

> 根據這個規則，你被迫支持一個你不贊同的立場，所以為了你自己的聲譽，你被迫全力辯護這個立場，還得感同身受；你閒來無事閒塈葡萄園*，發現了多麼豐富的智慧！有多少新的困難在你眼前浮現，多少已過時的論點，最終在你被迫的選擇中，毀滅無存！[8]

從這些「交換立場」的特性來看，指出了某種看待同理心的思路。大部分人認為同理心是一種自發的心靈連結，或是一種美德的映射，辯手所知道的同理心，則是從一連串行動得到的理解。這個版本的同理心很枯燥，不涉及善良或想像力，只要紙跟筆。然而，優點則是在我們的想像力、美德、情感、直覺等能力全部失靈時，我們仍然可以有所作為，而行動的時機，正是在我們卡住的時候。

當然，我們經常會誤解對手。即使誤解了，交換立場的用意並非預先判斷另一方的情況，也不是為了省去傾聽對方的功夫。**重點在於讓我們脫離自滿，如此我們或許就能夠更開放、更明**

察秋毫地處理事情。

在《思想錄》（*Pensées*）一書中，法國哲學家布萊茲．帕斯卡（Blaise Pascal）回答了一個長久困擾著非信徒的問題：如果一個人無法相信上帝怎麼辦？他說：：「遵循（別人）已經建立的作法；在言行間裝作相信的樣子，取用聖水，望彌撒。」[9]也就是說，信仰不是進行宗教活動的先決條件，而是參與宗教活動後的結果。交換立場擔保同理心也是如此：來自儀式一般的慣例行動。一個人只要照章行事，其餘的便會水到渠成。

同時透過自己和別人的眼睛看世界的經驗，令人困惑、令人不安，使人筋疲力盡，但這也是對愛最好的形容之一。

---

* 《聖經》箴言第二十四章提到無知的人放任葡萄園荒廢，必須引以為誡。

促進多元觀點，也重塑自己的信念

在參加教會論壇後的那陣子，我將「交換立場」的作法應用在我與父母之間的長期爭吵。我腦力激盪出最佳的論述，解釋我考慮更認真地看待找對象的事，檢視我催促他們換小房子的原因。這樣做有助於我變得更有耐心、更審慎，並能夠更好理解他們的立場。然而，當我們持續對話，這份理性思考開始耗盡。於是，我又回到了沉悶卻熟悉的爭吵模式中。

有一部分的問題似乎是因為交換立場的時間太短，但爭吵的時間卻是比較久。這項技巧有助於鬆動我們的假設，打斷惡性爭吵的循環，就像重新設定一樣。但即使交換立場讓我們脫離自己的觀點，強勁的力量，像是驕傲、恐懼、身分認同，卻拉著我們往反方向前進。此外，在激烈爭吵的情況下，也難以駕馭兩種認知觀點。為自己發聲已經夠難了，更何況還要同時考慮對方的立場。

在這裡，我再次意識到辯論對我有所啟發。交換立場是一個更大原則的具體例子：我們應該考慮，並嘗試體會與我們自身相對的立場。這個觀念不僅在辯論比賽中反覆出現，也融入了辯論的核心架構中。

辯論時，一個人的個人觀點不能左右辯題。分配立場的方式不一，例如：擲硬幣、猜拳、抽籤等，但一定是隨機的。這帶來了一些有趣的結果，辯論可能是世界上唯一一種場合，會讓一個極端馬克思主義者會替亞馬遜（Amazon）說話，或是讓一位反墮胎人士為幹細胞研究請命。牛津大學辯論社的錄影永遠註記一條免責聲明：「影片中的講者是比賽辯手，因此陳述的觀點未必與他們本人的想法一致。」[10]

實際上，有些辯論聯賽要求辯手從正反方的立場辯論每一道辯題，這一週正方，下一週反方。但即使沒有這樣的要求，在這個圈子待久了，你也會辯論過絕大部分議題的正反方立場，並察覺到你的對手也是如此。

辯論的這項特質引來了嚴厲的批評。美國前總統羅斯福回顧他在一八七六年至一八八〇年間的大學時代，寫過一件他不曾後悔的事，就是避免參加辯論隊。他寫道：「我個人完全不贊同辯論比賽，因為比賽雙方會隨機分派到一個立場。我們該做的事，是讓念大學的年輕人對正確的事情有堅定的信念；不需要讓年輕人為了一己之私，不問是非對錯，都能說得頭頭是道。」[11]

在冷戰期間，羅斯福的話又再次引起眾人關注。一九五四年，美國大學辯論聯賽的辯題是，美國應該在外交上承認中國的共產黨政府。針對反對遏制政策的辯論，一些辯手和教練感到憤怒。事實上，美國海軍學院（United States Naval Academy）與美國西點軍校（West Point）全面禁止學生參賽，後者的說法是：「國家政策已經確立了。」[12]

這件事掀起了幾個可怕的問題，涉及言論自由、軍事規範和民主公民資格等問題。但也讓辯論比賽的倫理成為全國話題，包括堅持辯手對每一道辯題，都要從正反兩方的立場辯論一遍。在一篇時常有人引用的文章中，英國教授兼前任辯論教練理查・莫菲（Richard Murphy）主張公共發言應該真誠。也就是說，辯手應該釐清自己真正的信念，然後堅守那個立場。他借用了美國辯論教練布魯克斯・昆比（Brooks Quimby）的發言，與羅斯福有雷同的想法：「我們的民主需要有原則的男男女女……而不是被訓練成擲硬幣選擇任何一方立場的人。」[13]

我覺得這個觀點很有說服力。在每一位辯手的生涯中，總會有這樣的時刻，就在比賽之間的空檔，會思考自己真正的信念是什麼。對於被訓練成任何立場都能說出一番道理的聰明年輕人來說，這樣的反省可能令人不安。這個問題似乎需要的是不同的技能，不是智慧而是判斷力；不是魅力而是坦誠；不是速度而是思考。

此外，在公共領域中，我們也看到了這種唯利是圖的倫理對社會產生的影響。口若懸河的政治人物將迎合潮流變成了一門藝術；不擇手段的廣告公司，精心雕琢菸草公司的廣告文宣。如果政治和商業中的不誠實令人討厭，那麼在私人領域中更是無法容忍。與一個不相信自己所言的人爭論，會讓我們憤慨不已。這就是網路討論區惡意攻擊的表現，有違良善。

大部分辯手無法完全擺脫這種擔憂。愛爾蘭小說家莎莉・魯尼寫過她在大學聯賽的時光：

「我覺得思考資本主義如何造福貧民，或是迫害人的事物應當如何解決迫害，已經不再有意思了。實際上，我覺得那很悶，不太道德。」[14]我在辯論生涯的不同時期，也曾經受到相同的擔憂折磨。

那我為什麼留在辯論的世界？

答案在辯論會場上。在比賽開始前，不分辯手或觀眾，每個人都了解辯論活動的空想成分。這些十五歲的人對伊朗核子計畫其實沒有強烈的意見。他們是比賽選手，基於某些奇怪的理由，必須採取這樣的招數。

然而開始辯論後，這樣的意識開始消散。在某個時刻，我們完全沒有再注意到這是一群關於核裁軍的青少年在做出論述，我們只聽到了有關核裁軍的論點。這是否表示我們忘了眼前的辯手只是青少年嗎？不。我們只是不再那麼在意論點與辯手身分之間的關連。就像觀看一場戲劇表演一樣，我們自願放下懷疑。

將觀點與身分切割開來，斬斷言論內容與人的關連，令人不安。在某些場景下，顯然行不通，例如法庭。但在辯論會場上，則有三項效益。

首先，這種切割給了辯手的實驗空間。**當我們擺脫必須忠於自我的壓力，就可以發揮新的觀點，嘗試以不同的方式表達自己**。誠實正直與心口合一的傳統價值觀，讓位給適應力及創造力的美德。

第二，觀眾因此得到機會，**從新的角度傾聽別人的說法**。在日常生活中，我們常常把一個人的身分當作簡易的判斷標準，評量其發言的可信度。這種作法基本上是可行的，又有效率。但也會讓我們容易附和自己喜愛、信任的人。辯論打破這種自然的固定循環，調換發言的人跟發言的內容，讓我們有機會重新思考熟悉的觀點，尤其是見識到對手為我們實際的信念進行辯護。

第三，這種切割讓對手能夠**以更好的方式提出異議**。儘管我們辯手很認真地看待對手的立論，我們很少會認為他們的論述代表了他們的性格，也就是說我們不會認定對方的言論決定或反映出他們的為人。即使我們對他們的論點感到殘忍或愚蠢而搖頭，我們也在低語說：「多虧了上帝的恩典，我才倖免於難。」我們知道自己差一點就得從他們的立場辯論。

在辯論會場上，這種切割帶來一種遊戲的感覺。我們沒人喪失自我，你見過這樣的辯手嗎？但我們會切斷自我與特定信念之間的關連。我們提出觀點，不在乎觀點與我們以前及未來的立場是否一致。一項重大影響是我們更容易改變想法，但一百八十度的翻轉仍然很罕見。不過許多人離開辯論會場時，會覺得議題錯綜複雜、覺得對方有一些很不錯的主張，或是覺得矛盾才是深入思考後的立場。

那麼辯論是否實際上削弱了堅定的信念？我不這麼認為，但這的確指向了對於該詞的不同理解方式。傳統觀點認為信念是我們帶進討論中的元素。而另一種觀點則認為信念是從激烈辯論中產生的結果。簡而言之，信念的形成並非只是輸入，更多的是輸出。**提出異議的目的並非為了保護我們先前的信念免受外界攻擊，而是透過遊戲和實驗，直到我們找到值得堅守的立場。我們不需在所有事情弄清楚之前才能開始。**

這樣心胸開放的探索，或許會促成更穩健的信念。唯有將信念的強度，與信念內容的極端程度劃上等號，才會認為這樣的探索有問題。儘管教條式的信念很誘人，有占據心智的特質，卻同時不堪一擊。相反地，更深思熟慮的立場或許沒那麼熱血，卻往往更持久。愛荷華大學（University of Iowa）辯論教練A．克雷格．貝爾德（A. Craig Baird）在一九五五年寫道，穩健的信念來自成熟的省思，而辯論的作用在於「促進這樣的反思和信念的成長」。[15]

貝爾德大可更進一步。對於英國哲學家約翰．彌爾（John Stuart Mill）來說，他與情人兼合作夥伴哈麗葉．泰勒（Harriet Taylor）共同釐清了許多觀念，能夠證明任何堅定信念的唯一方式，就是自由辯論。光是憑著辯論，我們就能安於自己的信念，雖然會受到反駁，卻是駁不倒的。彌爾的想法從何而來？他歸功於西塞羅及其解決法庭案件的祕訣：「古代最偉大的雄辯家，除了其中一位，都有文字紀錄，他們通常會孜孜不倦地研究對手的論點，甚至比對自己的論點更加專注和深入。」[16]

要在日常生活中運用辯論的力量，最顯而易見的方法，說穿了，就是辯論。儘管隨機分配立場的正式比賽似乎前途未卜，在職場上卻逐漸受到重視。股神華倫・巴菲特（Warren Buffett）曾經考慮為所有潛在的收購案雇用兩位顧問。一位要支持收購案，另一位要反對，贏的那一方會獲得「比輸家支付金額的十倍報酬」[17]。連美國的情報單位都採納了該點子的某些層面。在二十一世紀初，發生慘烈的情報失誤後，他們設法促進組織內部的多元觀點，包括委託外部專家「檢視一件事的替代觀點或作法；對於不確定、模糊、可議的意見，要討論其利弊」。[18]

然而，我們不需要舉辦一場完整的辯論來獲得這些好處。在跟父母爭論時，最意外的是他們有時候會脫稿演出。媽媽可能會先說「我猜你對我剛才的意見會說……」或「話說回來……」，然後反駁自己的看法。這會促使我尷尬地捍衛她的原始主張，使我們在某一刻改變立場。爸爸可能會說「我先提個反對意見看看……」或「只是想辯論看看……」來示意他仍然沒有定見，但想要測試一個觀點。

這些舉動在我們的想法與自尊之間闢出一個空間。在那裡，我們可以測試並重塑自己的信念。那是遊戲的空間，是在劇烈衝突的情況下最難得的餘裕，或許也是非常必要的。

退讓，是化解衝突的手段

在教會第二場會議之前的午餐一切如常，餐廳是通風良好的空間，彷彿一間體育館，年輕人若無其事地搬著桌子；在他們後方，成年人負責搬椅子和嬰兒座椅。廚房成了一條裝配生產線，熱騰騰的飯菜和湯一道道從廚房遞送出來，另一組人馬則站在外頭接應。年紀大的指揮小朋友將餐具擺放到餐桌上。

用餐時，沒人討論即將展開的會議或前一週的會議。大家閒話家常，聊著小孩、政治、工作，聽到笑話也會哈哈笑。但午餐吃得差不多時，在場的人似乎都清楚稍後要做的事。每個人都一副忙著談天、吃飯的模樣，但眼神卻洩露了他們其實心不在焉。

這一回大家不是漫步進場，他們像陪審員，帶著嚴肅的目的陸續進場。牧師再次祈禱，祈求智慧和仁慈。他是一個冷靜的人，但每一次停頓或出現語助詞，人們都會想知道那是否是恐懼悄悄潛入他的聲音中。

這次的討論比上一次更務實，沒有浪費時間在陳詞濫調。大家了解彼此的主張，直接回應；整體而言，他們想要表達的意見變多了。在某些方面，這使得辯論更為艱難，暴露了眾人的分歧，各自的主張互相衝突。大家無法認同的觀點變多，橫跨神學、政治和人格特質，但情緒迅速高漲，爸爸甚至一度離開會場以示抗議。

但在其他方面，這次對話的品質有了改善。大家不再因為有反對的聲音而感到訝異，出席時已經知道會有激烈的討論。發言者很少做出真正的讓步，但他們承認觀眾可能會有不同的觀點，並試圖預防他們的擔憂，甚至討論「折衷方案」和「妥協」。

最終，該團體達成了一個初步的共識。一些人強烈反對這個結果，還有許多未解之謎。身為賽場辯手，我習慣了比賽結束時出現兩種明確結局中的一種：正方贏或反方贏。辯論是贏家通吃的比賽。因此我很難接受一個不全面、分裂的結果。但牧師沒有安排下一場討論會，而是為教友祈禱，然後送大家離開。

討論會結束後幾天，我偶然想起一段陳年的回憶，這時我才明白這個結果的意義。二〇一二年一月，我到南非參賽，順便前往羅本島（Robben Island）觀光。從十七世紀末起，羅本島曾經是監獄。如今，那裡更為人所熟知的是，一九六〇年代以後，作為監禁對抗種族隔離人士的監獄。要到島上，得搭乘四十分鐘的渡輪。上船時，會經過一道門，那一道門以一位在島上待了十八年的囚犯命名，那就是尼爾森．曼德拉。

從曼德拉的牢房到囚犯將石灰岩打成石料的採石場之間，負責導覽的博物館人員準備了一支影片。我們的導遊說：「聽說你們是辯手。你們知道曼德拉也是辯手嗎？這座島上的囚犯整天都在辯論，討論政治、哲學和這個國家的未來。這是很好的練習。」

一九九四年四月十四日的影片中，也是南非首次民主選舉的前十天，曼德拉準備與種族隔離政府總統戴克拉克（F. W. de Klerk）辯論。他將是難纏的對手：這位荷裔南非律師是經驗豐富、聰慧的演說家。曼德拉本人也是不折不扣的辯手，但他的顧問們擔心他的鎮定在電視上會顯得消極或呆滯。[19]

然而，曼德拉面臨的真正困難，並不是贏得辯論，他幾乎有把握贏得選舉。但德克勒克及其支持者憑藉其財富和地位，在國家重建中扮演著重要角色。因此，雙方必須在一夜之間從對手變為合作夥伴。

曼德拉的顧問們想必鬆了一口氣，他的表現熱情洋溢又迷人。身為挑戰者，曼德拉以檢察官的熱忱，向戴克拉克提出自己的立場。他以極為嚴厲的批評展開結語「他們的計畫在哪裡？又是跟誰討論出來的？」[20]有些觀眾聽得都發出哼哼聲。

然而，就在一句話內，曼德拉改變了策略。他說：「我們要說，讓我們共同努力，為和解與國家建設而努力，」然後候選人伸出左手，握住對手的右手一會兒，「我很榮幸能跟你握手……讓我們一起終結分裂與懷疑。」[21]在曼德拉的自傳中，對這場一九九四年辯論的章節結語是：「戴克拉克先生似乎感到很驚訝，但很愉快。」[22]

辯論不管如何激烈，都沒有禁止我們以其他的方式，回應意見不合的另一方，包括：協商、結為盟友、寬恕。事實上，辯論能讓其他的互動更長久、更有意義。比如，要是沒有至少一次徹底且關鍵的意見交換，有哪一項和解協議或盟友關係能夠持久？

然而，要讓辯論發揮如此正面的作用，必須給辯論恰如其分的定位。在我看來，這是我們**在私人爭執時不能忘記的最後一件事：我們得讓爭執結束，偶爾得徹底放手，以其他手段化解分歧**。就像曼德拉的話，沒有額外的回馬槍，教會沒有第三場討論，因為辯論的任務已經結束。現在，就要開始推動和解與妥協。

放下歧見的兩個關鍵詞

十一月底時，我準備好開始一份新工作。經過一個漫長的招聘過程，全國商業日報《澳洲金融評論》（*The Australian Financial Review*）給了我實習記者的職務。薪資比最低薪資稍微高一些，但我感謝有這個機會展開職業生涯。

在我到職的前一天晚上，我為父母下廚烹煮晚餐。這是對過去五個月的感謝，也為同一段日子的道歉。當烤爐裡的榛果意外烤焦時，我意識到自己給這一頓週日晚餐的壓力未免太大。

我將整條魚放進烤爐，將四季豆放在滾水裡川燙，內心一邊回顧住在家裡的這幾個月。這樣展開成年生涯，實在令人手足無措。數不清有多少日子，我意志消沉。無法想像校友雜誌的「他們如今上哪去了？」專欄會怎麼描述我的這段日子，履歷更是別提了。

但我學到了一些道理。與父母同住的生活提醒了我，人與人相處無法避免衝突。習慣迴避衝突只會讓人永遠保持沉默，或者與人保持距離。我也學會了意見不合最好以獨立的事件存在，而不是永久的人生狀態。正是公開討論我們的分歧，才能在其中施展一些掌控力。私人爭執比正式辯論要複雜得多。前者是生活中的一部分，而後者則是一場遊戲。然而，這場遊戲的某些元素可以幫助我們應對現實生活中的挑戰。

我將魚端上桌，再來是四季豆、茴香、馬鈴薯和葡萄酒。然後，我邀請父母過來跟我吃飯。希望今晚我們能夠放下歧見，換一個方式相處，我以兩個辯論時通常不會用的詞招呼他們：「謝謝」與「對不起」。

第9章

科技領域

身處AI時代，如何議論

二〇一九年二月週二早晨，在雪梨《澳洲金融評論》繁忙的辦公室，我將一杯溫咖啡放在桌上，然後走去編輯部提案做一則報導。這個提案相當困難，那是一場在舊金山的活動，有大批媒體在現場駐守。編輯們似乎不太相信我的樣子，其中一位問道：「我們是不是應該發新聞稿就好？」當時，我還是職場菜鳥的階段，常常把指示誤解為問題，於是我開口說：「不，我們不該……」

科技編輯動了惻隱之心，聽我把話說完。他分配了短篇專欄的字數給我。走回桌位時，我內心有點愧疚。對於我想要報導這個活動的原因，我沒有完全向他坦白。但我該怎麼說呢？說我想把握機會，一窺未來？說我需要知道，將我在世界上最擅長的事——辯論——交給機器，是否就會做得更好？開玩笑吧。

我擔任記者不到三個月的時間，對我來說，新聞編輯部是讓人謙卑的地方。在澳洲的歷史上，新聞工作是一個只要有高中學歷就能入行的產業，而我耗費了多年累積的學歷，在這裡毫無用武之地。文字編輯們沒幾天就發現，除了會寫複雜的句子與華麗的辭藻，我真的不懂如何寫一篇讓普羅大眾都看得懂的文章。我到職第一週，一位編輯看到我在大量閱讀有關稀土的資料而焦頭爛額時，他大聲說：「你看不懂的話，就打電話問一下！」

在許多方面，我對這份工作著迷。做新聞是有條理的混亂，每天都充滿了錯誤、遺漏的聯絡、無情的截稿期限壓力，但不知為什麼，完稿的奇蹟總會在最後發生。在狀況好的時候，記者協助通報並說明公眾的議題。他們以簡陋的工具完成任務：事實、想法、故事，還有文字，總是文字。此外，二〇一九年是一個選舉年，又讓這份工作增添了立竿見影的影響力，倒不是說我的工作走在時代尖端。最初兩個月，我連擠出一篇報導都勉強，後來我進步到雜誌附錄的頁面；但無論如何，那種刺激，即使我算是隔岸觀火，卻是真實的。

新聞媒體業本身處境艱難，如果要將該產業的衰退歸咎於單一原因，很明顯就是科技。平面廣告（包括汽車、徵才、房地產分類廣告）流失到線上的競爭者，收益大幅減少；科技大公司從他們平台上分享的新聞內容，卻沒有支付給新聞業者。而假消息、網路酸民、同溫層的擴大傷害，這些全都打擊了新聞工作。

科技還對我的工作造成一個更荒謬的威脅。十多年來，早期順應科技的人就在談論人工智慧自動生成新聞的潛力。現在已經部署軟體的新聞媒體，像是彭博社（Bloomberg）的Cyborg、《華盛頓郵報》（*Washington Post*）的Heliograf、《衛報》（*The Guardian*）（澳洲版）的ReporterMate，主要是以簡單的公式化報導進行訓練，諸如企業營收、運動賽事的成績，但人們看得出來科技在進步。

當我坐在雪梨的辦公桌前，收看舉辦在舊金山的活動時，這些事情都在我的腦海中盤旋。

在科技公司ＩＢＭ一年一度的Think大會上，舞台的布置相當簡約。在藍色背板前方，兩個講台平行擺放在舞台兩側，與舞台中央距離相等。在兩個講台之間有一個黑色的方型體，又高又光滑，就像放大的隨身碟或跟真人一樣大的電子菸。這場辯論約有八百人齊聚一堂，還有成千上萬人在線上收看直播。而辯手是誰呢？一邊是哈瑞許．納塔拉簡（Harish Natarajan），一個溫文爾雅的劍橋大學畢業生，也是我在辯論聯賽時的老對手（包括在塞薩洛尼基的總決賽）。另一邊則是「辯論家計畫」（Project Debater），一套專門訓練用來與人類即時辯論的人工智慧系統，或許還能辯倒人類。

二〇一八年六月，辯論家計畫首次亮相時，我在一場不對外開放的媒體活動聽說了消息，也辦在舊金山。[1]機器人與兩位以色列辯手，針對兩個主題進行辯論：一題是「補助太空探索」，另一題是「增加遠距醫療的使用頻率」。出席的記者們報導辯論家「很有說服力」[2]，雖然有些失誤，卻「不只是匹敵」[3]。他們也提到它優異的血統：ＩＢＭ在之前的大挑戰創造了西洋棋機器人深藍（Deep Blue），在一九九七年擊敗當時的世界冠軍加里．基莫維奇（Garry Kasparov），聲名大噪。後來，又創造了機器人華生（Watson），二〇一一年在益智遊戲節目《危險邊緣》（*Jeopardy!*）中，擊敗兩位遊戲冠軍布萊德．路特（Brad Rutter）與肯．詹寧斯（Ken Jennings）。辯論家粉墨登場時，跟人類打了平手，在太空旅行的說服力不如人類對手，但在遠距醫療則更有說服力。現場直播的比分是：一比一。

儘管如此，我沒把辯論家計畫當一回事。科技記者們往往對這類發展讚不絕口，但問題是Siri幾時有幫忙做好哪一件事了？況且，我屬於一九九〇年代的世代，對科技很熟悉，但不會為科技所迷。我們見識過科技是壞東西的時代，在現實生活中從撥接轉換到寬頻、從隨身聽轉換到iPod、從Windows 2000轉換到XP再轉換到Vista。對我來說，辯論機器的典型是SmarterChild（聰明小孩），是美國線上（AOL）的聊天機器人，可以用粗俗且不合邏輯的言語惹它生氣、失望和困惑。

在二月的早晨，在辯論家首次亮相不到一年後，它的比賽卻跟我有點關聯。哈瑞許是最優秀、最有經驗的辯手之一，曾在好幾場比賽擊敗我，所以這次的辯論讓我也感到很有壓力。

在流行文化中，邪惡的機器人總是沉默寡言。他們的無聲透露出，他們傾向於計算而非協商，傾向於行動而非解釋。只要機器隸屬於人類的情況下，沉默即是美德。但是當機器人做出不利於人類，甚至想殺害人類的決定時，沉默就變得很有威脅性。美國電影導演史丹利·庫柏力克（Stanley Kubrick）的《二〇〇一太空漫遊》（*2001: A Space Odyssey*）有一幕是蓄意謀殺的人工智慧系統HAL 9000拒絕繼續對話：

大衛・鮑曼（David Bowman）：HAL，我不跟你吵了。開門。

HAL 9000：大衛，再跟你說下去也沒用。再見。[4]

我在想，假如心懷惡意的辯論家計畫遇上跟HAL 9000一樣的情況，它會不會深入地暢談想要傷人的原因，而我好奇我們會不會被它說服。

在舊金山，長期主持「智慧平方辯論會」（Intelligence Squared Debates）的新聞記者約翰・唐萬（John Donvan）介紹兩位辯手出場，觀眾席上的科技迷與緊張的管理階層們漸漸安靜下來。「首先，為今晚的題目辯護的是IBM辯論家計畫。」[5]一束藍色的燈光照在黑色的方型機體上。當時，我不知道辯論家的長相，還以為它會翻身躍上舞台之類的，因此我很訝異它一直在台上。「反方則代表我們這些人類，歡迎哈瑞許・納塔拉簡到舞台上來。」哈瑞許穿著三件式的西裝，在搖滾樂的伴奏下走上舞台。

辯題是「政府是否應該補助幼稚園教育」，雙方的準備時間是十五分鐘。我還記得那些緊湊的幾分鐘裡，奮筆疾書、低聲討論，還會碎念自己可能想不到論點。哈瑞許到後台準備。機器則在全世界面前準備。時間到了後，辯論家計畫以它優雅的女性聲音說：

你好，哈瑞許。聽說你是跟人類辯論的世界紀錄保持人。但我想你從來沒有跟機器辯論過。歡迎來到未來。

網路促成合作，也常造成衝突

在那之前八年，也就是二〇一一年二月，以色列電腦科學家諾姆．斯洛寧（Noam Slonim）與他的辦公室夥伴，在特拉維夫的IBM研究中心碰面，腦力激盪。幾週前，華生才打敗遊戲節目《危機邊緣》的兩位人類冠軍。IBM的領導階層已經開始尋找下一個重大挑戰的題材。

在某些方面，斯洛寧的資歷正是能夠主持這種專案的科學家。二〇〇二年，他取得機器學習的博士學位，從希伯來大學（Hebrew University）畢業；他的專業領域是將機器學習應用在文字資料上，華生的成功跟這個領域密不可分。但在其他方面，他的資歷就不那麼為人所知。念博士時，斯洛寧在一齣電視情境喜劇《謎團》（*Puzzle*）兼差當共同製作人。畢業後，他在普林斯頓（Princeton）做了幾年的生物物理學研究員，然後才返回以色列。

在一小時的腦力激盪裡，斯洛寧出現的靈感，跟他的背景一樣具備多元的特質，涵蓋了人類與機器的語言、娛樂、科學。「挑戰：在電視轉播辯論賽，打倒人類辯論專家。」[6]

初步的提案只需要一張 PowerPoint 就能展示完畢。斯洛寧與他的同事寫下這項挑戰需要「資料探勘、自然語言的理解與生成、邏輯推理、智慧能力等強效的新方式」[7]。如何確認成功也是一項特別的挑戰：跟西洋棋或益智遊戲《危機邊緣》不同的是，辯論沒有客觀結果。在此，辯論比賽的傳統提供了一個答案，那就是具有「明確的規則，清楚判定贏家」。在這份輕描淡寫的檔案中，作者們做出強勢的預測：「完成這項挑戰，無疑會被視為開創性的突破。」

在特拉維夫的研究中心不遠處，有人在秋後算帳。以色列毗鄰四個主權獨立的國家：埃及、約旦、黎巴嫩、敘利亞。到了二月底，這些國家都經歷了大規模的抗議行動，抵制僵化、腐敗政權的行動遍地開花。後來，這項運動被稱為「阿拉伯之春」，主要是為了詩意，而非描述季節。

西方媒體報導了這些「支持民主」的起義活動，在激動得喘不過氣的內容裡，點名了一個新英雄：科技。記者們展示了螢幕截圖，顯示抗議者如何運用社群媒體組織聚會並分享資訊。他們主張「維基解密」（WikiLeaks）網站上一連串對突尼西亞政府不利的揭祕，與那個國家的反政府抗議活動是有關連的。「社群媒體革命」一詞很快就無所不在。八月時，在蘇格蘭丹地（Dundee）舉行的世界中學辯論大賽，辯題是「本院相信獨裁政體在臉書時代注定毀滅」。

這樣的樂觀既不理性，也沒有考慮來龍去脈。從網路問世以來，就對烏托邦思維引發有益的壓力。網路先驅人物散播了這些論述，經由主流媒體的放大，在網路上成為終極的常見論述，大家在網路上相會、共同存在，沒有疆界或社會地位的限制。當然，**風險是人際串聯不只能促成合作**，也常常造成衝突。但早期的網路論壇研究對於民主議論的頻繁程度感到驚訝，其中一位作者說：「在爭論和互相指責的亂局中，人們對於辯論及熱情倡導的力量，展現出一種可觀的信任。」[8]他們想起了無政府主義者對解放的古老概念，將網路拿來跟咖啡館、沙龍、公共廣場做比較。

對於矽谷的創辦人們，在阿拉伯之春最初幾個月，這些思想的流傳促進了他們的公共關係，讓他們公司的創辦宗旨變得可信，就算不完全具有說服力。讓當時想要擴展海外版圖的獨角獸企業 多了一股世俗的氣味。在一年一度的八大工業國高峰會，法國總統薩科吉（Nicolas Sarkozy）鼓吹加強管制科技公司，而臉書執行長馬克．祖克柏豁出去了，他說：「有人告訴我，你在阿拉伯之春扮演如此舉足輕重的角色是很好，但也有點可怕，因為你讓大家可以大量轉發，還蒐集大家的資料。但魚與熊掌很難兼得。你不能只維護你喜歡的網路特性，然後控制你討厭的那些。」[9]

那一年剩下的時間，斯洛寧都在發展並琢磨辯論機器的概念。公司領導階層不斷剔除潛在的重大挑戰方案。在越來越嚴苛的篩選中，斯洛寧的點子不斷過關斬將。在這個初期階段，他不太在意這個時代的政治。他的主要動機「純屬科學」，從這個角度看，挑戰很可怕。就像斯洛寧第一次跟同事開會就說，人工智慧與文本資料的研究從他八年前投入這個領域以來，幾乎沒有進展：「他們在解決同樣的問題。這種情況可以持續下去。他們可以再這樣做二十年，但我覺得這樣很無聊。我們真的需要做一些完全不同的事。」[10]

二〇一二年二月，斯洛寧收到一則訊息。人工智慧科技（AI technologies）副總裁艾雅・索弗（Aya Soffer）問他是否聽到了消息（他沒有），並通知他的提案雀屏中選，是下一個重大挑戰。斯洛寧感謝索弗的支持，但對於她的回應，他停頓了一下說：「先別謝我……」[11]

人味，是AI比不贏的能力

七年來，我看著同一台機器在舊金山的辯論說出近乎完美的語句。辯論家計畫的製造者是斯洛寧和蘭妮特・阿哈諾夫（Ranit Aharonov）共同主持的團隊，他們給了它兩個內容來源。[12]一個是四億條新聞報導的資料庫，相當於一百億句話，辯論家可「探勘」各式說法與證據。另一個則是常見爭執、例子、引述、類比、敘事框架的匯編手冊，例如：關於出現黑市的論點，可以套用到許多禁止販售商品與服務的辯論。[13]

辯論家計畫先援用後者的資料，將辯論放在大局的框架下：「在目前的情況下，我們接受補助的問題不只是錢的問題，也會牽涉到社會、政治、道德的議題。」然後進入一個或許模糊卻過得去的高尚主張：「補助幼兒園之類的教育單位是在善用公帑，因為能夠造福整個社會。我們有支持的責任。津貼是重要的政策工具。」

這一切得來不易。即使是人類，要精通這些工夫，像是根據句法解讀主題、從記憶中搜尋相關資訊、彙集並編排想法、編輯語言以便發表，可以耗上一輩子。至於機器，這些技能全都需要編碼。

說了大約九十秒的引言後，辯論家計畫展露了最大的強項：超越人類的舉證能力。在暢談減少貧困的一分鐘論述裡，它引述了經濟合作暨發展組織（Organisation for Economic Co-operation and Development）、美國疾病管制暨預防中心（Centers for Disease Control and Prevention）、美國國家早期教育研究所（National Institute for Early Education Research）

---

* 成立不到十年但估計資產達十億美元且未上市的科技創業公司。

一份從一九六〇年至二〇一三年的統合分析研究、澳洲總理高夫・惠特藍（Gough Whitlam）的一九七三年演講。雖然它講得很匆促又雜亂，卻幾乎沒有讓人覺得未經思考。

我很好奇哈瑞許會如何應付這鋪天蓋地的資訊。對不熟悉辯題的辯手來說，事實資訊可能是辯論時的剋星。機器從資料庫挖出的無關研究不少於六個，全部挑一遍毛病是沒用的。即使是熟悉文獻的人，反駁也會耗費大量時間，頂多換到一個平手。那怎麼辦？

哈瑞許首先肯定辯論家：「剛才的發言裡有許多資訊、許多事實、許多數字。」他說得緩慢而精確，彷彿在澄清誤會。然後，他平靜地展開攻勢，說：「辯論家計畫提出了一個很符合直覺的論點：如果我們相信原則上，上幼兒園是好事，就一定值得拿錢補助。但我認為那絕對不是補助的充分理由……因為造福社會的事情多得是。」哈瑞許將醫療保健與高等教育列為其他優先要務，但兩個都沒有細說。「我要說的是，這些事項不見得都比幼兒園好，但辯論家計畫只憑這一點就宣稱補助有一些好處，理由並不充分。」

哈瑞許繼續深入闡述，補助幼兒園教育的問題更是在於，將會有大量的補助款用在中產及上層階級的家庭，他們本來就最可能將孩子送進幼兒園。況且，補助的金額可能太低，無法讓最貧困的家庭負擔得起幼兒園。如此一來，貧苦家庭就會陷入反常的處境，透過繳納稅金，補助一項他們自己負擔不起的服務，等於「剝兩層皮」。而這一切所為何來？「討好中產階級的政治利多。」

辯論家計畫不為所動地說：「首先，我有時會聽反對者的說法，心裡想著：他們想要什麼？他們要窮人到他們家門口乞討嗎？他們跟沒有暖氣、自來水的窮人能好好地共存嗎？」這番話帶有煽動性演講的特質，像是口無遮攔、言詞大膽、不斷複述，但辯論家計畫的聲音還是跟虛擬助理一樣關切。

接下來是真正的考驗。辯論家計畫的設計，就是預先準備好反駁的內容。[14]因此哈瑞許還沒開口前，機器已經生成了對立方的備用論點，或者說「導言」，並準備好反駁的論點。在比賽時，它必須執行的動作是辨識哈瑞許實際上說了什麼導言，然後給出合適的回應。

在這方面，機器似乎變弱了。辯論家計畫無憑無據主張：「國家預算那麼龐大……主張有更重要的用錢項目是文不對題，因為不同的津貼並不互斥。」它細膩地提到補助讓父母能夠工作，留在職場（這是對哈瑞許關於父母無力送小孩進幼兒園的潛在回應）。但它沒有接下去解釋，而是轉移到了另一項主張：「我們討論的是一項有限、有鎖定目標、有益的機制。」

反駁時，哈瑞許採取一種和解的態度。「我要先指出辯論家計畫跟我都同意的觀點。我們都同意貧窮很糟糕……這些都是我們要處理的事。」然後他話鋒一轉。「這些（議題）都沒有處理，只因為你要補助幼兒園。」哈瑞許反複提到預算限制的論點。他又說，即使不缺錢，也缺乏對開銷的政治支持。「我樂於反對補助。」他做出結論。

兩位辯手發表了兩分鐘的結語。接著，觀眾投票。在辯論前，觀眾對補助幼兒園的支持度如下：

七九％支持
一三％反對
八％未決定

在辯論後，比數變了：

六二％支持
三〇％反對
八％未決定

跟據「立場變化」來評量，哈瑞許・納塔拉簡是贏家。

主持人還問了觀眾第二個問題：「在兩位辯手之中，哪一位帶給你的知識更多？」在此，辯論家計畫拿下五五％的支持，哈瑞許是二二％（其餘的觀眾表示是平分秋色）。

我為報社寫了一篇評論。在一家越式法國麵包店吃午餐時，我停下來思索用來評量這場比賽的兩項標準。

辯論家計畫豐富了我們的知識，那本來就是它內建的辯論策略。這台機器的程式設定，是相信事實與研究的說服力。正如它在總結論據時說的：「我相信我已在發言中提出充足的資料，證明對幼兒園的補助是合理的。」如果硬要說有什麼問題的話，這套系統似乎把證據看得太重要，這樣反而對它不利。在忙著多塞一項研究或引述之際，辯論家計畫錯失了其他機會：拆解想法、連結觀眾、在反駁時更有反應。

哈瑞許採取了不同的方法。他以妥協和預算限制為論點，用這些話語，他在理念與實際現實之間劃出了一條明確的界線。這在我看來是明智的，更貼近我們在做出和應該做出的決策方式。

但現在我開始懷疑自己是否太快接受資源有限的邏輯。比如，我幾乎沒有考慮過提高教育門檻的成本。或許機器看見了我忽略的事：按照社會階級分配教育機會的研究，已經有許多報告指出這樣做造成的傷害是無法挽回的。

哈瑞許勝過辯論家的另一個地方，則是與觀眾建立連結。他強調「共同點」，並展現關心；他在恰當的時機微笑與皺眉。面對這樣自然展現自己的人，配備電腦螢幕軀體與高效率幽默感的機器，毫無勝算。我覺得這令人安心：**最有人味的能力，也就是與其他人類和睦相處的能力，依然是我們人類的專利**。但是現在我開始思考，我們是否太過偏重於傳遞訊息的人，而忽略了訊息本身的重要性；我們偏向與自己相似的人而非不同的人，這可能會使我們產生誤解。這種情況反映了人類的基本傾向，即偏好與同類交往的形式。

這讓我提出了最後一個問題：辯論家計畫輸了比賽，是因為它在辯論時略遜一疇，還是因為它更優秀？我吃完剩下的三明治，漫步回辦公室，心裡有了答案：兩者皆是。

線上爭論的三大結構問題

在舊金山辯論之後那幾週很忙碌。四月十一日上午，澳洲總理要總督解散國會，並把選舉設定在下個月舉行。一封電子郵件傳送到新聞部。儘管按照國際標準，三十八天的競選活動算很節制了，但依然是「馬拉松」與「年度最大的新聞」。

對我來說，報導選舉的機會是美夢。在此，我對新聞業的浪漫願景似乎比較貼近現實——新聞為民主服務，是必要且重要的。難的是找到切入點，去報導市面上做得最詳盡的一條新聞。在大部分日子裡，我會瀏覽推特和其他社群媒體，那裡經常出現無數輕微的爭議，如新傷口一般疼痛。

一部分的我想像自己如同迷因哏圖裡的狗狗一樣說「沒事」*。我在社群媒體的陪伴下長大，而我三次的跨國搬家，也仰賴社群媒體跟朋友保持聯絡。況且，我內心的辯手歡迎線上的大量政治爭議，在按照社會階級自我隔離、同溫層、使用公共平台的機會不平等、各大政黨對大事的立場趨於一致的時代，這是極其難得的。這些我都只知道概略。但長期在這些網站消磨時間的體驗是另一回事。簡單一句話，那就是很糟糕，我開始懷疑是否有人能在網路上進行良好的不同意見交流。

對於線上爭論的現有研究，我一直被引導到 Reddit 網站上的一個論壇：「改觀」（Change My View, r/changemyview）。自從十七歲的蘇格蘭音樂人卡爾・騰博爾（Kal Turnbull）在二

* 哏圖中的狗坐在鬧火災的房子裡喝咖啡，還說「沒事」。

〇一三年成立論壇，這個子版已成長為七十萬位用戶的社群，引來谷歌內部一個科技育成中心的關注，《連線》雜誌盛讚為：「線上民間對話的最大指望。」[15]「改觀」論壇的概念很簡單：一位發文者提出一個自己的信念，但歡迎別人讓他改觀（例如：中產階級化是困難卻必要的過程），然後向別人發出「CMV」（改變我的觀點）的戰帖；發文者要跟回文者辯論，若是有人因而改觀，就給那個人一個三角型的記號（Δ）。社員在名字旁邊展示自己取得的三角型數量。「改觀」論壇似乎肯定了兩件不太可能實現的事：**線上爭論可以很文明，還可以改變我們的觀點**。

對學者來說，「改觀」論壇的用戶活動是相當豐富的資料，不僅記錄了民眾的異議模式，也指出了哪些模式最有可能改變別人的觀點，也就是贏得Δ。以「改觀」論壇的資料做出的大約六篇研究報告中，最扎實的一篇來自康乃爾大學，他們研究了兩年半期間內的一萬八千個討論串，共七萬人參與。結果似乎佐證了幾條經驗法則：[16]

- **動作要快**：回應發文者的時間間隔得越久，發文者改觀的可能越低。第一、二位回文者改變發文者心意的成功機率，是第十位的三倍。
- **要誠實**：說服力高的貼文，通常會承認自己不確定的事與資歷。或許是出於類似的原因，讓人信服的論述往往也更常用「與論述者相關的人稱代名詞」（例如：我、你、我們）

打斷句子，讓句子不致於變成總括一切、普通的主張。

- **別（太）熱情附和：**成功的爭論比較常提出「新資訊或新觀點」，也就是透過用詞的差異來衡量，而不是附和發文者的說法。研究人員還說，常有人引述對手的話，然而在反駁時，這卻「似乎不是有效的策略」。
- **出具證明：**有說服力的貼文，常以超連結引用外來證據，還有「舉個例子」、「例如」之類的標記。亞歷桑納州立大學（Arizona State University）的研究員在二〇一八年的另一項研究則發現，在討論「社會道德」議題與火藥味較低的主題時，證據的說服力都很強勁。[17]
- **（在回文四次後）放手：**改變觀點的機率，在發文者與回文者交流三次時達到巔峰，四次之後便爆跌。

這些在我看來都很有道理，但我在「改觀」論壇待得越久，那裡的常客與環境便顯得越奇怪。使用者熱心到幾乎惱人的程度。有些原始貼文寫得跟專欄一樣長。有些作者則是描述他們想跟論壇的用戶分享的小小個人危機，像是挫敗、懷疑、頓悟的時刻。回應者經常很嚴厲，偶爾會批評得很毒辣。往往他們問了問題，又承認自己某些議論不對。

依我看來，這些用戶彷彿逃離網路上的危險地區，開創一個新世界。這個社會不僅靠基本的同質性或文化凝聚在一起，也靠法令維持。「改觀」論壇的「規則」項目比美國憲法還多。[18]有的很學究（例如：標題是聲明，不是問題。舉例：你應該寫「改觀：Trix麥片只有小孩子會吃」，而不是「改觀：只有小孩子會吃Trix麥片？」），有的是在說教（例如：你可以隨意用冒犯人的詞語批評別人的觀點，比如「那個觀點種族歧視」，但絕對不能批評提出那個觀點的人）。這些規則由志願者輪流擔任管理員來執行，管理員有移除貼文的權利，在極端的情況下，還能將使用者踢出論壇。

以這樣的軟硬兼施，「改觀」論壇似乎處理了線上劣質議論的三個結構問題：

- **觀眾**：線上爭議最糟的特色之一，就是參與者似乎無心改變別人的想法，甚至包括正在討論的問題，反而比較想向群眾展示他們的美德與喜好。「改觀」論壇為此設計了一個優雅的破解之道：「成功」的唯一方法是改變別人的想法。
- **演算法**：社群媒體上的爭執經常很冗長又惱人，因為網站的演算法會篩選極端的內容來吸引群眾參與。「改觀」論壇也仰賴群眾參與，但晉升到留言串頂端的憑據，則要靠使用者將整個討論串「置頂」，而非個人評論。

- **匿名性：**社群媒體平台估計，網站上大概五%的會員資料是假帳號，這些帳號大多是機器人在操作。[19] 這潛藏嚴重的風險，諸如影響選舉，而在比較小的層面上，則讓人懷疑其他網民的身分與動機。「改觀」論壇的用戶多半匿名（創辦人使用的名號是「Snorrlax」），

  但他們將自己拿下的Δ數量當作身分的表徵，代表他們長久以來在論壇上活躍。

結果是發展了一些促使良好異議的背景條件，聚焦於論點而非口號；重視聆聽而非炫耀；傾向解決而非拖延。其中一部分原因是自主選擇，但很大程度上也歸功於規則的設計

但在「改觀」論壇維繫一個討論串所需的獨特文化、規則、強制手段，是有成本的。即使是在Reddit網站上，「改觀」論壇也依然是小眾社群。它的七十萬位會員跟Reddit其他的子版相比，比如r/gaming、r/todayilearned、r/funny，大約是二十分之一至二十五分之一。老實說，改觀論壇上遵守規矩的風氣連我都受不了。我覺得那些異議完美得不自然，令人望而生畏，入門的門檻似乎被拉得太高了。

我懷著同一個問題停止瀏覽：如果大部分人（包括我）不喜歡這個烏托邦，異議應該呈現什麼樣貌，未來的路才走得下去？

反制假新聞、假消息、酸民的手段

幾年來，我都在關注一位特別的台灣公僕，名叫唐鳳。她生於一九八一年，父母是記者，是八歲開始學習電腦程式的天才，十四歲輟學追求自己的教育（她用古騰堡計畫〔Project Gutenberg〕和 Arxiv.org 自行學習）。[20]不久之後，她創辦第一間公司，開始科技創業家與顧問的事業。

二〇一四年三月，三十三歲的唐鳳辭去矽谷的工作，趕回家鄉。在台北鬧區，大事發生了。國民黨政府試圖在未經審查的情況下，通過與北京的自由貿易協議。在十八日晚上，以學生為主的抗議民眾闖進立法院，占領議場。唐鳳跟著零時政府（g0v）的同仁，亦即一群致力於解決社會問題的「公民黑客」，前去架設技術器材，以協助抗議者溝通與組織。所謂的太陽花學運，在一場抗議活動吸引了超過十萬位民眾參與，逼得立法院讓步。唐鳳退出商業界，將全部時間用在追求太陽花學運的更廣泛目標，也就是讓政府更順應民情。二〇一六年十月，三十五歲的唐鳳成為台灣的數位政委。[21]

唐鳳是一位不尋常的內閣大臣。她認為自己是「保守的無政府主義者」，保守在於她想要維護文化與傳統，無政府主義在於她反對威逼（身為大臣，她誓言不發號施令也不接受命令，只有建言）。[22]她用詩的形式撰寫職務說明，以瓦肯舉手禮*結束大部分的訪談，並附上瓦肯族的祝詞：「生生不息，繁榮昌盛。」唐鳳在二十幾歲時接受荷爾蒙替代療法，自認為是後性別（postgender）（她偏好的人稱代名詞是「兩個都可以」）。[23]到了二〇一九年，她就任兩年，她開始宣傳台灣做過的事。

對我來說，要理解唐鳳的作為，一個方式是與「改觀」論壇做比較。這個 Reddit 子版欣欣向榮是仰賴規範，也就是大部分反對科技巨擘的人最虎視眈眈的內容，唐鳳團隊卻選擇了比較寬鬆的手段。他們的作法是**不刪除令人反感的內容或反社會的平台，而是勝過它們**。

首先，政府設置了自己的社交平台，即 Join（公共政策網路參與平台），供民眾提出意見並進行辯論。[24]這點子是從 vTaiwan 衍生而來，vTaiwan 是零時政府早期的平台，以視覺圖呈現參與者之間支持與反對的情勢，凝聚「粗略共識」——黑客用語，意指可以接受的解決方案。兩個網站都架設在 Polis 平台上——一個開源程式，眾多特色之一是廢除了「回覆」，而以支持與反對的按鈕降低酸民的行為。[25]但 vTaiwan 吸引了數十萬人，Join 的註冊用戶則是五百萬出頭，

* 科幻影集《星際爭霸戰》（*Star Trek*）瓦肯族的招呼手勢，食指與中指併攏，無名指與小指併攏，其餘手指張開。

相當於人口的四分之一。[26]從 Join 的接受度來看，民眾使用社群媒體的原因似乎被低估了：人民想要影響與生活習習相關的政策。

第二，在不受政府管理的平台上，政府揁上了假消息的散播及假消息本身。政府各部都有一支團隊，在虛假及有害的消息出現六十分鐘內，以「相等或更有說服力的論述」回應。[27]這項措施成功與否的評量標準是回應的散播程度，因此那些團隊經常大量使用笑話和迷因哏圖（挾著「狗狗」威名的柴犬，是反制假消息大流行的發言犬）。零時政府與通訊軟體 LINE 都配置了不隸屬於政府的事實查核機器人，供用戶檢查某些說法是否屬實。

這些努力從一開始，多少便注定失敗。有充分的證據顯示，在社群媒體上，謊言散播得比事實快，誹謗與假消息即使被拆穿，也往往會留在大家腦海裡。不信任專業、假消息的串聯活動、假帳號的侵蝕效應，讓問題雪上加霜。但對唐鳳來說，迷因與事實查核都是致力於建立一個更可靠的社會，屬於遠大願景的一部分。後者也需要公眾教育來建立民眾的媒體素養，進行讓政府公開透明的改革。二〇一七年，唐鳳向一位記者說：「大家想要了解狀況，又缺乏完整的事態發展脈絡，就找到了錯誤的資訊或謠言。」[28]

這些措施似乎都不容反對（誰能反對公民教育？）。但在我看來，唐鳳的作法最鮮明的特質，是不肯等到適當的條件出現便行動。身為大臣，她在網路上發布她主持的每一場會議的文字謄本，即使資訊可能被斷章取義或用來攻擊她。她每週三都開放拜會，整理民眾的評論與意見，即使這些拜會有一部分必然百無一用。她向澳洲雜誌《丹寶羽毛》（*Dumbo Feather*）說：「我們得先做到這件事，才能請民眾信任政府。總要有人踏出第一步。」[29]

在許多方面，台灣獨立於世。台灣的面積與賴索托或比利時相仿，兩千四百萬人民相對富裕、受過教育、能夠上網。更關鍵的是，台灣距離中國大陸海岸線一百八十公里。中國政府宣稱台灣島是中國的一個省分，而台灣的領導階層是地方政府。只有十來個國家與台灣建立邦交，美國等國則反對台灣正式獨立。台灣人積極參與政治與民主活動，部分原因便在於他們的處境堪憂。

另一個原因則在於台灣的民主是新鮮出爐的奇事。台灣在一九八七年解除將近四十年的戒嚴令，一九九六年首度舉行領導人選舉。唐鳳評論過，這兩個日期恰巧分別對應到個人電腦與全球資訊網在台灣的初次亮相。「彷彿網路與民主不是兩回事，而是同一件事。」她隱晦地談起其中的關連。[30]

即使在台灣政府內部，唐鳳的地位也極不尋常。她致力於公開透明，以致接觸不到高度機密及其他高度敏感的討論。即使她拒絕發號施令或聽命行事，台灣內閣卻為了嚴懲「假新聞」而受到非議。[31]

聆聽唐鳳的演講與訪談，我覺得有點錯亂。她一開口就像出現在錯誤時代的人，從網路剛剛問世時就有的科技烏托邦人士，是來自未來的聲音。她做的每一件事情都與現實脫節，信賴科技注定要失望，信任其他的網民則必然會吃虧。

然而，在五月十八日澳洲選舉那天晚上，我維護著報社的即時部落格，察覺自己一再回味唐鳳時常引用的兩句話，出自西元前六世紀的經典作品《道德經》，作者是道家始祖老子：

> 信不足焉
> 有不信焉[32]

AI始終來自於人性

二〇二一年年中，我見到諾姆．斯洛寧時，新冠肺炎（Covid-19）疫情已經讓天下大亂。在澳洲，二〇一九年排除萬難改選的保守黨政府，此時因為疫苗推出時的亂象而處於劣勢。唐鳳與她的同僚忙著遏阻「假訊息大流行」（infodemic）對公眾健康造成真實且立即的影響。以色列三度封城，死亡數千人，但看來轉危為安。世界似乎隨時會陷入新時代的險境中。

我上一回看到斯洛寧，是在兩年前的舊金山現場直播，現在他蓄著鬍子。在影片連結中，他的眼鏡反射出電腦螢幕的藍光，很難看清楚他的表情。

我想問問斯洛寧，他這些日子以來對辯論沉澱出什麼想法。每一位辯手都知道：假以時日，你就不再為了慘敗懊悔。記憶會蘊釀出新的意義。但要進入這種成熟的過程，你得先接受失敗。那他接受了嗎？

斯洛寧開口道：「我認為，哈瑞許在現場辯論的表現比較好，原因很簡單，就是他真的比辯論家計畫高明，這不表示在任何辯論比賽中我們都會輸他，但在大部分的辯論賽裡，他會表現得比我們好。」

「好，我同意要是你重新聽一遍那場辯論，進行更理性的思考，情況會更平衡。然而辯論賽的結構並不是這樣。你只能聽現場的。」斯洛寧提醒我，在為聽眾帶來新知方面，辯論家計畫更勝一疇。他說，以觀眾原本的立場分布——八〇%支持補助幼兒園，機器本來就更難贏。

然後，他似乎歸零重來。「我可以老實告訴你，我根本不在乎。在一定程度上，我認為輸了對我們是好事。也許只輸一點點會更好。反正我們傳遞了正確的訊息，而我真的認為這是一個教訓。」他的團隊辛勤耕耘了幾年，承受著一個抱負的重擔：在現場辯論中打敗冠軍辯手。然而，即使是在比賽剛剛結束之際，人機交流的結果也不是大家最關心的事。「事後反省，你才意識到這個問題根本不重要。所以我們是為了錯誤的問題傷神。」

我心想，少來了。一九九六年二月，深藍第一次與加里・基莫維奇特級大師下棋時輸了，一年後複賽贏了。有時，失敗是向更有意義的勝利踏出一步。

斯洛寧知道複賽時，他們團隊要集中心力的方向：打動「聽眾的心」。他們可以設定機器的程式，讓它搜尋雙方共同的立足點，別只聚焦在反駁，要更直接地打動聽眾。「從技術的角度來看，這些事情不是特別難做到。」斯洛寧說明道。他的回應帶有一定的諷刺。這台辯論機器一向都很、嗯、好辯。如果說服是終點，單純的攻擊與邏輯推演就是不充分的手段。也必須動用安撫、同情、妥協的溫和技巧。

「此外，真的可以建立更強的邏輯、更強的反駁之類的嗎？可以，這些都辦得到。你可以循序漸進地做，要是你認定這就是你想做的事，你可以讓夠大的團隊多努力幾年，最後我們會贏。這是我的理解。」

目前，這一切仍是猜測。IBM決定不繼續發展辯論家計畫的現場辯論系統，要專心開發這項科技的其他用途。目前為止，曝光的項目是將這套系統的能力，整合到一組套裝的企業人工智慧產品中。但IBM也展示了這項科技的一些市政用途——諸如解析大量的公眾評論，將重點概念提報給決策者。

在我們對談的前一個月，斯洛寧團隊在《自然》（*Nature*）發表辯論家計畫的完整描述。五十三位共同作者，除了解釋系統的運作方式，也設法定義辯論家代表的是哪一種科技。他們談到大部分的人工智慧研究著重在完成一項定義很狹隘的獨立任務，使用專門用在這個用途的單一系統。相形之下，辯論家要執行的任務比較複雜，作法是將任務拆散成幾個小步驟，再整合成解決方案。它是「複合式人工智慧」系統，或者照斯洛寧給我的說法，是許多即時元件的「編排器」（orchestrator）。

目前，斯洛寧認為，建構單一的端對端辯論系統，也就是從輸入直達輸出、不必依賴另外設計的中間步驟的系統，還很遙遠。這樣的系統需要極大量的標準化數據（下西洋棋的深藍從內建七十萬局特級大師賽資料庫，篩選出開局方案）。不僅如此，辯論賽的理想輸出實在太複雜，很難想像這些數據要如何運用。但那不代表斯洛寧團隊沒有思考過這件事。

數據問題的一個解決方法是所謂的強化學習。二〇一七年十月，字母控股（Alphabet）的子公司深智（DeepMind）發布了圍棋軟體 AlphaGo Zero，它反覆跟自己下圍棋，終至精通。起初，它只知道圍棋的規則。三天後，它下了四百九十萬盤棋，擊敗了比較舊版的 AlphaGo，而 AlphaGo 曾經擊敗十八次拿下世界冠軍的李世乭（Lee Sedol）。這套系統之後不斷進步。中國棋士柯潔說道：「獨自學習的 AlphaGo 是最強的。在它的自我精進之路上，人類似乎很多餘。」[33]同年十二月，深智推出了以相同方式精通西洋棋、將棋、圍棋的軟體。

不受制於以往的棋局紀錄，系統擬訂的策略難倒了這些棋類的頂尖高手。這具機器的製造者是這麼說的：「不再被人類知識的極限所局限。」[34]

斯洛寧說，這種作法在理論上可以套用在異議上。他的團隊打造了一個「評審」，能夠評估論點的強弱。讓系統自己跟自己辯論，並按照回饋自行改進，或許能夠「找到（人類）還沒想過的說服模式」。然而，這當中暗藏一個重要的機關。既然辯論的目標是讓人甘願改變心意，機器要是採用難以理解、難以想像的策略，便說服不了人。圍棋與西洋棋的棋士是挖空心思要超越對手，辯手卻必須跟對手攜手並進。

「**人類注定要督導人工智慧的**。」斯洛寧說。

我覺得，這個觀點很令人安慰。意見不合是很有人味的行動，恰好勾勒出我們的怪癖和局限。**無論好壞，我們推理、同理、評判的能力，規範了辯論能夠具備的樣貌。最終能在舌戰中打贏我們的機器，致勝的原因不會是超脫我們的人性，反而是體現了人性**。

與斯洛寧談完那陣子，同一個想法震盪出了不太平靜的迴響。我想像一套以數百萬小時的人類議論培訓出來的系統——從議會辯論的文字謄本到社群媒體上發送的訊息紀錄。機器必然會看見我們克服萬難，找到了妥善溝通異議的方法，而且有時我們會向蠱惑人心、不合邏輯、奉承、憎恨的言詞低頭。或許它甚至會辨識出我們打造的某些科技促成了良性的異議，也有某些科技阻礙了異議的良性發展。

以這樣的資料訓練出來的機器，會對我們人類處理異議的方式有所判斷。機器的系統在回應我們時，會做出必要的調整來提升表現。這樣一台機器會吸引我們好的一面或壞的一面，例如：用辯論或爭吵的言語、用好戰或合作的精神，目前仍然操之在我們。

結語

成為開放、互相理解的優雅辯手

這本書就像辯論賽，始於靜寂，也止於靜寂。

二〇二一年七月週六凌晨，我完成初稿，在落入自我懷疑的魔掌之前，將稿件寄給一些朋友。他們是好辯的類型，能夠毫無罣礙地說出強硬的意見，因此我硬起頭皮，準備面對激烈的回應。不料等了漫長的好幾週，始終是一片死寂。數百頁的篇幅與無數的直言無隱，結果呢？「懶得理你。」

正當我準備振筆疾書聯絡這些所謂的朋友，他們一個接一個給了我回音，有的是一長串的電子郵件，有的是熱切的電話交談。眾人的反應不盡然是欣賞。在各種答覆中，浮現一個凌駕一切的憂慮：「良性的議論好是好，但我在想這個主題會不會太小、太個人——你講的主要是社交禮儀，不是結構改革。」

一位在矽谷創辦了新創公司的朋友，叫我在便利貼寫下幾個字：「辯論如何更上層樓？」然後，將紙條貼在浴室鏡子，直到有答案為止。幾分鐘後，他用電子郵件發來一張圖。在一個小小的方格裡，一位蓄著飄逸鬍鬚與頭髮的老先生用槓桿舉起地球。下方引用的文字是：

「給我一根桿子和一個站的地方，我就能舉起地球。」

——阿基米德

我明白那種衝動。此時的世界似乎正在經歷結構變遷的盛大潮流。從澳洲，我能夠看見地緣政治力量在我們這個地區的異動，感受到美國種族平權運動的反響。還有疫情，既打亂我們建立的世界，又反映出我們打造了怎樣的世界。

對於認真對待結構的主流觀點，對我的論點提出了挑戰：如果我們的議論品質，只反映出廣義的社會健康狀態，我們應該少聚焦在辯論本身，多關心是怎樣的制度環境形成了這些議論的背景。或許我們可以先關注政治代表權的不平等，或從媒體組織的結構著手。

早晨，對當我在洗手間洗臉時，我無法停止想像那張詛咒般的便利貼——「辯論如何更上層樓？」因此，我決心回答問題。最後，我擬定了一份如何將辯論精神與實務融入公共機構的計畫。

首先，在規劃方面，**公共機構應該騰出辯論的空間**。要做到這件事，可以採取循序漸進的改革，比如改革國會及議會程序的規則，或是建立新的架構。後者最前景可期的一個例子是公民代表大會，隨機選出一群公民，讓他們有權力作出有約束力或無約束力的建言。

其次，**國家應該為民眾提供必要的教育，讓民眾有參與這種論壇的能力**。這表示從基本的公民意識，進步到美國學者梅拉・李文森（Meira Levinson）說的「知識、技能、態度、參與的習慣」。[1]儘管我們必須從學校展開這項工程，我們不該排除成人教育的可能性——目前是幾個公民社會組織在執行這項工作。

第三，**論壇建立後，不論是政府或公立學校等公共機構，應該監督這些論壇，維持論壇的公正性**。辯論需要在平等的場域進行，參與者有機會讓別人傾聽他們的說法，而別人會依據說法的優點做出判斷。在我們的世界，這樣的場域很罕見。因此我們需要將力氣用在更實質的辯論推廣計畫上，建立更健全、更公平的機構。

第四，**公共機構應該對辯論的結果有所作為**。政府經常宣稱正在諮詢，掩飾不作為的事實。但保護人權的辯論跟保護人權不是一回事，任何只做到前一件事的論壇無法長存。

乍看之下，這些想法或許很抽象、很異想天開，但實際上許多地方已經開始實行了。加拿大、美國、愛爾蘭、荷蘭、比利時、波蘭、英國等國，在過去二十年內，建立了公民代表大會。當日本政府重新引進「裁判員制」——一種類似陪審團的強制措施，邀請公民在刑事案件中與專業的法官仔細討論——日本推出了規模龐大的公眾教育活動，教導民眾認識法理辯論與審議程序（法務大臣扮成裁判員制度的官方吉祥物鸚鵡，協助推動改革）。[2]

不僅如此，政府證明了只要符合自身利益，就能夠迅速召開臨時集會。例如，面對要求經濟改革的黃背心抗議活動，法國總統馬克宏（Emmanuel Macron）在二〇一九年一月展開大型的公眾諮詢活動，稱為「全國大辯論」（Le Grand Débat National）。結果，在兩個月期間，有「兩百萬份線上回應、一萬場地方會議、一萬六千份投訴書、一連串公民集會。」[3]這些實驗的成果有待商榷。儘管如此，如果因為過去一百年來，某些最重要的民主體制改革在上路後又一再修改，就對這些改革嗤之以鼻，那就太愚蠢了。

我對這個計畫上的每一個專案都深信不疑，但當我針對公共機構的問題，演練將這些項目融合成一個完整的解決方案進行闡述，覺得自己弄錯了重點的感覺卻揮之不去。

不同觀點才能碰撞出雙贏

辯論如何更上層樓？我急切地想要答案，因為我相信辯論的處境很嚴峻，甚至危及存亡。觀察怒火中燒的公眾議論，我不太擔心參與者受傷的心情，我怕的是廣大民眾因此被勸退，全面退出討論。我這輩子再清楚不過了，在一個人認為根本不值得開口議論的那一刻，這人的最佳對策便是緘默。

這種沉默很誘人：我們因此疏離別人，從中獲得安全、舒適、優越感。然而我從在澳洲長大成人的經驗得知，當你決定不再跟人對話，你不僅選擇了離開旁人，也否定了那個在你與世界交流時才存在的自我。決定退出對話的動機，像是挫敗、厭煩、絕望，久了說不定會演變為更棘手的蔑視。

在這方面，呼籲解決社會弊病的基礎結構是絕對不夠的。許多公私領域的問題，根源是在體制。然而劣質的異議引發的挫敗感，連帶對辯論失去信心，本身便能造成社會的分裂與機能失調。同樣地，當政治對手之間缺乏對談的意願與能力，在這樣的環境下，任何實質的改革都撐不久。體制的修正可以比文化的改變早，但修正的幅度不能超過實際的需求。

一天下午，我在思考這些想法時，我的企業家朋友透露了另一個層次更高的祕密，他說：

「目標不僅在於成長，也在於不成比例的大幅成長，如此一來，你的一個小小舉動，便會帶來龐大的漣漪效應。你不必挨家挨戶。」

在那一刻，他原本那個問題的答案浮現了：**辯論不必更上層樓**。辯論蘊含的一切力量，都存在於一次邂逅、面對面、一對一的根本魔法中。每一次的異議都需要量身打造的關照與注意。在流暢的辯論中，不會有阿基米德的槓桿：我們一次只能照顧好一場對話，照顧好一個句子。

有時，那就夠了。**良好的意見不合帶來新的想法，強化人際關係**。接受辯論教育，讓人對政客的狡猾操縱更能夠免疫。儘管辯論培訓出許多優秀的人才，基本功就是致力於對話，別只顧著自己滔滔不絕。

要改變世界，辯論得先改變辯手的生活。在本書，我說出了辯論如何改變我生命的故事。在我不能發聲的時候，**辯論給了我聲音**。**辯論教導我如何為自己的利益爭辯**、**回應對手**、**運用話語**、**優雅地輸**、**慎選戰場**。對世界經歷的變化來說，這微不足道，對我卻是一切。

長久以來，我以為自己對異議的興趣，來自個人生平的轉折與意外。如今，我從更普世的角度看辯論。澳洲作家史丹．葛蘭特（Stan Grant）喜歡引述一句德國哲學家黑格爾的話：「人與世界格格不入。」葛蘭特是土生土長的澳洲人，同時擁有歐洲血統，承襲了當初締造現代澳洲的那場邂逅的兩個血統：「我活在船與岸之間，努力穿越我們動盪過去的髒水。」[4]葛蘭特繼黑格爾之後，主張在這種情況下，自由必然來自辯證：一個觀點（論點）與另一個觀點（反論點）碰撞的過程，然後不是認同其中一個觀點，而是找到結合兩者要件的第三條路（綜合論點）。

在我看來，辯論回應了相同的挑戰：人類意見不合，與世界格格不入。但這不代表我們必須選擇低頭或否決，選擇屈居於別人之下或疏遠別人，距離遠到聽不見別人說話。

反之，辯論要求我們保持心胸開放，互相理解。辯論賽是從自己出發——自己的立場、主張、自尊——勢不可擋地抵達另一方。

在辯論會場，這種轉變發生在一個人結束發言後的靜默中。那一刻既沒有沉悶的輕視，也沒有迴避的沉重，而是充滿緊張的期待，想知道對方會怎麼想、怎麼回應。

對我來說，在這一段靜默裡默默站著，是辯論比賽中最煎熬的時刻之一。那是你最無處可躲、對未來沒把握、只能等待別人大發慈悲的一刻。但我們辯手必須遞出麥克風，不完成這個代表信任的舉動，便不會有對話。

如此，我們的論述可以長存，傳遞給別人。

謝詞

我很感恩歷代的辯手建立並維繫辯論的傳統，辯論就是我的家。我努力在這些書頁間訴說他們的集體智慧。我以他們賦予我的聲音寫作。特別感謝法內利・馬許瓦馬（Fanele Mashwama）迄今已十年的友誼，確實應該感恩。也謝謝安德魯・胡德（Andrew Hood）與史提夫・海德（Steve Hind）的明智指引。

謝謝出版同仁的信心與辛勤工作。斯克里納澳洲（Scribner Australia）的班・博爾（Ben Ball）是第一位冒險接受這本書的編輯。他幫忙寫了初步提案，這段歷程中發生了許多的曲曲折折，而他一直給我不可或缺的指引。經紀人蓋兒・羅斯（Gail Ross）與妲拉・凱伊（Dara Kaye）帶著我完成完整提案的八次修改，再以耀眼奪目的技藝推銷我。威廉・海沃德（William Heyward）為企鵝出版（Penguin Press）買下這本書，成為我的主要編輯。他的遠見為我照亮了前進的路。威廉・柯林斯出版（William Collins）的肖亞伯・洛卡迪亞（Shoaib Rokadiya）

跟我講過好幾次很久的電話，他的優雅與韌性啟發了我，我們已經進入了友誼的世界。

任何寫作者都得交上好運道，才能有這份名單中任何一人從旁協助。而我得到了他們全部人，則讓我陷入沒有任何藉口可找的不幸處境。

謝謝安・戈多夫（Ann Godoff）、史考特・莫耶斯（Scott Moyers）、阿拉貝拉・派克（Arabella Pike）、丹・魯飛諾（Dan Ruffino），也謝謝他們的團隊把我列進他們津津樂道的人物名單中。企鵝出版的娜塔麗・柯曼（Natalie Coleman）與哈佛大學的雅曼達・張（Amanda Zhang）敏銳又開朗，讓製作工作輕鬆多了。我很感恩各國的出版同仁，截至目前為止，有文學村（Munhakdongne）、早川（Hayakawa）、北京磨鐵（Beijing Xiron）、采實文化（Acme）、文學（Litera），也要感謝艾布納・史坦（Abner Stein）、米爾克伍德經紀公司（Milkwood Agency）、英文經紀公司（The English Agency）、光磊國際版權經紀公司、莉薇雅・史托亞文學經紀公司（Livia Stoia Literary Agency）將我的書推廣給更多讀者。對於經紀公司為這一版付出的努力，我要謝謝莎拉・赫特森（Sarah Hutson）、茉莉・雷德（Mollie Reid）、席娜・帕特爾（Shina Patel）、梅甘・卡瓦諾（Meighan Cavanaugh）、妮可・契里（Nicole Celli）、泰絲・埃斯皮諾薩（Tess Espinoza）、艾莉・達馬托（Aly D' Amato）、萊恩・貝尼特斯（Ryan Benitez）。

這是關於我個人教育的書，我有許多要感謝的恩師。茱蒂・吉爾克里斯特（Judi Gilchrist）讓我看見言語能夠改變別人的人生，尤其是我的人生。牙買加・金凱德（Jamaica Kincaid）在我心目中，仍然是創造力與講真話的典範。伊蓮・斯卡利（Elaine Scarry）是我道德想像與堅毅的楷模。路易斯・梅南德（Louis Menand）教導我淡然面對論斷。與陸克文（Kevin Rudd）、汪暉（Wang Hui）、阿馬帝亞・沈恩（Amartya Sen）、麥可・羅森（Michael Rosen）、羅伯托・昂格爾（Roberto Unger）討論政治和哲學，對我的教育影響甚大。在新聞業，霍華德・法蘭西（Howard French）、理查・麥葛瑞格（Richard McGregor）、茱麗亞・貝亞德（Julia Baird）、安娜貝兒・克萊布（Annabel Crabb）與《澳洲金融評論》許多可敬的同仁讓我見識到如何提出好問題。在法學方面，我希望追隨麥克・柯比（Michael Kirby）、吉莉安・崔格斯（Gillian Triggs）、路易斯・莫雷諾—奧康波（Luis Moreno-Ocampo）、瑪莎・米諾（Martha Minow）、石智英的腳步。萬分感謝蘇世民和比爾・阿克曼（Bill Ackman）資助我的部分教育。謝謝麗莎・馬斯卡廷（Lissa Muscatine）、亞當・葛蘭特、羅伯特・巴內特（Robert Barnett）、諾姆・斯洛寧的協助。

我感謝親朋好友的貢獻。澳洲最優秀的作者之一凱麗德雯・多維（Ceridwen Dovey）從工作中撥冗，輔導我走過這段歷程的每個階段。約拿・哈恩（Jonah Hahn）、韋恩・葛雷姆（Wynne

Graham）、阿克夏．波努（Akshar Bonu）、納森．布斯（Nathan Booth）都是完美的談話對象。我在吳美京）阿姨家完成本書的手稿。

謹將本書獻給朴真暻與徐源教，我愛他們，他們一直都支持我。

參考文獻

前言

1. David Corn, "Secret Video: Romney Tells Millionaire Donors What He REALLY Thinks of Obama Voters," *Mother Jones,* September 17, 2012, www.motherjones.com/politics/2012/09/secret-video-romney-private-fundraiser/
2. Amy Chozick, "Hillary Clinton Calls Many Trump Backers 'Deplorables,' and G.O.P. Pounces," *New York Times,* September 10, 2016, www.nytimes.com/2016/09/11/us/politics/hillary-clinton-basket-of-deplorables.htm
3. M. Keith Chen and Ryne Rohla, "The Effect Partisanship and Political Advertising on Close Family Ties," *Science* 360, no. 6392 (2018): 1020–24
4. Toni Morrison, "Nobel Lecture, 7 December 1993," *Georgia Review* 49, no. 1 (1995): 318–23.

第1章

1. Pauline Hanson, "Maiden Speech," Commonwealth of Australia, House Hansard, Appropriation

Bill (No. 1), 1996–97, Second Reading, p. 3859.
2. Mark Latham, "Politics: New Correctness," Commonwealth of Australia, House Hansard, Grievance Debate, 2002, p. 5624.
3. "House of Commons Rebuilding," Parl. Deb. H.C. (5th ser.) (1943) cols. 403–73, https://api.parliament.uk/historic-hansard/commons/1943/oct/28/house-of-commons-rebuilding.
4. "House of Commons Rebuilding."

第2章

1. *Scent of a Woman,* directed by Martin Brest (Universal Pictures, 1992).
2. "'Wingnuts' and President Obama," The Harris Poll, March 24, 2010, https://theharrispoll.com/wp-content/uploads/2017/12/Harris-Interactive-Poll-Research-Politics-Wingnuts-2010-03.pdf.
3. "Full Transcript: Obama Interview with NBC News," NBC News, Aug. 29, 2010, https://www.nbcnews.com/id/wbna38907780.
4. "Encomium," Silva Rhetoricae, accessed February 9, 2022, http://rhetoric.byu.edu/Pedagogy/Progymnasmata/Encomium.htm.
5. Sharon Crowley and Debra Hawhee, *Ancient Rhetorics for Contemporary Students* (New Pearson/Longman, 2003), 385.
6. George Alexander *Progymnasmata: Greek Textbooks of Prose Composition and Rhetoric* (Leiden, Netherlands: Brill, 2003), 5–6.
7. David J. The Very Idea of a Progymnasmata," *Rhetoric Review* 22, no. 2 (2003): 116.
8. William H. Cropper, *Great Physicists: The Life and Times of Leading Physicists* Galileo to Hawking (New

York: Oxford University Press, 2004), 254–55.
9. John Horgan, *The End of Science: Facing the Limits of Knowledge in the Twilight of the Scientific Age* (New York: Basic Books, 2015), 29.

第3章

1. Eugene Devaud, trans., "Teaching of Ptahhotep," 1916, www.ucl.ac.uk/museums-static/digitalegypt/literature/ptahhotep.html.
2. Dale Carnegie, *How to Win Friends and Influence People* (New York: Simon & Schuster, 2009), 122.
3. Paul Kelly, "Campaigns Characterised by Complacent Timidity," *The Australian,* July 28, 2010, https://www.theaustralian.com.au/subscribe/news/1/?sourceCode=TAWEB_WRE170_a_GGL&dest=https%3A%2F%2Fwww.theaustralian.com.au%2Fopinion%2Fcolumnists%2Fcampaigns- characterised-by-complacent- timidity%2Fnews- story%2F4ae48b1667bbe66f4d63df9dd80b8f7e&memtype=anonymous&mode=premium&v21=dynamic- hot-test-score&V21spcbehaviour=append.
4. Norberto Bobbio, *In Praise of Meekness: Essays on Ethics and Politics* (Cambridge: Polity Press, 2000), 34.
5. Bhikkhu Bodhi and Bhikkhu Nanamoli, *The Middle Length Discourses of the Buddha: A Translation of the Majjhima Nikaya* (Somerville, MA: Wisdom, 2015), 326.
6. David Jackson, "Study: Obama Wins 'Interruption Debate,'" *USA Today,* October 20, 2012, www.usatoday.com/story/theoval/2012/10/20/obama-romney-debate- interruptions- george-mason/1646127/.
7. "Obama Hits Back In Fiery Second Debate with Romney," BBC, October 17, 2012, https://www.

bbc.com/news/world-us-canada-19976820.

8. Jim Rutenberg and Jeff "Rivals Bring Bare Fists to Rematch," *New York Times,* October 16, 2012, www.nytimes.com/2012/10/17/us/politics/obama-and-romney-turn-the- temperature-at-their-second- debate.html.
9. Jackson, Study: Obama Wins 'Interruption Debate.'"
10. and Jonathan Barnes, *The Complete Works of Aristotle: The Revised Oxford Translation, Vol. 2 (Bollingen Series LXXI-2)* (Princeton, NJ: Princeton University Press, 1984), 2195.
11. Aristotle, "Rhetoric," 350 BC, trans. W. Rhys Roberts, The Internet Classics Archive, http://classics.mit.edu/Aristotle/rhetoric.2.ii.html.
12. Jeremy Waldron, *Political Political Theory: Essays on Institutions* Cambridge, MA and London, England: Harvard University Press, 2016),
13. Edmund Burke, "Thoughts on the Cause of the Present Discontents, 1770," in *Perspectives on Political Parties,* ed. Susan E. Scarrow (New York: Palgrave Macmillan, 2002), 40.

第4章

1. Paul C. Nagel, *John Quincy Adams* (New York: Knopf Doubleday, 2012).
2. John Quincy Adams and John Adams, *An Inaugural Oration: Delivered at the Author's Installation, as Boylston Professor of Rhetoric and Oratory, at Harvard University, in Cambridge, Massachusetts, on Thursday, June 12, 1806* (Boston: Munroe & Francis, 1806), 17.
3. John Quincy Adams and Charles Francis Adams, *Memoirs of John Quincy Adams, Comprising Portions of His Diary from 1795 to 1848* (New York: AMS Press, 1970), 332.

4. K. H. Jamieson and D. Birdsell, "Characteristics of Prebroadcast Debates in America," in *Presidential Debates: The Challenge of Creating an Informed Electorate* (New York: Oxford University Press, 1988), 20.
5. Jamieson and Birdsell, "Characteristics of Prebroadcast Debates," 19.
6. Ralph Waldo Emerson, *The Works of Ralph Waldo Emerson Comprising His Essays, Lectures, Poems, and Orations* (London: Bell, 1882), 191.
7. Gorgias, *Encomium of Helen,* trans. Douglas M. Mac-Dowell (Bristol, UK: Bristol Classical Press, 2005), 21.
8. Plato, *The Dialogues of Plato,* vol. 1, trans. and with analyses by Benjamin Jowett (New York: Random House, 1936), 507.
9. Encyclopedia Britannica Online, s.v. "Liberal Arts," August 10, 2010, www.britannica.com/topic/liberal- arts.
10. Pooja Podugu, "CS50, Stat 110 See Continued Increases in Enrollment," *Harvard Crimson,* September 12, 2013, www.thecrimson.com/article/2013/9/12/course-enrollment-numbers-CS50/.
11. For further reading, see: Jay Heinrichs, "How Harvard Destroyed Rhetoric," *Harvard Magazine* 97, no. 6, July–August 1995, 37–42.
12. Markku Peltonen, *The Cambridge Companion to Bacon* (Cambridge: Cambridge University Press, 1996), 224.
13. Charles W. Eliot, "The New Education," *Atlantic Monthly,* February 1869.
14. John C. Brereton, ed., *The Origins of Composition Studies in the American College, 1875–1925: A Documentary History* (Pittsburgh, PA: University of Pittsburgh Press, 1995), 13.

15. British Broadcasting Company, "History of the BBC: 1920s," accessed February 9, 2022, www.bbc.com/historyofthebbc/timelines/1920s.
16. Boris Johnson, "Boris Johnson explains how to speak like Winston Churchill," *The Telegraph,* November 3, 2014, You-Tube video, 2:31, https://www.youtube.com/watch?v=FLak2IzIv7U.
17. People for the Ethical Treatment of Animals, "Debate Kit: Is It Ethical to Eat Animals?" accessed February 9, 2022, www.peta.org/teachkind/lesson-plans-activities/eating-animals-ethical-debate-kit/.
18. Edward T. Channing, *Lectures Read to the Seniors in Harvard College [with a Biographical Notice of the Author, by R. H. Dana the Younger*] (Boston: Ticknor & Fields, 1856), 7.
19. William Bentinck-Smith, *The Harvard Book: Selections from Three Centuries* (Cambridge, MA: Harvard University Press, 1986), 254.
20. Bruce A. Kimball, "'This Pitiable Rejection of a Great Opportunity': W. E. B. Du Bois, Clement G. Morgan, and the Harvard University Graduation of 1890," *Journal of African American History* 94, no. 1 (2009): 5– 20.
21. Kimball, "'This Pitiable Rejection of a Great Opportunity,'" 13.
22. Philip S. Foner and Robert James Branham, *Lift Every Voice: African American Oratory, 1787–1900* (Tuscaloosa: University of Alabama Press, 1998), 731.
23. W. E. B. Du Bois and David Levering Lewis, *W. E. B. Du Bois: A Reader* (New York: H. Holt, 1995), 18.
24. W. E. B. Du Bois, "Harvard in the Last Decades of the Nineteenth Century, May 1960," W. E. B. Du Bois Papers (MS 312), Special Collections and University Archives, University of Massachusetts

Amherst Libraries.
25. Sarah Abushaar, "Undergraduate Speaker Sarah Abushaar—Harvard Commencement 2014," Harvard University, May 29, 2014, YouTube video, 9:41, www.youtube.com/watch?v=AiGdwqdpPKE.

第5章

1. National Speech & Debate Association, "The National Speech & Debate Association Announces 2018 National High School Champions," July 2, 2018, www.globenewswire.com/en/news-release/2018/07/02/1532485/0/en/The-National-Speech-Debate- Association-announces-2018-National-High-School-Champions.html.
2. Peter Rosen, "Policy Debaters Argue at the Speed of Cattle Auctioneers," KSLTV, March 9, 2019, https://ksltv.com/409597/policy-debaters-argue-speed-cattle-auctioneers/.
3. Guinness World Records, s.v. "Fastest Talker (English)," August 30, 1995, www.guinnessworldrecords.com/world- records/358936-fastest-talker.
4. "UK: World's Fastest Talker Speaks," AP Archive, July 27, 1998, www.aparchive.com/metadata/youtube/46e1d010e07752b77b4a7b86ec67e2cc.
5. Rachel Swatman, "Can You Recite Hamlet's 'To Be or Not to Be' Soliloquy Quicker Than the Fastest Talker?" Guinness World Records, www.guinnessworldrecords.com/news/2018/1/can-you-recite-hamlets-to-be-or-not-to-be-soliloquy-quicker- than-the-fastest-t-509944.
6. Princeton Debate, "Speaking Drills," accessed February 9, 2022, https://sites.google.com/site/princetonpolicydebate/home/debaters/speaking-drills.

7. Jay Caspian Kang, "High School Debate at 350 WPM," *Wired, January* 20, 2012, www.wired.com/2012/01/ff-debateteam/.
8. Debra Tolchinsky, "Fast-Talk Debate in an Accelerated World," *Chronicle of Higher Education,* July 22, 2020, www.chronicle.com/article/fast-talk-debate-in-an-accelerated-world/.
9. Tim Allis, "Education: The Bloody World of High School Debate," *D Magazine,* May 1986, www.dmagazine.com/publications/d-magazine/1986/may/education-the-bloody-world-of-high-school-debate/.
10. A work that is thoughtful on the spread: Ben Lerner, *The Topeka School* (New York: Farrar, Straus and Giroux, 2019).
11. Tom Pollard, "Lincoln-Douglas Debate: Theory and Practice" (Lawrence: University of Kansas, 1981),
12. Pollard, "Lincoln-Debate," 7.
13. Pollard, "Lincoln-Douglas Debate," vi.
14. Jack McCordick, The Corrosion of High School Debate—and How It Mirrors American Politics," *America Magazine,* September 26, 2017, www.americamagazine.arts-culture/2017/09/26/corrosion-high-school-debate-and-how-it-mirrors-american-politics.
15. *Resolved,* directed by Greg Whiteley (One Potato Productions, 1992).
16. Kang, "High School Debate at 350 WPM."
17. UK Parliament, "Origins of Parliament," accessed February 9, 2022, www.parliament.uk/about/living- heritage/transformingsociety/electionsvoting/chartists/overview/originsofparliament/.
18. Taru Haapala, "Debating Societies, the Art of Rhetoric and the British House of Commons:

Parliamentary Culture of Debate Before and After the 1832 Reform Act," *Res Publica* 27 (2012): 25–36.

19. American Whig-Cliosophic Society, "Who We Are," accessed February 9, 2022, https://whigclio.princeton.edu/.
20. "Donald Trump: 'I Will Be Greatest Jobs President God Ever Created'—Video," *The Guardian,* June 16, 2015, https://www.theguardian.com/us-news/video/2015/jun/16/donald-trump-us-president-republicans-video.
21. Glenn Kessler, "A History of Trump's Promises That Mexico Would Pay for the Wall, Which It Refuses to Do," *Washington Post,* January 8, 2019, https://www.washingtonpost.com/politics/2019/live-updates/trump-white-house/live-fact-checking-and-analysis-of-president-trumps-immigration-speech/a-history-of-trumps-promises-that-mexico-would-pay-for-the-wall-which-it-refuses-to-do/.
22. "Donald Trump Announces a Presidential Bid," Washington Post, June 16, 2015, https://www.washingtonpost.com/news/post-politics/wp/2015/06/16/full-text-donald-trump-announces-a-presidential-bid/.
23. Staff, "Ayaan Hirsi Ali Responds to Brandeis University," Time, April 9, 2014, https://time.com/56111/ayaan-hirsi-ali-they-simply-wanted-me-to-be-silenced/.
24. Samuel Earle, "'Rivers of Blood': The Legacy of a Speech That Divided Britain," *Atlantic,* April 20, 2018, www.theatlantic.com/international/archive/2018/04/enoch-powell-rivers-of-blood/558344/.
25. Martin Walker and Don Bateman, *The National Front* (London: Fontana, 1978).
26. Camilla Schofield, *Powell and the Making of Postcolonial Britain* (Cambridge, UK: Cambridge University Press, 2013), 209.
27. Evan Smith, Platform: *A History of Anti-Fascism, Universities and the Limits of Free* Oxford and New

York: Routledge, 2020), 28.

28. Smith, *No Platform,* 93.
29. NUS, April Conference: Minutes and Summary of Proceedings (London: NUS, 1974), 79.
30. 99 Parl. Deb. H.C. (6th ser.) (1986) cols. 182–277, https:// api.parliament.historic-hansard/commons/1986/jun/10/education-bill-lords.
31. "NUS' No Platform Policy," NUS Connect, February 13, 2017, https://nusconnect.org.uk/resources/nus-no-platform-policy-f22f.
32. Joseph Russomanno, *Speech Freedom on Campus: Past, Present, and Future* (Lanham, MD: Lexington Books, 2021), 11.
33. Janell Ross, "Obama Says Liberal College Students Should Not Be 'Coddled.' Are We Really Surprised?" *Washington Post,* April 26, 2019, www.washingtonpost.com/news/the- fix/wp/2015/09/15/obama-says-liberal-college-students-should-not-be-coddled-are-we-reallysurprised/.
34. Richard Tuck and Michael Silverthorne, eds., *Hobbes: On the Citizen* (Cambridge, UK: Cambridge University Press, 1998) 26.
35. Teresa M. Bejan, *Mere Civility* (Cambridge: Harvard University Press, 2017), 11.

第6章

1. Roger Gottlieb, *The Oxford Handbook of Religion and Ecology* (New York: Oxford University Press, 2011), 316.
2. S. Marc Cohen, Patricia Curd, and C. D. C. Reeve, *Readings in Ancient Greek Philosophy: From Thales to Aristotle* (Indianapolis: Hackett, 2016), 315.

3. *Washington Post* Staff, “Wednesday’s GOP Debate Transcript, Annotated,” *Washington Post,* April 26, 2019, www.washingtonpost.com/news/the-fix/wp/2015/09/16/annotated-transcript-september-16-gop-debate/.
4. Commission on Presidential Debates, “September 26, 2016 Debate Transcript,” September 26, 2016, www.debates.org/voter-education/debate-transcripts/september-26-2016-debate-transcript/.
5. Commission on Presidential Debates, “September 26, 2016 Debate Transcript.”
6. Martin Cohen, *Philosophical Tales: Being an Alternative History Revealing the Characters, the Plots, and the Hidden Scenes That Make Up the True Story of Philosophy* (Malden, MA: Blackwell, 2008), 172.
7. Arthur Schopenhauer, *The Art of Controversy: And Other Posthumous Papers,* ed. and trans. T. Bailey Saunders (London: Swan Sonnenschein, 1896), 4.
8. Robert Wicks, *The Oxford Handbook of Schopenhauer* (New York: Oxford University Press, 2020), 98.
9. Schopenhauer, *Art of Controversy,* 5.
10. Schopenhauer, *Art of Controversy,* 5.
11. Schopenhauer, *Art of Controversy,* 10.
12. Schopenhauer, *Art of Controversy,* 11.
13. Schopenhauer, *Art of Controversy,* 10.
14. Schopenhauer, *Art of Controversy,* 46.
15. Keith Lloyd, “Rethinking Rhetoric from an Indian Perspective: Implications in the ‘*Nyaya Sutra,*’” *Rhetoric Review* 26, no. 4 (2007).
16. Portland State University, Toni Morrison, Primus St. John, John Callahan, Judy Callahan, and Lloyd Baker, “Black Studies Center Public Dialogue. Pt. 2” (1975). Special Collections: Oregon

Public Speakers, 90. http://archives.pdx.edu/ds/psu/11309.

17. George Monbiot, "This Professor Of Denial Can't Even Answer His Own Questions on Climate Change," The Guardian, September 14, 2009, https://www.theguardian.com/commentisfree/cif-green/2009/sep/14/climate-change-denial.
18. Commission on Presidential Debates, "October 9, 2016 Debate Transcript," October 9, 2016, www.debates.org/voter-education/debate-transcripts/october-9-2016-debate-transcript/.
19. Anna Palmer and Jake Sherman, "Poll: Hillary Clinton Won the Second Debate," Politico, October 11, 2016, www.politico.com/story/2016/10/clinton-trump-debate-poll-229581.
20. Nikita Sergeevich Khrushchev, *Memoirs of Nikita Khrushchev,* vol. 3, ed. Sergei Khrushchev (University Park: Pennsylvania State University Press, 2007), 183.
21. Jonathan Aitken, *Nixon: A Life* (Washington, DC: Regnery, 1993), 27.
22. "Live Presidential Forecast," *New York Times,* November 9, 2016, www.nytimes.com/elections/2016/forecast/president.
23. Commission on Presidential Debates, "October 19, 2016 Debate Transcript."
24. Bonnie Kristian, "America's Presidential Debates Are Broken. Here's How to Fix Them," *The Week,* September 7, 2016, https://theweek.com/articles/646203/americas-presidential-debates-are-broken-heres-how-fix.
25. Lee Drutman, "The Presidential Debate Format Stinks. We Should Run Crisis Simulations Instead," *Vox,* September 23, 2016, https://www.vox.com/polyarchy/2016/9/21/13006732/presidential-debate-format-bad.
26. Arthur Schopenhauer, Parerga and Paralipomena (Oxford: Clarendon Press, 2000), 26.
27. Schopenhauer, *Parerga and Paralipomena,* 31.

28. "Hesiod: Works and Days," trans. Hugh G. Evelyn-White, 1914, https://people.sc.fsu.edu/~dduke/lectures/hesiod1.pdf.

第7章

1. Malcolm X, *Autobiography of Malcolm X,* 43.
2. Malcolm X, *Autobiography of Malcolm X,* 43.
3. Malcolm X, *Autobiography of Malcolm X,* 44.
4. Malcolm X, *Autobiography of Malcolm X,* 178.
5. Malcolm X, *Autobiography of Malcolm X,* 212.
6. Malcolm X, *Autobiography of Malcolm X,* 212.
7. "Education: Oxford v. Norfolk," *Time,* December 31, 1951, http://content.time.com/time/subscriber/article/0,33009,821992,00.html.
8. Peter Louis Goldman, *The Death and Life of Malcolm X* (Urbana and Chicago: University of Illinois Press, 1979), 16.
9. Natasha Haverty, "After Half A Century, In mates Resurrect The Norfolk Prison Debating Society," NPR's *Morning Edition,*December 27, 2016 https://www.npr.org/2016/12/27/506314053/after-half-a-century-inmates-resurrect-the-norfolk-prison-debating-society.
10. Malcolm X, *Autobiography of Malcolm* X, 198.
11. Susannah Anderson and Briana Mezuk, "Participating in a Policy Debate Program and Academic Achievement Among at-Risk Adolescents in an Urban Public School District: 1997–2007," *Journal of Adolescence* 35, no. 5 (2012): 1225–35.

12. Scott Travis, "Broward Schools Make the Case for Debate Classes," *South Florida Sun- Sentinel,* June 18, 2018, www.sun-sentinel.com/local/broward/fl-broward-debate-classes-20141222-story.html.
13. Farmer, *Lay Bare the Heart,* 117.
14. Michael Bartanen and Robert S. Littlefield, "Competitive Speech and Debate: How Influenced American Educational Practice," *American Journal of Play* 2015): 155–73, https://doi.org/ISSN-1938-0399.
15. David Gold, *Rhetoric the Margins: Revising the History of Writing Instruction in American Colleges, 1947* (Carbondale: Southern Illinois University Press, 2008), 41.
16. Robert Littlefield, *Forensics in America: A History* (Lanham, MD: Rowman & Littlefield, 2013), 254.
17. James Farmer, *Lay Bare the Heart: An Autobiography of the Civil Rights Movement* (Fort Worth: Texas Christian University Press, 1998), 121.
18. Douglas Martin, "Henrietta Bell Wells, a Pioneering Debater, Dies at 96," *New York Times,* March 12, 2008, https://www.nytimes.com/2008/03/12/us/12wells.html.
19. Gail K. Beil, "Wiley College: The Great Debaters," *East Texas Historical Journal* 46, no. 1 (2008): 18–26, https://scholarworks.sfasu.edu/cgi/viewcontent.cgi?referer=&httpsredir=1&article=2530&context=ethj.
20. Beil, "Wiley College."
21. Hobart Jarrett, "Adventures in Interracial Debate," *The Crisis* 42, no. 8 (August 1935): 240.
22. Linda Green, "Excitement Builds for Washington-Winfrey Debate Movie," *Global Debate,* October 19, 2007, https://globaldebateblog.blogspot.com/2007/10/excitement-builds-for-washington.html.
23. Deborah Tannen, *The Argument Culture* (New York: Ballantine Books, 1999), 3, 134.
24. Farmer, *Lay Bare the Heart,* 224.

25. Farmer, *Lay Bare the Heart,* 225.
26. Farmer, *Lay Bare the Heart,* 225.
27. Robert James Branham, "'I Was Gone on Debating': Malcolm X's Prison Debates and Public Confrontations," *Argumentation and Advocacy* 31, no. 3 (1995): 117–37, https://doi.org/10.1080/00028533.1995.11951606.
28. Ben Voth, *James Farmer Jr.: The Great Debater* (Lanham: Lexington Books, 2017), 167.
29. The Open Mind, "Malcolm X, Wyatt Tee Walker, Alan Morrison, and James Farmer," PBS, aired June 11, 1963, https://www.njtvonline.org/programs/the-open-mind/the-open-mind- open-mind-special-race-relations-in-crisis-61263.
30. Beil, "Wiley College."
31. Malcolm X, "The Ballot or Bullet" (speech, Cleveland, Ohio, April 3, 1964), www.edchange.org/multicultural/speeches/malcolm_x_ballot.html.
32. Leilah Danielson, The 'Two- ness' of the Movement: James Farmer, Nonviolence, and Nationalism," *Peace & Change* 29, no. 3–4 (2004): 431–52, https://doi.org/10.1111/j.0149-0508.2004.00298.x.
33. James Farmer, *Freedom—When?* (New York: Random House, 1966; 1965), 92, 95.
34. Christina Ting Fong, "The Effects of Emotional Ambivalence Creativity," *The Academy of Management Journal* 49, no. 5 (2006): 1016–30.

第8章

1. "Malcolm Turnbull Takes Question from Reporters On Postal Plebiscite Decision," *Sydney Morning*

Herald, August 8, 2017, https://www.smh.com.au/politics/federal/transcript- malcolm-turnbull-takes-question-from-reporters-on-postal-plebiscite-decision-20170808-gxrwp7.html.

2. Justin Welby, "Archbishop Delivers Presidential Address to General Synod," The Archbishop of Canterbury, November 24, 2015, https://www.archbishopofcanterbury.org/speaking- and- writing/speeches/archbishop-delivers-presidential-address-general-synod.
3. Finish, "Finish Launches #Skiptherinse: A Movement to Help End Wasteful Dishwashing Habits and Conserve Water," Cision PR Newswire, July 28, 2020, www.prnewswire.com/news-releases/finish-launches-skiptherinse-a-movement-to-help-end-wasteful-dishwashing-habits-and conserve-water-301101054.html.
4. Hugo Mercier and Dan Sperber, "Why Do Humans Reason? Arguments for an Argumentative Theory," *Behavioral and Brain Sciences* 34, no. 2 (2011): 57–74, doi:10.1017/S0140525X10000968.
5. Patricia Cohen, "Reason Seen More as Weapon Than Path to Truth," *New York Times,* June 14, 2011, www.nytimes .com/2011/06/15/arts/people-argue-just-to-win-scholars-assert.html.
6. William Ury, *Getting to Peace: Transforming Conflict at Home, at Work, and in the World* (New York: Viking, 1999), 148.
7. Anatol Rapoport, "Three Modes of Conflict," *Management Science* 7, no. 3 (1961): 210–18, www.jstor.org/stable/2627528.
8. Robert Louis Stevenson, *Lay Morals and Other Papers* (New York: Scribner, 1911), 137.
9. Blaise Pascal, *Pensees,* trans. A. Krailsheimer (London: Penguin, 2003), 68.
10. Chris Zabilowicz, "The West Treats Russia Unfairly | Chris Zabilowicz | Part 1 of 6," Oxford Union, posted March 28, 2017, YouTube video, 18:06, www.youtube.com/watch?v=Ufb0ClkQY7U.
11. Theodore Roosevelt, *Autobiography* (New York: Macmillan, 1913), 28.

12. "Fearful Colleges Ban Debate on Recognition of Red China," *The Harvard Crimson,* June 17, 1955, www.thecrimson.com/article/1955/6/17/fearful-colleges-ban-debate-on-recognition/.
13. William M. Keith, *Democracy as Discussion: Civic Education and the American Forum Movement* (Lanham, MD: Lexington Books, 2007), 197.
14. Sally Rooney, "Even If You Beat Me," *The Dublin Review,* Spring 2015, https://thedublinreview.com/article/even-if-you-beat-me.
15. A. Craig Baird, "The College Debater: 1955," *Southern Speech Journal* 20, no. 3 (1955): 204–11, https://doi.org/10.1080/10417945509371360.
16. Robert M. Martin and Andrew Bailey, *First Philosophy: Fundamental Problems and Readings in Philosophy* (Peterborough, ON: Broadview Press, 2012), 598.
17. "Warren Buffett Has a Problem with 'Independent' Directors," *New York Times,* February 24, 2020, www.nytimes.com/2020/02/24/business/dealbook/warren-buffett-deals.html.
18. Gordon R. Gordon, "Switch-Side Debating Meets Demand-Driven Rhetoric of Science," *Rhetoric & Public Affairs* 13, no. 1 (2010): 95–120, https://doi.org/10.1353/rap.0.0134.
19. Nelson Mandela, *Long Walk to Freedom: The Autobiography of Nelson Mandela* (New York: Back Bay Books, 1995), 616.
20. SABC News, "De Klerk, Mandela Pre-election Debate Rebroadcast, 14 April, 1994," streamed live on April 14, 2019, YouTube video, 1:57:47, www.youtube.com/watch?v=oTIeqLem67Q.
21. Stanley B. Greenberg, *Dispatches from the War Room: In the Trenches with Five Extraordinary Leaders* (New York: Thomas Dunne Books/St. Martin's Press, 2009), 145.
22. Mandela, *Long Walk to Freedom,* 617.

第9章

1. N. Slonim et al., "An Autonomous Debating System," *Nature* 591 (2021): 379–84, https://doi.org/10.1038/s41586-03215-w.
2. Dave Lee, "IBM's Machine Argues, Pretty Convincingly, with Humans," BBC News, June 2018, www.bbc.com/news/technology-44531132.
3. Edward C. Baig Suppe, "IBM Shows Off an Artificial Intelligence That Can Debate Human—and Do Pretty Well," *USA Today,* June 20, 2018, www.usatoday.story/tech/2018/06/18/ibms-project-debater-uses-artificial-intelligence-debate-human/712353002/.
4. *2001: Space Odyssey,* directed by Stanley Kubrick (Metro-Goldwyn-Mayer,
5. Intelligence Squared Debates, "IBM Project Debater," February YouTube video, 46:48, www.youtube.com/watch?v=3_yy0dnIc58&1275s.
6. IBM Research, "What Happens When AI Stops Playing Games," 2020, YouTube video, 25:48, www.youtube.com/watch? v=NSxVEaWEUjk& 483s.
7. IBM Research, "What Happens When AI Stops Playing Games."
8. T. W. Benson, "Rhetoric, Civility, and Community: Political Debate on Computer Bulletin Boards," *Communication Quarterly* 44, no. 3 (1996): 359–78.
9. Patrick Winter, "Facebook Founder Zuckerberg Tells G8 Summit: Don't Regulate the Web," *The Guardian,* May 26, 2011, www.theguardian.com/technology/2011/may/26/facebook-google-internet- regulation-g8.
10. Noam Slonim and Chris Sciacca, interview with the author, April 14, 2021. Quotes from Slonim are from this interview, unless otherwise noted.

11. IBM Research, "What Happens When AI Stops Playing Games."
12. Nick Petrić Howe and Shamini Bundell, "The AI That Argues Back," *Nature,* March 17, 2021, www.nature.com/articles/d41586-021-00720-w?proof=t.
13. For a detailed description of Project Debater's internal operations see: "An Autonomous Debating System—Supplementary Material," Nature, March 17, 2021, https://static-content.springer.com/esm/art%3A10.1038%2Fs41586-021-03215-w/MediaObjects/41586_2021_3215_MOESM1_ESM.pdf.
14. Howe and Bundell, "AI That Argues Back."
15. Virginia Heffernan, "Our Best Hope for Civil Discourse on the Internet Is on . . . Reddit," Wired, January 16, 2018, www.wired.com/story/free- speech-issue- reddit- change-my-view/.
16. Chenhao Tan et al., "Winning Arguments," *Proceedings of the 25th International Conference on World Wide Web* (Geneva: International World Wide Web Conferences Steering Committee, 2016), https://doi.org/10.1145/2872427.2883081.
17. John Hunter Priniski and Horne, "Attitude Change on Reddit's Change My View," in *Proceedings 40th Annual Conference of the Cognitive Science Society,* eds. T. T. Rogers, Rau, X. Zhu, and C. W. Kalish. (Austin, TX: Cognitive Science Society, 2018), 2276–281.
18. "Change View (CMV)," Reddit, accessed October 21, 2021, www.reddit.com/changemyview/wiki/rules#wiki_rule_a.
19. Nicas, "Why Can't the Social Networks Stop Fake Accounts?" *New York* December 8, 2020, https://www.nytimes.com/2020/12/08/technology/cant-the-social-networks-stop-fake-accounts.html.
20. Audrey Tang, "Meeting with Dr. Todd Lowary," *SayIt,* September 18, 2019, https://sayit.pdis.nat.gov.tw/2019-09-18-meeting-with-todd-lowary#s328598.

21. "Taiwan's Digital Minister Audrey Tang Highlights Opportunities in Social Innovation," *Asia Society,* March 26, 2021, https://asiasociety.org/texas/taiwans-digital-minister-audrey-tang-highlights- opportunities-social- innovation.
22. Audrey Tang, "Interview with Cindy Yang Fiel," SayIt, January 7, 2021, https://sayit.pdis.nat.gov.tw/2021-01-07-interview-with-cindy-yang-field#s453187.
23. Audrey Tang, "Nancy Lin Visit," SayIt, April 17, 2019, https://sayit.pdis.nat.gov.tw/2019-04-17-nancy-lin-visit#s287792.
24. Andrew Leonard, "How Taiwan's Unlikely Digital Minister Hacked the Pandemic," *Wired,* July 23, 2020, www.wired.com/story/how-taiwans-unlikely-digital-minister-hacked-the-pandemic/.
25. Leonard, "How Taiwan's Unlikely Digital Minister Hacked the Pandemic."
26. Audrey Tang, "Conversation with Alexander Lewis," *SayIt,* January 7, 2019, https://sayit.pdis.nat.gov.tw/speech/266922.
27. Tang, "Conversation with Alexander Lewis."
28. Audrey Tang, "Interview with Felix Lill," *SayIt,* November 7, 2017, https://sayit.pdis.nat.gov.tw/2017-11-07-interview-with-felix-lill#s111583.
29. Audrey Tang and Mele-Ane Havea, "Audrey Tang Is Radically Transparent," *Dumbo Feather,* December 7, 2017, www.dumbofeather.com/conversations/audrey-tang/.
30. Audrey Tang, "Media Training with Joe Dolce," *SayIt,* October 10, 2017, https://sayit.pdis.nat.gov.tw/2017-10-10-media-training-with-joe-dolce#s99991.
31. Matthew Strong, "Taiwan Plans Punish Fake News About Coronavirus with Three Years in Prison," News, February 19, 2020, www.taiwannews.com.tw/en/news/3878324.
32. Audrey Tang, "Conversation German Interviewers," SayIt, October 22, 2020, https://sayit.pdis.

tw/2020-10-22-conversation- with-german-interviewers#s438054.
33. Meiping, "New Version of AlphaGo Can Master Weiqi Without Human Help," CGTN, October 19, 2017, https://news.cgtn.com/news/314d444d31597a6333566d54/share_p.html.
34. David Silver and Demis Hassabis, "AlphaGo Zero: Starting from Scratch," *DeepMind* (blog), October 18, 2017, https://deepmind.com/blog/article/alphago-zero-starting- scratch.

結語

1. Meira Levinson, *No Citizen Left Behind* (Cambridge, MA: Harvard University Press, 2014), 42.
2. Colin P. A. Jones, "Mascots on a Mission to Explain the Mundane," Japan Times, March 11, 2019, www.japantimes.co.jp/community/2011/08/30/general/mascots-on-a-mission-to-explain-the-mundane/.
3. Renaud Thillaye, "Is Macron's Grand Debat a Democratic Dawn for France?" *Carnegie Europe*, April 26, 2019, https://carnegieeurope.eu/2019/04/26/is-macron-s-grand-d-bat-democratic- dawn-for-france-pub-9010.
4. Stan Grant, "Between the Ship and the Shore: The Captain James Cook I Know," *Sydney Morning Herald*, April 28, 2020.

翻轉學 輕鬆學系列 117

哈佛大學的思辯溝通術

世界辯論冠軍教你活用辯論技巧，
快速產出觀點、加強說服力、化解衝突、創造利益最大化

Good Arguments: How Debate Teaches Us to Listen and Be Heard

作者　徐輔賢（Bo Seo）
譯者　謝佳真
封面設計　張天薪
內文排版　許貴華
行銷企劃　呂玠忞
出版二部總編輯　林俊安

出版者　采實文化事業股份有限公司
業務發行　張世明・林踏欣・林坤蓉・王貞玉
國際版權　鄒欣穎・施維真・王盈潔
印務採購　曾玉霞・謝素琴
會計行政　李韶婉・許俽瑀・張婕莛
法律顧問　第一國際法律事務所　余淑杏律師
電子信箱　acme@acmebook.com.tw
采實官網　www.acmebook.com.tw
采實臉書　www.facebook.com/acmebook01

ISBN　978-626-349-372-8
定價　520 元
二版一刷　2023 年 8 月
劃撥帳號　50148859
劃撥戶名　采實文化事業股份有限公司
104 台北市中山區南京東路二段 95 號 9 樓
電話：(02)2511-9798　傳真：(02)2571-3298

國家圖書館出版品預行編目資料

哈佛大學的思辯溝通術：世界辯論冠軍教你活用辯論技巧，快速產出觀點、加強說服力、化解衝突、創造利益最大化 / 徐輔賢（Bo Seo）著；謝佳真譯 . -- 初版 . -- 台北市：采實文化，2023.08

400 面；14.8×21 公分 . -- (翻轉學系列；117)

譯自 : Good Arguments: How Debate Teaches Us to Listen and Be Heard

ISBN 978-626-349-372-8(平裝)

1.CST: 辯論學

159.5　112010940